프랑스어 관용어
Locution française

프랑스어 관용어

김진수

머리말

이번에는 『프랑스어 관용어』를 여러분 앞에 내놓게 되었습니다. 그 동안 어휘 관련 서적으로 『프랑스어 어휘연구』와 『프랑스어 필수어휘 사전』등을 낸 바 있습니다. 꾸준히 이와 관련된 작업을 해오면서 숙어(locution française)를 제대로 정리한 책을 한 번 내보려고 했었는데 이제야 마무리를 짓고, 또 한 권의 책을 목록에 보태게 되었습니다.

외국어를 공부하면서 부딪치는 어려움 가운데에는 여러 가지가 있을 수 있겠지만 그 중에서도 Gallicisme이라고 불리는 프랑스어 특유의 관용어와 표현은 오랜 세월에 걸쳐 굳어진 것으로 우리들처럼 다른 문화권의 사람들에게는 접근이 용이하지 않은 것이 사실입니다. 그리고 형태와 기능 면에서 살펴보아도 숙어는 다음과 같은 여러 가지 역할을 하고 있습니다.

① 동사 숙어 : se rendre compte 깨닫다
② 명사 숙어 : bouc émissaire 속죄의 염소, 희생양
③ 형용사 숙어 : bleu ciel 하늘빛 파란색

④ 부사 숙어 : au fur et à mesure 동시에, ~에 따라서
⑤ 전치사 숙어 : à la place de 대신에
⑥ 접속사 숙어 : au fur et à mesure que ~함에 따라서

　이들은 동사, 명사, 형용사, 부사, 전치사, 접속사와 같은 위치에 나타나며 같은 기능을 하고 있습니다.

　그리고 aller au diable vauvert '악마에게나 잡혀가라', franc comme l'or '어린 아이처럼 순진한' dormir comme une marmotte '깊이 잠들다' 같은 예에서 보는 것처럼 구문이나 문장 전체가 하나의 숙어인 경우에는 뜻을 미루어 짐작하기가 여간 힘든 것이 아닙니다. 하지만 이 같은 표현들을 익히며, "이삭을 줍는 마음으로" 프랑스어다운 표현을 익히는 재미도 맛볼 수 있을 것으로 생각합니다. 더 깊이 공부하기를 원하는 분들은 책 뒤에 첨부한 참고문헌(Bibliographie)를 참고하시면 좋을 것입니다.

2023년 12월　김 진 수

차례

A	9
B	37
C	59
D	95
E	121
F	141
G	169
H	181
I	189
J	195
L	203
M	215
N	249
O	257

프랑스어 관용어
Locution française

P	265
Q	311
R	319
S	345
T	367
U	403
V	407
Z	425
참고문헌	430

프랑스어
관용어

프랑스어 관용어

▌ à ~에, ~에서

① **à ce que** ~하는 한, ~하는 바
À ce que je vois, elle n'a pas compris.
내가 아는 바로는 그녀는 이해하지 못했다.

② **à la** ~식으로
Elle se coiffe à la Pompadour.
그녀는 퐁파두르 부인(루이15세의 애인) 스타일로 머리를 치장했다.

▌ abandon n.m. 버림받음, 유기

à l'abandon 되는대로, 마구
Le parc était à l'abandon.
공원은 버려져 있었다.

▌ abattre 쓰러뜨리다, 일을 해치우다.

① **abattre de la besogne** 일을 시원스럽게 해치우다.
Pour finir à temps, il nous faudra abattre de la besogne.
일을 제 시간에 끝내기 위해 우리는 빨리 해야 할 것이다.

② **abattre son jeu** 자기 속을 상대편에게 보이다.
Quand le dictateur a enfin abattu son jeu, il était trop tard pour l'arrêter.
그 독재자가 자신의 속을 보였을 때에는 그를 사로잡기에 너무 늦은 때였다.

abois n.m. 사냥개떼의 짖는 소리, 궁지
aux abois 막다른 골목에 몰린
Le banquier, menacé de banqueroute, était aux abois.
파산 위협을 받고 있던 은행가는 궁지에 몰려 있었다.

abonder 많이 있다, 풍부하게 있다.
abonder dans le sens de ~의 의견에 전적으로 동의하다.
Tous les participants ont abondé dans son sens.
모든 참가자들은 그의 의견에 전적으로 동의했다.

abord n.m. 접근, 배가 해안에 닿기
d'abord 우선 먼저
D'abord, je ne connaissais personne.
처음에 나는 아무도 모르고 있었다.

abreuver 물을 먹이다, 적시다
abreuver de compliments(d'injures) 찬사(독설)을 퍼붓다.
Ses anciens collègues l'abreuvaient de compliments.
거의 옛 동료들은 그에게 찬사를 퍼부었다.

accent n.m. 어조, 말투
avoir l'accent de la vérité 사실인 것 같다.
Votre histoire est étrange, mais elle a l'accent de la vérité.
당신 이야기는 이상하긴 하지만 사실인 것 같다.

accord n.m. 일치, 합의
D'accord!
OK!

accorder 일치시키다, 조화를 이루게 하다.
accorder ses violons 회의 전에 미리 합의를 이루다.
Il faudra que vous accordiez vos violons avant la réunion.
당신들은 모임 이전에 합의를 이루어야 할 것이다.

accuser 알리다, 통고하다

① **accuser réception de 수령했다고 통고하다.**
Le bureau a accusé réception de notre lettre.
그 사무실은 우리 편지를 받았다고 알려왔다.

② **accuser son âge 나이를 드러내다, 자신의 나이로 보이다**
Cet acteur commence à accuser son âge.
이 배우는 자신의 나이로 보이기 시작한다.

acheter 사다, 구입하다

① **acheter chat en poche 덮어놓고 마구 사다.**
Vous essayez de me faire acheter chat en poche.
당신은 내가 물건을 덮어놓고 마구 사게 만든다.

② **acheter les yeux fermés 보지 않고 사다**
Il a acheté ce lot les yeux fermés.
그는 이 물건을 보지 않고 샀다.

③ **s'acheter une conduite 마음을 고쳐먹다, 새 출발하다**
Depuis cette histoire avec la police, il s'est acheté une conduite.
경찰과 관련된 이 사건 이후 그는 바르게 지냈다.

acquis 얻어진, 획득된

① **être acquis à ~에게 기울다, 충성하다.**
Il est dorénavant acquis à l'idée du partage.
그는 지금부터 함께 나눈다는 생각을 갖게 되었다.

② **être une chose acquise 확실한 일이다.**
Le contrat est une chose acquise maintenant.
계약은 이제 체결이 확실하다.

acquit n.m. 영수증

par acquit de conscience 꺼림직하지 않도록

J'ai téléphoné à ma mère par acquit de conscience.
나는 마음이 놓이지 않아 어머니께 전화했다.

■ **acte** n.m. **행동, 동작**

① **dont acte 이상을 증명함, 확인함**

Le patron promet une prochaine augmentation: dont acte.

사장은 다음번 급료 인상을 약속한다: 이상을 증명함.

② **faire acte d'autorité 단호한 태도를 취하다**

S'il insiste pour discuter, il faut que vous fassiez acte d'autorité.

그가 계속 논쟁을 벌이려 한다면 당신은 단호한 행동을 취해야할 것이다.

③ **faire acte de présence 얼굴을 내밀다.**

Le maire a fait acte de présence à la réunion.

시장은 모임에 잠깐 얼굴을 내밀었다.

■ **actif** n.m. **자산(資産)**

à l'actif de quelqu'un ~의 공적으로, ~의 짓으로

On peut dire à son actif qu'il a fait de son mieux.

사람들은 그의 이름으로 그가 최선을 다했다고 말할 수 있을 것이다.

■ **action** n.f. **주식(株式)**

Ses actions sont en baisse (en hausse).

그의 주가는 내리고(오르고) 있다.

■ **adresse** n.f. **주소**

à l'adresse de ~앞으로 온, ~에 대한

Elle n'écoute pas les compliments qu'on multiplie à son adresse.

그녀는 사람들이 자신에게 거듭해 하는 찬사를 듣지 않는다.

■ **advenir 일어나다, 발생하다.**

advienne que pourra 어떤 일이 있더라도

Je vais tenter le coup, advienne que pourra.

나는 어떤 일이 있더라도 그 일을 시도하겠다.

affaire n.f. 비즈니스, 일

① **avoir affaire à quelqu'un** ~와 용무가 있다.
Si vous continuez à le tourmenter, vous aurez affaire à moi.
당신이 그를 계속 괴롭히면 내가 가만히 있지 않겠다.

② **avoir l'affaire de quelqu'un** ~를 필요로 하다.
Si vous cherchez une bonne occasion, j'ai votre affaire.
좋은 기회를 찾는다면, 내가 당신이 필요한 것을 갖고 있습니다.

③ Ce n'est pas une affaire 대단한 일도 아니다.

④ C'est mon affaire 내게 맡겨두시오

⑤ être l'affaire d'une heure(d'une minute, etc.)
단지 한 시간(1분)걸리는 일이다.
Réparer ce moteur, c'est l'affaire d'une heure.
모터 수리는 한 시간 걸리는 일이다.

⑥ faire des affaires d'or 크게 수지 맞는 일을 하다.
Les avocats font des affaires d'or en ce moment.
지금 변호사들은 큰 돈벌이를 하고 있다.

⑦ faire l'affaire ~에게 도움이 되다, 안성맞춤이다.
Je crois que cette rondelle fera l'affaire.
나는 이 세탁기가 도움이 될 것으로 생각한다.

⑧ faire son affaire à ~를 처단하다.
Les gens de milieu lui ont fait son affaire.
암흑가의 사람들이 그를 살해했다.

⑨ La belle affaire! 꼴좋다. 시시한 일이다.

⑩ L'affaire est dans le sac. 일이 잘 되어간다. 성공이 틀림없다.

affiche n.f. 벽보, 포스터

à l'affiche 계속 공연하다
Sa pièce est restée à l'affiche pendant toute une année.
그의 연극은 1년 내내 공연되고 있다.

afficher 게시하다 벽보를 붙이다.

s'afficher 자랑삼아 보이다.
La jeune femme s'affichait partout avec son riche amant.

젊은 여인은 도처에 자신의 부유한 정부(情夫)를 자랑삼아 보이고 다닌다.

▮▮ affiler ~의 날을 세우다, 갈다

d'affilée 단숨에, 내리 잇달아
Ils ont travaillé douze heurs d'affilée.
그들은 12시간 동안 줄곧 일했다.

▮▮ affranchir 해방시키다, 면제하다

affranchir quelqu'un sur ~에게 정보를 알려주다
Tu devrais l'affranchir sur ce que fait son amie.
너는 그의 여자 친구가 하는 일을 그에게 알려주어야할 것 같다.

▮▮ âge n.m. 나이, 연령

① **d'un âge avancé 노년의**

　　Sa mère est d'un âge avancé maintenant.
　　그의 어머니는 이제 노년기에 접어들었다.

② **l'âge ingrat 성숙하지 않은 시기**

　　Il est encore à l'âge ingrat, mais il s'annonce déjà beau garçon.
　　그는 아직 성숙하지는 않지만 멋진 소년이 될 것으로 예견된다.

③ **Quel âge avez-vous? 몇 살이세요?**

▮▮ agir 행동하다, 처신하다

① **agir en dessous 비밀리에, 정정당당하지 못하게**

　　Au lieu de m'en parler franchement, ils ont agi en dessous.
　　그들은 내게 솔직하게 이야기하는 대신 은밀하게 행동했다.

② **s'agir de ~에 관계되다, ~하는 것이 필요하다.**

　　Il s'agit de connaître les règlements.
　　규칙들을 아는 것이 필요하다.
　　Dans ce roman, il s'agit de la révolution.
　　이 소설은 혁명을 다루고 있다.

▮▮ aide n.f. 도움

A l'aide! 도와주세요!

à l'aide de ~의 도움으로
Il a atteint le tableau à l'aide d'un escabeau.
그는 발판을 딛고 그림에 손을 댈 수 있었다.

aigle n.m. 독수리, 걸물, 천재
Ce n'est pas un aigle.
신통치 않은 인물이다.

aimer 사랑하다, 총애하다
① **aimer autant** ~하는 편을 더 좋아한다
J'aime autant partir tout de suite.
나는 즉각 떠났으면 좋겠다.
② **aimer la table** 미식가이다
C'est un bon vivant qui aime beaucoup la table.
그는 미식가인 쾌활한 사람이다
③ **aimer mieux** ~하는 편을 더 좋아한다
J'aime mieux lire que regarder la télé.
나는 TV를 보는 것보다 독서를 더 좋아한다.

ainsi 이렇게, 그렇게
① **ainsi que** ~와 같이, ~처럼
Ainsi que je l'avais prévu, il a démissionné.
그는 내가 예측한 것처럼 사임했다.
Il suit le cours d'anglais, ainsi que celui de maths.
그는 수학 수업과 마찬가지로 영어 수업도 듣는다.
② **Ainsi soit-il** 아멘
③ **et ainsi de suite** 등등(等等), 이하 동문(同文)
Il a fallu y aller, les féliciter, et ainsi de suite.
그리 가서 그들을 총애하는 등의 일을 했어야만 했다.
④ **pour ainsi dire** 말하자면
C'est pour ainsi dire un bohémien.
말하자면 그는 보헤미안이다.

▌ air n.m. 모양, 외관

① **avoir l'air (de)** ~인 듯하다

  Elle a l'air fatiguée. 그녀는 피곤해 보인다.
  Elle a l'air d'y croire. 그녀는 그것을 믿는 것 같다.

② **dans l'air** ~의 낌새가 있는

  Il y a quelque chose de mystérieux dans l'air.
  무언가 신비로운 분위기가 있다.

③ **en l'air** 쓸모없는, 헛된

  Ce sont des menaces en l'air.
  쓸데없는 위협들이다.

④ **un air de famille** 유사함

  Je trouve que ces deux propositions ont un air de famille.
  나는 이 두 제안이 닮았다고 생각한다.

▌ aise n.f. 거북함이 없음, 편안함

① **A votre aise!** 마음대로 하세요!

② **être à l'aise** 편안하다

  Ils étaient tous à l'aise dans ce climat.
  그들은 이 분위기 속에서 모두 편안해했다.
  Avec leurs deux salaires, ils étaient à l'aise.
  그들 두 사람의 봉급으로 그들은 잘 지낼 수 있었다.

③ **J'en suis fort aise!** 나는 그것에 대단히 만족해 합니다.

▌ ajouter 덧붙이다, 더하다

ajouter foi à ~를 믿다, 신용하다
Je n'ajoute aucune foi à ces accusations.
나는 이 비난들을 전혀 믿지 않는다.

▌ algèbre n.f. 대수학(代數學)

C'est de l'algèbre pour moi.
나는 전혀 못 알아듣겠다.

🇫🇷 aller 가다, 진행되다

① **aller 어울리다**
Sa nouvelle veste lui va très bien.
그의 새 자켓은 그에게 아주 잘 어울린다.

② **aller au-devant de 마중 나가다, 미리 대책을 강구하다**
Nous sommes allés au-devant de nos invités qui arrivaient.
우리는 도착하는 손님들을 마중 나갔다.
Ils vont toujours au-devant de mes vœux.
그들은 항상 내가 원하는 바를 예측한다.

③ **aller bien(mal) 잘 지내다(잘 지내지 못하다)**
Son grand-père va très bien aujourd'hui.
그의 할아버지는 오늘 기분이 좋으시다.

④ **aller chercher 찾으러 가다**
Allez chercher le médecin tout de suite.
즉각 의사를 찾으러 가시오.

⑤ **aller de mal en pis 점점 나빠지다**
Son état allait de mal en pis.
그의 상태는 점점 더 나빠지고 있었다.

⑥ **aller planter ses choux 시골로 은퇴하다**
C'est fini pour moi; je n'ai qu'à aller planter mes choux.
내겐 모든 일이 끝났다. 시골에 살러 갈 일만 남았다.

⑦ **aller son train 순조로이 진척되다**
Pendant que les autres se démenaient, il allait son train.
다른 사람들이 동분서주하는 동안 그는 자신의 일을 진척시켰다.

⑧ **Allez-y! 계속 하시오!**

⑨ **Allons donc! 천만에, 설마 그럴 리가!**

⑩ **Cela va de soi. 당연한 일이다.**

⑪ **Il en va de même de ~와 마찬가지이다**

⑫ **il y va de... ~가 문제이다**
Faites vite, il y va de la vie ou de la mort de nos amis.
빨리 하시오, 우리 친구들이 죽느냐 사느냐 하는 것이 달린 문제입니다.

⑬ **ne pas y aller avec le dos de la cuiller 멋대로 행동하다, 거침없이 말하다**

Elle n'y va pas avec le dos de la cuiller en nous critiquant.
그녀는 거침없이 우리를 비판했다.

⑭ **ne pas y aller de main morte 호되게 때리다, 격렬하게 공격하다**

Ils se battaient, et ils n'y allaient pas de main morte.
그들은 있는 힘을 다해 싸웠다.

Le juge n'y est pas allé de main morte; il les a condamnés à trois années ferme.
판사는 엄격하게 재판해, 그들에게 가석방 없는 3년형을 선고했다.

⑮ **s'en aller 가버리다**

Va-t-en; tu me déranges!
가라, 너는 내게 방해가 된다.

⑯ **ne pas y aller par quatre chemins**
  정직하게 행동하다, 정정당당하게 처신하다

Il n'y est pas allé par quatre chemins pour leur annoncer la mauvaise nouvelle.
그는 나쁜 소식을 말을 돌리지 않고 바로 전했다.

⑰ **Va te faire cuire un œuf! 가서 네 일이나 해라.**

▎allonger 늘이다, 연장하다

allonger une claque à 따귀를 때리다
Ce garnement m'a allongé une claque en passant.
그 불량배가 지나가며 나의 따귀를 때렸다.

▎alors 그리고, 그래서

Et alors? 그래서 어쨌다고?

▎âme n.f. 영혼, 정신

① **avoir l'âme chevillée au corps 생명력이 강하다.**

Ils croyaient s'être débarrassés de lui, mais il a l'âme chevillée au corps.
그들은 그를 해치웠다고 생각했지만 그는 불사신처럼 생명력이 강했다.

② **comme une âme en peine 고통받고 있는 넋**

Quand je l'ai trouvée, elle errait comme une âme en peine.
내가 그녀를 찾았을 때, 그녀는 고통받는 영혼처럼 헤매고 있었다.

③ **l'âme damnée de** 추종자, 심복
　　Méfiez-vous de lui; c'est l'âme damnée de votre adversaire.
　　그를 조심하시오; 그는 당신의 적의 충복이요.

▌ amende n.f. 벌금
　　faire amende honorable 공개적으로 사과하다, 용서를 빌다
　　Le coupable fit amende honorable avant de mourir.
　　죄인은 죽기 전에 용서를 빌었다.

▌ amener 이끌어 오다.
s'amener 오다, 도착하다
Ils se sont enfin amenés à minuit.
그들은 마침내 자정에 도착했다.

▌ ami n.m. 친구
Ils sont amis comme cochons.
그들은 절친한 친구 사이다.

▌ amiable 타협적인 합의로 이루어진
à l'amiable 합의하여, 협상으로
Ils ont réglé leur différend à l'amiable.
그들은 분쟁을 타협으로 해결했다.

▌ amitié n.f. 우정
Mes amitiés à... ~에게 나의 우정을 보내며 (편지의 끝인사)

▌ amour n.m. 사랑
pour l'amour de ~를 위하여
Laisse-moi tranquille, pour l'amour de Dieu!
제발 나를 가만히 내버려 둬

amuser 즐겁게 하다

① **amuser la galerie** 관객을 웃기다

Il essayait d'amuser la galerie en faisant des tours de magie.
그는 마술을 보이며 관객들을 재미있게 하려고 애썼다.

② **s'amuser** 놀다 즐기다

Amusez-vous bien, les enfants!
어린이들, 잘 놀아라.

Nous nous sommes amusés à votre soirée.
당신의 파티에서 우리는 잘 놀았습니다.

ancien 오래된, 옛날의

un ancien élève 졸업생

C'est un ancien élève de l'Ecole de médecine de Paris.
그는 파리 의과대학 졸업생이다.

âne n.m. 당나귀

① **comme l'âne de Buridan** 우유부단하게 행동하다.

Il hésitait entre les deux partis, comme l'âne de Buridan.
그는 두 정당 사이에서 우유부단하게 망설였다.

② **faire l'âne pour avoir du son** 원하는 정보를 얻기 위해 바보인 척하다.

Cet avocat fait l'âne pour avoir du son.
이 변호사는 목적 달성을 위해 바보인 척한다.

ange n.m. 천사

aux anges 매혹되다, 몹시 기뻐하다.

Marie a obtenu une promotion, elle est aux anges.
마리는 승진하게 되어 무척 기뻐하고 있다.

anguille n.f. 뱀장어

Il y a anguille sous roche 좀 수상하다

année n.f. 해, 연(年)

avec les années 세월이 지나면서

Elle a changé avec les années.
그녀는 세월이 흐르면서 변했다.

▌ annoncer 알리다.

① **annoncer la couleur** 의견을 분명하게 표명하다
Les députés de l'opposition lui ont demandé d'annoncer la couleur de sa politique.
야당 의원들은 그에게 정책에 대한 입장을 분명히 밝히라고 요구했다.

② **s'annoncer bien(mal)** 잘 될 것 같다(조짐이 좋지 않다)
La récolte s'annonce bien.
수확이 좋을 것 같다.

▌ antenne n.f. 안테나

avoir des antennes 매우 민감한 직감이 있다.
Elle devait avoir des antennes, pour déjouer tous ces complots.
그녀는 이 모든 음모를 좌절시키는 민감한 직감이 있음에 분명했다.
Ce reporter a des antennes à la Maison Blanche.
이 리포터는 백악관과 밀접한 관계이다.

▌ antichambre n.f. 대기실

faire antichambre 대기실에서 면회를 기다리다
Les députés faisaient antichambre pour voir le ministre.
국회의원들은 대기실에서 장관을 기다렸다.

▌ aplatir 납작하게 하다

s'aplatir devant ~에게 저자세를 취하다.
Ne t'aplatis pas devant cet arrogant.
이 거만한 인간 앞에서 기죽지 마라.

▌ appareil n.m. 기구, 기계

① **à l'appareil** 전화 통화 중인
Qui est à l'appareil, s'il vous plait?
전화하신 분은 누구세요?

② **sans appareil** 허세를 부리지 않는

Elle voulait un mariage dans l'intimité, sans appareil.
그녀는 결혼식을 가까운 사람들만 모여 간소하게 치르기를 원했다.

appartenir ~에 속하다

ne plus s'appartenir 제정신이 아닌
Devant leur trahison, il ne s'appartenait plus.
그들의 배신 앞에 그는 제 정신이 아니었다.

appel n.m. 부름, 호출

① **faire l'appel** 부르다, 호출하다

Elle était absente quand le professeur a fait l'appel.
선생님이 출석을 부를 때 그녀는 자리에 없었다.

② **faire appel à** ~에게 호소하다

Nous avons essayé de faire appel à leur sens de la justice.
우리는 그들의 정의감에 호소했다.

appeler 부르다

① **appeler un chat un chat** 사실대로 말하다

Dans leur famille on insiste toujours pour appeler un chat un chat.
그들의 가정에서는 항상 사실대로 말해야 한다고 강조한다.

② **en appeler à** ~에 호소하다

J'en ai appelé à son sens de la justice.
나는 그의 정의에 대한 생각에 호소했다.

③ **s'appeler** 이름이 ~이다

Comment vous appelez-vous? 성함이 어떻게 되세요?
Voila qui s'appelle... ~라고 불릴만한 것이 바로 그것이다.

apprendre 배우다, 익히다

① **apprendre à vivre à quelqu'un** ~에게 처세술을 가르쳐 주다.

Cette expérience leur apprendra à vivre.nove
이 경험은 그들에게 살아가는 방법을 가르쳐 줄 것이다.

② **Vous ne m'apprenez rien!** 나는 아무 것도 몰라요!

▌ après ~다음에

① **aboyer (crier) après** ~를 향해 짖다
   Tous les chiens du quartier aboyaient après nous.
   동네의 모든 개들은 우리를 향해 짖어댔다.

② **d'après** ~에 따르면
   D'après lui, il va pleuvoir ce soir.
   그에 따르면 오늘 오후에 비가 온다고 한다.

③ **d'après** ~다음에
   L'instant d'après, il était parti. 그리고 나서 그는 떠났다.

④ **Et après?** 그래서 어쨌다고?

▌ araignée n.f. 거미

avoir une araignée au plafond 머리가 약간 돌았다
Si vous croyez cela, vous avez une araignée au plafond.
그것을 믿는다면 당신은 제 정신이 아니다.

▌ arme n.f. 무기

à armes égales 같은 조건에서
Les deux joueurs luttaient à armes égales.
두 선수는 같은 조건에서 싸웠다.

▌ arracher 뽑다, 잡아당기다

On se l'arrache. 저마다 그를 끌어가려고 야단이다.

▌ arranger 정돈하다

① **Cela m'arrange.** 그것은 내게 안성맞춤이다.
② **Cela n'arrange rien.** 그것은 아무 쓸모없는 일이다.
③ **s'arranger** 타결되다
   Ne t'inquiète pas; les choses s'arrangeront.
   걱정마라. 일이 잘 될 것이다.
④ **s'arranger pour** 준비를 하다, 배려하다
   Arrange-toi pour être à l'heure.
   제 시간에 도착하도록 애써라.

arriver 도착하다, ~가 일어나다

① **arriver à ~에 이르다**

　Je n'arrive pas à résoudre ce problème.
　나는 이 문제를 풀지 못했다.

② **arriver bon premier (dernier) 첫째(꼴찌)로 도착하다**

　Son cheval est arrivé bon premier.
　그의 말은 1등으로 도착했다.

③ **arriver dans un fauteuil 힘들이지 않고 이기다**

　Il avait reçu une si bonne préparation qu'il est arrivé dans un fauteuil.
　그는 준비를 잘 했던 덕에 쉽게 이길 수 있었다.

④ **en arriver là 그 지경에 이르다**

　Il est triste que notre amitié en soit arrivée là.
　우리의 우정이 그 지경에 이른 것은 슬픈 일이다.

⑤ **il arrive à quelqu'un de ~에게 …가 일어나다**

　Il m'arrive de chanter.
　이따금 나는 노래를 부른다.

⑥ **ne pas arriver à la cheville de ~의 발끝에도 미치지 못한다**

　Ce romancier écrivait bien, mais il n'arrivait pas à la cheville de Flaubert.
　이 소설가는 잘 썼지만 그는 플로베르의 발끝에도 미치지 못했다.

arroser 물을 뿌리다

arroser une promotion 승진을 축하하기 위해 마시다
Allons au café arroser tes galons.
너의 승진을 축하하기 위해 카페에 가자.

article n.m. 조항, 항목

① **être à l'article de la mort 임종시에**

　Elle était si malade qu'on la croyait à l'article de la mort.
　그녀는 너무 아파서 사람들은 죽기 직전이라고 생각했다.

② **faire l'article 대대적으로 선전하다**

　Le vendeur faisait l'article pour ses ouvre-boîtes.
　상인은 자신의 병따개 선전을 대대적으로 했다.

■ as n.m. 트럼프의 에이스

① **Ce n'est pas un as.** 그는 멋진 선수가 아니다.
② **(ficelé, fichu) comme l'as de pique** 옷차림이 초라하다
   Il est allé à la réception ficelé comme l'as de pique.
   그는 초라한 차림으로 리셉션에 갔다.

■ assiette n.f. 접시

① **l'assiette au beurre** 이익을 수반하는 권력, 수월하고 급여가 많은 일
   Son poste au ministère était l'assiette au beurre.
   그의 장관직은 이익과 권력이 수반된 자리였다.
② **ne pas être dans son assiette** 몸이 불편한 기분이 언짢은
   Excusez-moi; je ne suis pas dans mon assiette aujourd'hui.
   죄송합니다. 오늘은 기분이 좋지 않습니다.

■ assurer 확실하게 하다

s'assurer que ~라고 확신하다
Nous nous sommes assurés qu'il était parti.
우리는 그가 떠났다고 확신한다.

■ atout n.m. 트럼프의 으뜸패

avoir un atout en réserve 으뜸패를 갖고 있다.
Il s'en est sorti parce qu'il avait un atout en réserve.
으뜸패를 쥐고 있어서 그는 난국을 피할 수 있었다.

■ attacher 묶다, 매다

s'attacher aux pas de ~를 따라 다니다
L'agent de police s'attachait aux pas du suspect.
경찰은 용의자를 늘 따라 다녔다.

■ attaque n.f. 공격

d'attaque 원기 있는, 쾌활한
Elle a quatre-vingts ans et elle est toujours d'attaque.
그녀는 80세지만 늘 원기 왕성하다.

Commencez sans moi; je ne me sens pas d'attaque en ce moment.
나는 빼고 시작하세요. 지금 기운이 없어요.

▌attendre 기다리다

① **Attendez voir.** 두고 보세요.

② **en attendant** 그 사이에, 그 동안에
En attendant, tâche de t'occuper.
그 동안 네 일에 전념해라.

③ **Je vous attendais là!** 당신이 그렇게 말할 줄 알았습니다.

④ **s'attendre à** ~를 기대하다
Je m'attends à ce qu'il parte ce soir.
나는 그가 오늘 오후에 떠나기를 기대한다.

⑤ **se faire attendre** 지각하다. 기다리게 하다
Le redressement promis se fait attendre.
약속된 재건은 지연되고 있다.

▌attention n.f. 주의, 조심

Attention!
주의하세요!
faire attention à ~에 주의하다, 신경 쓰다
Ne faites pas attention à ce qu'elle dit.
그 여자가 하는 말에 신경쓰지 마세요.

▌attirer 끌어 당기다

s'attirer les foudres de quelqu'un -의 분노를 사다
La secrétaire s'est attiré les foudres du patron en parlant à la presse.
여비서는 언론에 그것을 이야기해, 사장의 분노를 샀다.

▌attraper 붙잡다

① **attraper la cadence** 본 궤도에 오르다
Il finira le travail facilement maintenant qu'il a attrapé la cadence.
그는 자기 페이스를 되찾았기 때문에 쉽게 일을 끝낼 것이다.

② **attraper le coup** ~의 요령을 터득하다

Se servir de cette machine n'est pas facile, mais vous finirez par attraper le coup.
이 기계를 이용하는 것이 쉽지는 않지만 당신은 요령을 터득할 것이다.

▌ aucun 어떤 ~도

d'aucuns 어떤 사람들
D'aucuns prétendent que le roi est déjà mort.
어떤 이들은 왕이 이미 죽었다고 주장한다.

▌ au-dessous 그 아래서

au-dessous de tout 아무 것도 할 수 없는
Son geste est au-dessous de tout. 그의 동작은 아무 것도 할 수 없는 것이다.

▌ autant 그 만큼

① **autant(+inf.)** ~만큼 …한
　Ne perds pas ta salive; autant parler à un sourd.
　귀머거리에게 말하는 것과 마찬가지이니 쓸데 없는 말을 하지 마라.
② **d'autant mieux(plus, moins)** ~인 만큼 더 …하다
　Je comprends d'autant moins son attitude que je sais qu'il est intéressé à l'affaire.
　그 사람이 그 일에 관심을 갖고 있다는 것을 아는 만큼 그의 태도를 더욱 이해하기 힘들다.

▌ auto n.f. 자동차

faire de l'auto-stop 히치하이크(무임편승)하다
Ils ont fait de l'auto-stop pour venir ici.
그들은 히치하이크를 해서 이곳까지 왔다.

▌ autre 다른

① d'autres! 그 따위 소리를 누가 믿겠는가!
② C'est un autre son de cloche. 그것은 다른 이야기다.
③ C'est une autre paire de manches. 그것은 전연 다르다.
④ d'autre part 게다가, 또 한편으로는
　Elle est très dépensière, mais d'autre part elle est riche.
　그녀는 낭비벽이 있지만 부유하다.

⑤ de l'autre côté de la rue 길의 다른 쪽에
La maison de l'autre côté de la rue est à louer.
길 건너편 집은 세 놓을 집이다.
⑥ J'ai d'autres chats à fouetter. 그런 일에는 관심 없다.
⑦ nous autres Américains (Français, etc.) 우리들 미국인(프랑스인):
다른 사람들과 구별(강조)
Vous autres Américains, vous avez un pays immense.
당신들 미국인들은 광활한 나라가 있다.

▌▌ autrement 다르게, 달리

autrement plus 훨씬 더
Cette épreuve était autrement plus dure que je ne croyais.
이번 시험은 내가 생각했던 것보다 훨씬 어렵다.

▌▌ avaler 꿀꺽 삼키다

① **avaler des couleuvres 모욕을 꾹 참다**
Il avait si peur d'eux qu'il avalait des couleuvres sans rien dire.
그는 너무 겁이 나서 아무 말 않고 모욕을 참았다.
② **avaler le morceau 하기 싫은 일을 할 수 없이 하다.**
Le président a dû avaler le morceau et signer le projet de loi.
의장은 하는 수 없이 법률안에 서명했다.
③ **avaler sa salive 침을 삼키다 말하려다 참다**
Au lieu d'avouer ce qu'il pensait de leurs idées, l'employé a avalé sa salive.
그들의 의견에 대한 견해를 솔직히 말하는 대신에 직원은 가만히 있었다.

▌▌ avance n.f. 전진, 앞서 나감

① **à l'avance 미리, 사전에**
Il faut payer ces marchandises à l'avance.
이 물건들은 미리 지불해야 한다.
② **d'avance 미리, 시작 전에**
Ils se sentaient vaincus d'avance.
그들은 미리 졌다고 느꼈다.
③ **en avance 일찌감치**

Le train de Paris est arrivé en avance.
파리행 열차는 일찍 도착했다.
④ **La belle avance! 아무 소용도 없구나!**

avancer 앞으로 가게 하다
① **A quoi cela m'avance-t-il?**
그것이 내게 무슨 도움이 되겠소?
② **avancer de ~만큼 빠르다**
Votre montre avance de trois minutes.
당신 손목시계는 3분 빠르다.
③ **ne pas en être plus avancé 더 나아지지 않다**
J'ai vu le directeur, mais je n'en suis pas plus avancé.
나는 책임자를 만났지만 내 입장은 더 나아지지 않았다.

avant ~전에
① **avant peu 머지 않아, 곧**
Je le verrai certainement avant peu.
나는 머지 않아 그를 꼭 만날 것이다.
② **avant tout 무엇보다**
N'oubliez pas avant tout de nous écrire.
무엇보다도 우리에게 편지하는 것을 잊지 마시오.
③ **En avant! 앞으로, 가자!**

avec ~와 함께
d'avec ~로부터
Il faut distinguer l'utile d'avec l'agréable.
유용한 것과 기분 좋은 것을 구분해야 한다.
Et avec cela, Madame? (Monsieur?)
그 밖에 더 필요한 것은요. 손님?

avenant 상냥한, 친절한
à l'avenant 응분의, 분에 맞도록
Les enfants étaient très bien habillés et se tenaient à

l'avenant.
어린이들은 옷을 아주 잘 입었고 행동도 걸맞게 했다.

▌ **avenir** n.m. 미래, 장래

d'avenir 진취적인, 유망한
C'est un jeune avocat d'avenir.
전도가 유망한 젊은 변호사이다.

▌ **aventure** n.f. 모험, 운수

à l'aventure 되는대로, 정처 없이
Les trois garçons erraient à l'aventure dans la forêt.
3명의 소년은 숲속에서 정처 없이 헤맸다.

▌ **avis** n.m. 의견, 견해

① **Avis aux amateurs!** 구매자 여러분께 알림!
② **d'avis de** ~의 의견에 따라
   La majorité était d'avis de refuser son offre.
   다수의 의견은 그의 제안을 거절하자는 것이었다.
③ **il m'est avis que** ~라고 생각한다
   Il m'est avis que la bataille est perdue.
   전투에서 졌다고 생각한다.
④ **sauf avis contraire** 반대 의사가 없으면
   Sauf avis contraire, le colis sera expédié vendredi.
   반대 의사가 없으면, 소포는 금요일에 발송됩니다. iaib

▌ **avoir** 갖고 있다

① **avoir ... ans** ~살이다
   Lorsque j'avais vingt ans, j'étais plus optimiste.
   20세일 때, 나는 더 낙관적이었다.
② **avoir chaud(froid)** 더워하다(추워하다)
   Si tu as trop chaud, change d'habits.
   네가 몹시 더우면 옷을 갈아입어라.
③ **avoir dans la peau-** ~에 빠져 있다. ~에 열중해 있다.

Elle l'avait dans la peau et ne pouvait pas l'oublier.
그녀는 그에게 빠져 있었고 잊을 수 없었다.

④ **avoir... de haut(de long, de large, etc.) 크기(길이 넓이)가 ~이다**

Le mur extérieur a trois mètres de haut.
외벽의 높이는 3미터이다.

⑤ **avoir lieu 발생하다. 일어나다**

Le match aura lieu demain à trois heures.
경기는 내일 3시에 열린다.

⑥ **avoir quelqu'un ~를 잡다. 속이다**

Voilà, je t'ai eu! 너를 잡았다.
Ces escrocs ont essayé de m'avoir.
이 사기꾼들이 나를 속이려고 했다.

⑦ **en avoir après (contre) ~에게 원한을 품다**

Elle en a après lui à cause de son retard.
그녀는 그가 늦게 와서 원망했다.

⑧ **en avoir assez (marre, plein les bottes, plein le dos, plein son sac, ras le bol, soupé) 지긋지긋하다**

J'en ai assez (marre, plein les bottes, plein le dos, plein mon sac, ras le bol, soupé) de son insolence.
나는 그의 무례함이 지긋지긋하다.

⑨ **en avoir le cœur net 깨끗이 정리하다. 거리낌 없게 하다**

Il y a eu un malentendu et je veux en avoir le cœur net.
오해가 있어서 나는 이것을 분명하게 하고 싶다.

⑩ **en avoir pour 시간이 걸리다**

J'en ai pour une heure, pour faire ce travail.
이 일을 하는 데 한 시간 걸린다.

⑪ **en avoir pour son argent 알맞은 값으로 사다**

Cela a coûté cher, mais nous en avons eu pour notre argent.
그것은 값이 비싸지만 우리는 알맞은 값으로 샀다.

⑫ **n'avoir que faire de 쓸모가 없다**

Je n'ai que faire d'une aide si tardive.
나는 그렇게 뒤늦은 도움은 필요가 없다.

⑬ **ne pas avoir froid aux yeux 두려워하지 않다**

Les anciens Normands n'avaient pas froid aux yeux. 옛 노르망디 사람들은 두려움이 없었다.

⑭ **Qu'as-tu? (Qu'avez-vous?)** 무슨 일이냐?

⑮ **quoi qu'il en ait** ~가 뭐라고 생각하든 간에

Il n'y arrivera jamais, quoi qu'il en ait.
그가 어떻게 생각하든 간에 그는 절대로 성공하지 못할 것이다.

Locution française

프랑스어 관용어

bagage n.m. 짐, 수화물

① **faire ses bagages** 짐을 싸다

   Je vais faire mes bagages juste avant de partir.
   나는 떠나기 직전에 짐을 싸겠다.

② **un bagage intellectuel** 지식의 축적

   Ce conférencier a un bagage intellectuel remarquable.
   이 발표자는 축적된 지식이 엄청나다.

baguette n.f. 막대기, 스틱

① **mener (faire marcher) à la baguette** ~를 엄청나게 다루다

   Le ministre menait ses aides à la baguette.
   장관은 측근들을 엄하게 다룬다.

② **sous la baguette de** ~의 지휘로

   L'orchestre était sous la baguette de Toscanini.
   오케스트라의 지휘는 토스카니니였다.

bail n.m. 임대차 계약

cela fait un bail 오랜 세월이다

Cela fait un bail que nous ne l'avons pas vu!
우리가 못 본지 정말 오래 되었다.

▌ bain n.m. 목욕, 욕조

dans le bain 연루되어 있다. 알고 있다
Je m'excuse de cette gaffe; je ne suis pas encore dans le bain.
이 실언을 사과합니다. 저는 아직 모르고 있었습니다.
Il ne fallait pas ; faire cela; maintenant nous voilà dans le bain!
그 일은 하지 말았어야 한다. 우리는 지금 문제에 연루되어 있다.

▌ baisser 내리다

① **baisser les bras (pavillon)** 패배를 시인하다

J'avoue que j'ai dû baisser les bras devant son ignorance.
그의 무지 앞에서 나는 패배를 시인해야만 했다.

② **baisser le ton** 말투를 부드럽게 하다

Devant le malade les médecins baissèrent le ton.
환자 앞에서 의사들은 말투를 부드럽게 했다.
Il a fait baisser le ton un peu à cet arrogant.
이 거만한 사람에게 그는 말투를 부드럽게 했다.

▌ bande n.f. 떼, 무리

faire bande à part 혼자 떨어져 있다.
Ne pouvant pas s'entendre avec les autres ils faisaient toujours bande à part.
다른 사람들과 잘 사귈 수 없었던 그들은 늘 따로 놀았다.

▌ barbe n.f. 수염

① **à la barbe de quelqu'un** ~의 면전에서

Il se moquait des conservateurs à leur barbe.
그는 그들의 면전에서 보수주의자들을 비웃었다.

② **La barbe!** 정말 지긋지긋하다!

③ **(se)faire la barbe** 면도하다

Je chantais en me faisant la barbe.
나는 노래하며 면도했다.

▌ barque n.f. 작은 배

bien mener (conduire) sa barque 일을 교묘히 해치우다

Le voilà président, il a bien mené sa barque.
그는 일을 잘 해와서 지금은 사장이 되었다.

barre n.f. 빗장, 막대기

① **avoir barre sur quelqu'un** ~보다 우세하다, ~를 지배하다.
En faisant cette offre généreuse nous aurons barre sur lui.
이처럼 관대한 제공을 하면 우리는 그를 제압할 수 있을 것이다.

② **C'est de l'or en barre!** 그것은 금덩어리나 마찬가지다.

bas 낮은

① **à bas** 타도하자, 부숴라
A bas la tyrannie!
폭정을 타도하자

② **au bas mot** 적어도, 최소한
Cette table ancienne vous coûtera mille francs au bas mot.
이 옛날 탁자는 최소한 값이 1천 프랑은 될 겁니다.

③ **en bas** 아래서
J'ai cru entendre un bruit en bas.
나는 아래쪽에서 소리가 났다고 생각한다.

④ **en bas âge** 어린, 젊은
Il faut laisser les enfants en bas âge à la maison.vended
어린이들은 집에 놓아두어야 한다.

bât n.m. 짐

C'est là où le bât le blesse.
그것은 그의 약점이다.

bataille n.f. 전투

en bataille 부스스한 머리털(수염)
L'enfant avait les cheveux en bataille.
어린이는 머리카락이 엉망이었다.

▌ bâtir 짓다. 건축하다

① **bâtir à chaux et à sable 튼튼하게 짓다**

C'était un homme bâti à chaux et à sable.
탄탄하게 다져진 사람이었다.

② **bâtir des châteaux en Espagne 공중누각을 짓다**

Tâche de travailler, au lieu de bâtir des châteaux en Espagne.
공중누각을 짓는 몽상 대신, 열심히 일해라.

▌ bâton n.m. 막대기 몽둥이

① **à bâtons rompus 생각나는 대로, 두서없이**

En attendant le lever de rideau ils parlaient à bâtons rompus.
막이 오르기를 기다리며 그들은 두서없이 이야기했다.

② **Il a son bâton de maréchal. 그는 그가 할 수 있는 만큼 출세했다.**

③ **le bâton de vieillesse 노후의 의지**

Cet enfant sera plus tard votre bâton de vieillesse.
이 아이는 나중에 당신 노년의 의지가 될 것이오.

▌ battre 때리다. 치다

① **battre à plate couture (comme plâtre) 완전히 쳐부수다**

Leur équipe nous a battus à plate couture.
그들 팀이 우리를 완전하게 이겼다.

② **battre de l'aile 상태가 좋지 않다**

Son entreprise bat de l'aile maintenant.
그의 기업은 지금 상태가 좋지 않다.

Le parti socialiste battait en brèche la réforme fiscale proposée.
사회당은 제안된 재정 개혁안을 맹렬히 공격했다.

③ **battre froid à quelqu'un ~를 냉담하게 대하다**

Depuis quelque temps elle me bat froid.
얼마 전부터 그녀는 나를 냉담하게 대한다.

④ **battre la campagne 광란의**

Ne l'écoutez pas; il bat la campagne.
그의 말을 듣지 마라. 그는 제 정신이 아니다.

⑤ **battre le pavé 거리를 헤매다**

Ils ont battu le pavé toute la journée à la recherche d'un travail.
그들은 일을 찾아 온종일 거리를 헤매고 다녔다.

⑥ **battre les cartes 카드를 뒤섞다**

C'est à celui qui donne de battre des cartes.
카드를 섞는 것은 그 사람이다.

⑦ **battre pavillon 깃발을 날리다**

Le cargo bat pavillon français.
화물선은 프랑스기를 휘날리고 있다.

⑧ **battre son plein 한창 때이다**.

La fête battait son plein quand nous sommes arrivés.
우리가 도착했을 때 축제는 절정이었다.

⑨ **Il ferait battre des montagnes. 그는 말썽꾼이다.**

⑩ **Je m'en bats l'oeil! 나는 그것을 염두에 두지 않는다.**

⑪ **se battre les flancs 애를 많이 썼지만 보잘 것 없는 결과를 얻다**

Ils se sont aperçus trop tard quand ils se battaient les flancs.
그들은 너무 늦어서 헛수고를 했다는 것을 깨달았다.

▌ baver 침을 흘리다

en faire baver 고된 일을 시키다

Leur équipe nous en a fait baver avant de perdre.
그들 팀은 패하기 전에 우리를 몹시 힘들게 했다.

▌ beau, belle 멋진, 아름다운

① **au beau milieu 한 가운데에**

Je suis tombé au beau milieu de leur bagarre.
나는 그들 싸움 가운데에 말려들었다.

② **avoir beau faire quelque chose 아무리 ~해도**

Il a beau le nier, je sais que c'est vrai.
그가 아무리 부정해도 나는 사실이란 것을 알고 있다.

③ **avoir beau jeu 좋은 패를 쥐다, 좋은 조건에 있다**

Vous avez beau jeu contre cette grande société.
당신이 이 대기업보다 우월하다.

④ **avoir beau jeu de (pour) 여건이 좋다**

Ils ont beau jeu de s'unir contre vous.
그들은 당신들에 대항해 연합할 수 있는 좋은 여건을 갖고 있다.

⑤ **avoir le beau rôle 자신을 돋보이게 하는 입장에 있다**

C'est elle qui avait le beau rôle et moi qui faisais le travail.
그녀는 자신을 돋보이게 하는 역할을 맡았고 나는 일을 했다.

⑥ **bel et bien 정말, 완전히**

Il nous a bel et bien échappé.
그는 정말로 우리를 피해 달아났다.

⑦ **dans de beaux draps 궁지에 몰려 있다.**

Grâce à ta bêtise, nous sommes dans de beaux draps!
너의 바보짓 때문에 우리는 궁지에 몰렸다.

⑧ **de plus belle 더욱 격렬하게**

Elle se mit à pleurer de plus belle. 그녀는 더욱 격렬하게 울기 시작했다.

⑨ **en faire de belles 어리석은 짓을 하다**

Vous en avez fait de belles pendant mon absence!
당신은 내가 없는 동안 일을 잘도 해놓았군요!

⑩ **faire le beau 개가 뒷발로 서다**

Leur chien fait le beau pour avoir des gourmandises.
그들의 개는 뒷발로 서서 맛있는 것을 달라고 한다.

⑪ **Il y a belle lurette ~한지 오래다**

⑫ **La belle affaire(histoire)! 그래서 어쨌다고!**

⑬ **de beaucoup 매우, 다량의**

C'est un peu beaucoup!
조금 심하군!

⑭ **de beaucoup 훨씬**

C'est de beaucoup le meilleur coureur de l'équipe.
그는 팀 내에서 단연 제일인 달리기 선수다.

▍ bercer 흔들다

se bercer d'illusions 환상을 품다
Vous vous bercez d'illusions si vous croyez que cette loi sera votee.
이 법이 가결된다고 믿는다면 당신은 환상을 품고 있는 것이오.

besoin n.m. 필요

① **au besoin** 필요한 경우에

Nous pourrions au besoin venir vous aider.
우리는 필요한 경우, 당신을 도우러 올 수 있을 겁니다.

② **avoir besoin de** ~을 필요로 하다

Le trésor a besoin d'argent.
보물은 돈을 필요로 한다.

bête 어리석은, 멍청한

① **C'est bête comme chou.** 아주 쉬운 일이다.
② **Pas si bête!** 그렇게 어리석지는 않다.
③ **bête n.f.** 짐승
④ **la bête noire** 제일 싫어하는 것

Les maths sont sa bête noire. 수학은 그가 제일 싫어하는 과목이다.

beurre n.m. 버터

C'est du beurre! 쉬운 일이다!
faire son beurre 제 잇속을 채우다, 돈을 벌다
Maintenant qu'il a fait son beurre, il se la coule douce.
지금 그는 돈을 벌기 때문에 평탄하게 살고 있다.

bidon n.m. 물통, 거짓말

C'est du bidon! 그것은 가짜이다!

bien 잘, 훌륭하게

① **bien de** 많은 양의

Je l'ai vue bien des fois.
나는 그녀를 여러 번 보았다.

② **bien en chair** 살찐, 풍만한

Nous l'avons rencontré avec une jeune femme bien en chair.
우리는 그와 풍만한 여인을 만났다.

③ **bien lui (vous, etc.) en a pris de** ~가 한 것은 잘한 일이다

Bien lui en a pris de nous écouter.

그가 우리말을 들은 것은 잘 한 일이다.
④ **C'est bien fait pour lui!** 그에게 잘 되었다.
⑤ **C'est bien de lui.** 그와 흡사하다.
⑥ **Eh bien!** 자!
⑦ **être bien en cour** 특별한 배려를 받다.
Il est bien en cour grâce à ses relations.
자신의 관계 덕에 그는 특별한 배려를 받았다.

■ **bien** n.m. 좋은 것, 재산
① **avoir du bien au soleil** 땅을 가지고 있다.
On le croyait pauvre, mais il avait du bien au soleil.
사람들은 그가 가난하다고 생각했지만 그는 땅부자였다.
② **en tout bien, tout honneur** 나쁜 의도 없이
Je vous dis cela en tout bien, tout honneur.
나는 당신께 나쁜 의도 없이 솔직하게 말씀드리는 것입니다.
③ **un homme (des gens) de bien** 재산가, 관대한 사람
J'adresse cette requête à tous les gens de bien.
나는 이 요청을 모든 재산가들에게 했다.

■ **bientôt** 곧
C'est bientôt dit! 말하기는 쉽다.

■ **bile** n.f. 분노, 언짢은 기분
se faire de la bile 걱정하다
Ne vous faites de bile pas si pour si peu de chose!
그런 사소한 일로 걱정하지 마시오.

■ **billard** n.m. 당구, 당구대, 수술대
① **C'est du billard!** 누워서 떡 먹기!
② **monter (passer) sur le billard** 수술을 받다
Il évitait d'aller voir le médecin de peur d'avoir à monter sur le billard.
그는 수술 받기가 두려워서 병원에 가기를 피하고 있었다.

▌▍ blague n.f. 농담

Sans blague! 정말!

▌▍ bleu 푸른

en être (en rester) bleu 크게 놀라다
Devant la déclaration du ministre, le public en était bleu.
장관의 선언에 청중들은 크게 놀랐다.

▌▍ bloc n.m. 큰 덩어리

gonflé (serré) à bloc 완전하게 부풀다(조여지다)
La vis est serrée à bloc.
나사못은 꽉 조여졌다.
Le pneu est gonflé à bloc.
타이어는 완전히 부풀었다.
Les joueurs sont gonflés à bloc.
선수들의 분위기는 고무되었다.

▌▍ boire 마시다

① **boire comme un trou** 술을 많이 마시다

Depuis son accident il s'est mis à boire comme un trou.
사고 이후에 그는 술을 많이 마시기 시작했다.

② **boire du (petit) lait** 아주 흐뭇해하다.

En entendant ces paroles flatteuses, il buvait du lait.
이 같은 아첨하는 말을 듣고 그는 기뻐했다.

③ **boire en Suisse** 혼자 마시다

Venez vous asseoir avec moi; je n'aime pas boire en Suisse.
내 옆에 앉으세요. 나는 혼자 마시고 싶지 않아요.

④ **boire la goutte** 한 모금 마시다

Ce n'est pas un ivrogne, mais il boit la goutte de temps à autre.
그는 술주정꾼이 아니고 가끔 조금 마실 뿐이다.

⑤ **boire la tasse** (수영할 때) 물을 먹다

Renversé par la vague, l'enfant a bu la tasse.
파도에 넘어진 아이는 물을 조금 먹었다.

⑥ **boire sec** 많이 마시다

Il mangeait bien et buvait sec.
그는 잘 먹고 통음(痛飮)했다.

⑦ **boire un bouillon** 사업에 실패하다.

Malgré les prêts qu'on lui a faits, il a bu un bouillon.
그에게 해준 대출에도 불구하고 그는 망했다.

⑧ **boire un coup** 한잔하다

"Boire un petit coup, c'est agréable."
한 잔 하는 것은 유쾌한 일입니다.

⑨ **Ce n'est pas la mer à boire.** 그다지 큰 사업이 아니다.

⑩ **Il y a à boire et à manger là-dedans.**
이 일에는 좋은 것과 궂은 것이 뒤섞여 있다.

bois n.m. 목재, 숲

de quel bois on se chauffe 어떻게 성장해 왔는지
Je vais lui montrer de quel bois je me chauffe!
내가 어떤 사람인지 그에게 보여주겠다.

bomber 불룩하게 하다

bomber le torse 뻐기다
Le sergent bombait le torse et criait des ordres.
하사관은 기세를 부리고 소리쳐 명령했다.

bon 좋은, 훌륭한

① **à bon compte** 값이 싼

J'ai eu ce meuble à bon compte.
나는 이 가구를 싸게 샀다.

② **à bon droit** 정당하게, 당연히

Il est fâché, et à bon droit.
당연히 그는 화가 났다.

③ **à bonne enseigne** 확실한 증거에 의해

J'ai appris cette nouvelle à bonne enseigne.
나는 정통한 소식통을 통해 이 소식을 들었다.

④ **à bon port** 안전하게

Nous sommes rassurés; notre fils est arrivé à bon port.
우리 아들이 안전하게 도착해서 우리는 안심했다.

⑤ **à bon titre** 정당하게

Il a réclamé ce poste à bon titre.
그는 정당하게 이 자리를 요구했다.

⑥ **A la bonne heure!** 좋아, 잘 됐어!

⑦ **A quoi bon?** 무슨 소용이 있나?

⑧ **à son bon plaisir** 그의 마음대로

Il distribuait les notes à son bon plaisir.
그는 자기 마음대로 성적을 나누어 주었다.

⑨ **aux bons soins de** ⋯씨 방, ⋯씨 전교(편지 겉봉에 표시)

Envoyez-lui la lettre aux bons soins de sa mère.
그의 어머니 앞으로 써서 그에게 편지를 보내시오.

⑩ **avoir bonne mine** 안색이 좋다, 우스꽝스럽다

Après ses vacances en Floride, elle a bonne mine.
플로리다에서 휴가를 보내고 나서 그녀는 안색이 좋다.
S'il ne tient pas sa promesse, tu auras bonne mine.
그가 약속을 지키지 않으면 너는 꼴 좋게 된다.

⑪ **bon an, mal an** 좋은 해, 나쁜 해를 평균하여

Bon an, mal an, on a réussi à faire marcher l'entreprise.
좋은 해, 나쁜 해를 거치며 우리는 기업을 가동시키는데 성공했다.

⑫ **bon gré, mal gré** 좋든 싫든 간에

Ils seront obligés, de nous suivre, bon gré, mal gré.
그들은 좋든 싫든 간에 우리를 따를 것이다.

⑬ **bon teint** 신념이 굳건한

C'est un républicain bon teint. 그는 철저한 공화주의자다.

⑭ **C'est bon!** 좋아. 그래!

⑮ **C'est de bonne guerre (lutte).** 정정당당한 일이다.

⑯ **de bon matin** 아침 일찍

Je me lève de bon matin pour aller au travail.
나는 일하러 가기 위해 아침 일찍 일어난다.

⑰ **de bonne heure** 일찍

Nous sommes arrivés de bonne heure pour avoir de meilleures places.
우리는 좋은 자리를 차지하기 위해 일찍 도착했다.

⑱ **Elle est bonne, celle-là! 저것이 좋다**

⑲ **faire bonne chère 잘 먹다**

Après notre long voyage, nous avons fait bonne chère à l'auberge.
긴 여행 끝에 우리는 여관에서 잘 먹었다.

⑳ **Il a bon dos! 그가 책임을 진다.(죄를 뒤집어쓴다)**

　le bon sens 상식
Le bon sens est la chose la mieux partagée du monde.
상식은 모든 사람들이 공유하는 것이다.
　Si bon vous semble. 당신이 적당하다고 본다면.
　une bonne femme 나이든 여인
La place était pleine de bonnes femmes qui tricotaient.
광장은 뜨개질하는 나이든 여인들로 가득 찼었다.
　une bonne fois pour toutes 이번에야 말로
Je te le dis une bonne fois pour toutes, je n'y vais pas.
나는 그리 가지 않는다고 너에게 정말로 이야기한다.
　une bonne fourchette 대식가
Préparez-lui des plats copieux; c'est une bonne fourchette.
그에게 음식을 풍성하게 준비하세요. 대식가랍니다.

▌▌ bond n.m. 뛰어오름, 도약

au bond 즉시 바로
Il a saisi l'idée au bond. 그는 즉각 그 뜻을 파악했다.

▌▌ bondir 뛰어오르다

bondir (de colère) 분통을 터뜨리다.
Son père a bondi de colère quand il a reçu la facture.
그의 아버지는 계산서를 받고 분통을 터뜨렸다.

bonheur n.m. 행복

par bonheur 다행히

Par bonheur sa mère est arrivée à temps.
다행히 그의 어머니는 제 시간에 도착했다.

bonnet n.m. 챙 없는 모자

C'est bonnet blanc et blanc bonnet.
그건 결국 마찬가지다.

bord n.m. 가장자리

① **à bord (de)** 배에 타고 있는

Il n'y avait personne à bord du bateau.
배타고 있는 사람은 아무도 없었다.

② **sur les bords** 약간

L'inventeur était cinglé sur les bords.
발명가는 약간 정신이 나가 있었다.

bouche n.f. 입

① **Bouche cousue!** 닥쳐!

② **De bouche en bouche** 입에서 입으로

La nouvelle s'est répandue de bouche en bouche.
그 소식은 입에서 입으로 번졌다.

③ **avoir (faire) la bouche en cœur** 아양을 떨다, 아니꼽게 굴다

Elle a la bouche en cœur quand on la regarde.
그 여자는 사람들이 보면 교태를 부린다.

bouchée n.f. 한 입의 분량

① **ne faire qu'une bouchée de** 단숨에 먹어치우다

Leur équipe n'a fait qu'une bouchée de leurs adversaires.
그들 팀은 상대방을 단숨에 제압했다.

② **pour une bouchée de pain** 헐값으로

Il a eu la maison pour une bouchée de pain.
그는 집을 헐값에 샀다.

▌▌ boucher 틀어막다

① **Ça lui en a bouché un coin!** 그 일이 그의 입을 막았다.
② **Il est bouché à l'émeri!** 그는 우둔하다.

▌▌ boucler 졸라매다

① **Boucle-la!** 입 닥쳐!
② **boucler une affaire** 어떤 문제의 결말을 짓다.
  Les deux directeurs ont bouclé l'affaire au cours d'un bon dîner.
  두 책임자는 만찬 동안 그 문제의 결말을 지었다.

▌▌ bouillir 끓이다

faire bouillir la marmite 살림을 꾸려가다
Il travaillait de longues heures pour faire bouillir la marmite.
그는 생계를 유지하기 위해 오랜 시간 일한다.

▌▌ boule n.f. 공, 구(球)

① **être (se mettre) en boule** 화를 내다. 몸을 웅크리다
  Fais attention, le parton se met en boule facilement.
  주의해, 사장은 화를 잘 내.
② **faire boule de neige** 눈덩이처럼 커지다
  Leur idée a fait boule de neige.
  그들의 생각은 눈덩이처럼 커졌다.

▌▌ bouquet n.m. 꽃다발

C'est le bouquet! 최고다!

▌▌ bourrer 의자, 이불 등에 속을 넣다

bourrer le crane à ~에게 거짓말을 하다
Ses camarades lui ont bourré le crâne et il ne voit plus ses limites.
그의 동료들은 그를 속였고 그는 자신의 한계를 더 이상 보지 못한다.

bourse n.f. 지갑, 증권

sans bourse délier 공짜로
Vous pouvez avoir ce livre sans bourse délier.
당신은 공짜로 이 책을 얻을 수 있다.

bout n.m. 시간, 공간 등의 끝

① **à bout** ~의 한계에 이르다
   Je n'en peux plus; je suis à bout.
   나는 한계에 이르러 더 이상 못하겠다.

② **à bout portant** 총구를 들이대고, 가까이서
   Il a tiré sur le voleur à bout portant.
   그는 절도범을 가까이서 총으로 쏘았다.

③ **au bout de son rouleau** 더 이상 기력이 없다
   Il était au bout de son rouleau et ne savait plus quoi faire.
   그는 기력이 다해 더 이상 무엇을 할 지 몰랐다.

④ **au bout du compte** 숙고 끝에, 결국
   Au bout du compte, cela m'est égal.
   결국 그것은 내게 마찬가지다.

⑤ **du bout des lèvres** 확신 없이
   Elle riait, mais seulement du bout des lèvres.
   그녀는 웃긴 했지만 확신은 없었다.

⑥ **être à bout de** ~가 다한
   Nous sommes à bout d'idées.
   우리는 더 이상 아이디어가 없다.

bouteille n.f. 물병, 술병

① **avoir (prendre) de la bouteille** 노숙하다, 노련하다
   On attend que ce vin prenne de la bouteille.
   우리는 포도주가 숙성하기를 기다린다.
   Cet ouvrier a déjà de la bouteille.
   이 일꾼은 노련하다.

② **C'est la bouteille à l'encre.** 뭐가 뭔지 통 모르겠다.

▍ branler 흔들다, 동요시키다

branler dans le manche 위태롭다
L'entreprise branle dans le manche.
기업이 흔들리고 있다.

▍ bras n.m. 팔

① **à bras le corps** 몸으로

La maître-nageur l'a saisi à bras le corps.
수영 강사는 그의 몸을 잡았다.

② **à bras raccourcis** 있는 힘을 다해

Le malabar le frappait à bras raccourcis.
힘센 사내가 그를 있는 힘을 다해 때렸다.

③ **avoir le bras long** 영향력이 있다

Attention, il a le bras long et pourrait te causer des ennuis.
그는 영향력이 있고 네게 문제를 야기할 수도 있다.

④ **bras dessus, bras dessous** 팔짱을 끼고

Ils se promenaient le long de la rivière bras dessus, bras dessous.
그들은 팔짱을 끼고 강가를 거닐었다.

⑤ **C'est mon bras droit.** 그는 나의 심복이다.

⑥ **le bras de fer** 철권 통치, 권력투쟁

On assiste à un bras de fer entre le premier ministre et le président.
우리는 총리와 대통령간의 권력투쟁을 목격하고 있다.

⑦ **Les bras m'en tombent!**

나는 기진맥진이다, 나는 어이없어 할 말이 없다.

⑧ **sur les bras** ~의 부양을 받고

Depuis son divorce, j'ai mon frère sur les bras.
나의 형제는 이혼 이후 나의 부양을 받고 있다.

▍ brasser 섞다

brasser des affaires 동시에 사업을 벌이다
C'était un homme énergique qui brassait des affaires.
그는 늘 몇 가지 사업을 동시에 벌인 정력적인 사람이었다.

brave 용감한, 선량한, 정직한

C'est un brave homme (une brave femme).
그는 좋은 사람(여인)이다.
faire le brave 허세를 부리다
Malgré sa défaite, il continue à faire le brave.
실패에도 불구하고 그는 계속 허세를 부리고 다닌다.

brebis n.f. 암양

la brebis galeuse 말썽꾸러기
Son frère était la brebis galeuse de la famille.
그의 오빠는 집안의 말썽꾸러기였다.

brèche n.f. 틈, 구멍

sur la brèche 일하고 있는
Notre député est toujours sur la brèche.
우리 국회의원은 늘 일하고 있다.

bride n.f. 고삐, 구속

à bride abattue 전력 질주하다
L'officier se rendit au combat à bride abattue.
장교는 전력 질주해 전투하러 갔다.

briller 빛나다

briller par son absence 없는 것이 눈에 띄다
Pendant le gros du travail, le chef brillait par son absence.
일이 한창 진행 중일 때 책임자가 없는 것이 눈에 띄고 있었다.

brisées n.f.pl. 꺾어 놓은 나뭇가지

aller (marcher) sur les brisées de quelqu'un ~와 경쟁하다
N'essayez pas d'aller sur les brisées de ce collègue.
이 동료와 경쟁하려 하지 마시오.

▮▮ brouiller 뒤섞다

brouiller les cartes 사태를 어지럽게 하다
Votre explication ne fait que brouiller les cartes.
당신의 설명은 더 못 알아듣게 할 뿐입니다.

▮▮ broyer 으깨다

broyer du noir 어두운 생각에 잠기다
Il broyait du noir depuis son divorce.
그는 이혼 이후 침울한 생각에 잠겨 있었다.

▮▮ bruit n.m. 소리, 소음

le bruit court 소문이 ~라고 떠돌다
Le bruit court qu'elle s'est remariée.
그녀가 재혼했다는 소문이 돈다.

▮▮ brûler 불사르다

① **brûler (d'envie) de 몹시 ~하고 싶다**
　Je brûle de faire ce travail.
　나는 몹시 이 일을 하고 싶다.
　Nous pouvions voir qu'il brûlait de se battre.
　우리는 그가 매우 싸우길 원했다는 것을 알 수 있었다.

② **brûler une étape 서둘다**
　Dans son désir de finir vite il brûlait toutes les étapes.
　빨리 끝내려는 욕심에 그는 매우 서두르고 있다.

③ **brûler un feu rouge 빨간 신호등을 그냥 지나가다**
　L'ambulance a brûlé tous les feux rouges en allant à l'hôpital.
　앰블란스는 병원으로 가며 모든 빨간 신호등을 무시하고 달렸다.

④ **se brûler la cervelle 권총 자살하다**
　Il s'est brûlé la cervelle par désespoir d'amour.
　그는 못 이룬 사랑 때문에 권총 자살했다.

⑤ **Tu brûles! 너는 몸이 뜨겁다.**

▌ **but** n.m. **목표, 표적**

de but en blanc 단도직입적으로
Elle m'a posé la question de but en blanc.
그녀는 내게 불쑥 질문을 했다.

프랑스어
관용어

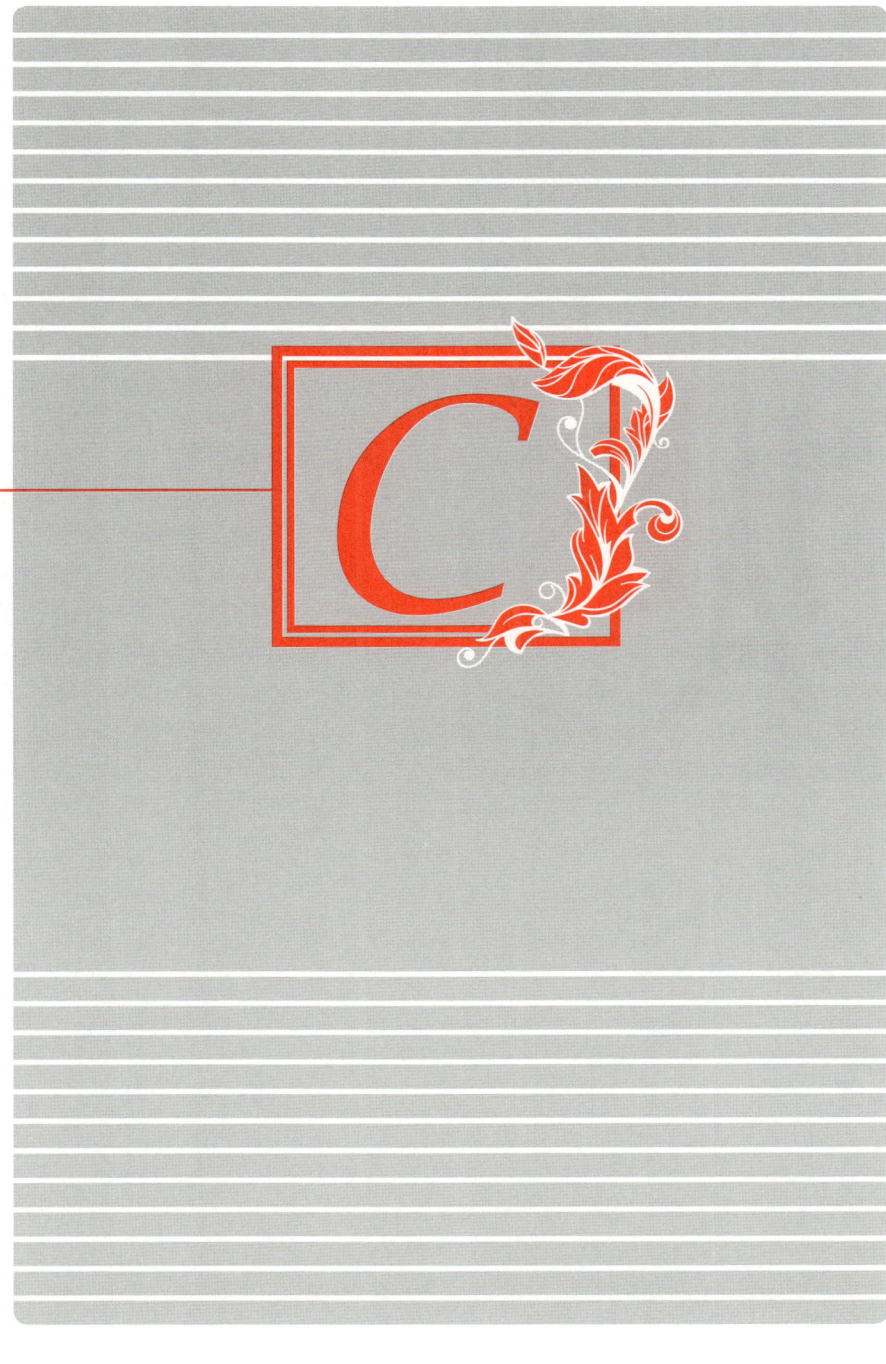

프랑스어 관용어

■ **Ça 그것, 이것**

Ça alors! 아니 저런!
Ça y est! 됐다, 맞았다!

■ **cachet** n.m. **도장**

avoir du cachet 특색이 있다
Cette bague ancienne a beaucoup de cachet.
이 옛날 반지는 많은 특색이 있다.

■ **cachette** m. f. **숨는 곳, 은신처**

en cachette 비밀리에
Il allait voir ses copains en cachette.
그는 비밀리에 친구들을 만나러 다녔다.

■ **cadeau** n.m. **선물**

ne pas faire de cadeau 엄하게 대하다
L'autre équipe n'était pas bien forte, mais elle ne leur a pas fait de cadeau.
다른 팀은 그다지 강하지 않았지만 그들에게는 만만치 않았다.

■ **cadet 막내**

C'est le cadet de mes soucis!
그런 건 조금도 신경 쓰지 않는다.

■ **cafard(e) 위선자, 밀고자** n.m. **우울함**
avoir le cafard 울적하다
Il avait le cafard à cause de départ de son amie.
그는 여자 친구가 떠나서 우울했다.

■ **caresser 쓰다듬다, 어루만지다**
caresser une idée 생각을 품다
Nous caressons l'idée d'aller vivre en Floride.
우리는 플로리다에 가서 살 생각을 키우고 있다.

■ **carotte** n.f. **당근**
Les carottes sont cuites! 끝장났다. 파산했다.

■ **carte** n.f. **카드**
① **avoir (donner) carte blanche 전권을 갖다**
Le président vous donne carte blanche dans cette affaire.
사장은 당신에게 이 일에 관한 전권을 부여했다.
② **C'est la carte forcée. 그것은 강요된 일이다.**
③ **le dessous des cartes ~의 비밀을 알다**
Je ne connais pas le dessous des cartes dans cette histoire.
나는 이 이야기의 내막을 모른다.

■ **cas** n.m. **경우, 사례**
① **faire peu de (grand) cas de 중요하지 않게 (중요하게) 여기다.**
Le ministre fait peu de cas de notre opposition.
장관은 우리의 반대를 중요하게 여기지 않는다.
② **le cas échéant 필요한 경우에는**
Le cas échéant, nous sommes prêts à démissionner.
필요한 경우 우리는 사임할 준비가 되어있다.

■ **casser 깨뜨리다**
① **Ça m'a cassé bras et jambes!**
그것은 나를 꼼짝 못하게 했다. 크게 실망시켰다.

② **casser du sucre sur le dos (la tête) de** ~을 비방하다.
   Elle casse du sucre sur le dos (la tête) de sa belle-fille.
   그녀는 자기 며느리를 좋지 않게 말한다.

③ **casser la croûte** 간단하게 식사하다
   Ils se sont arrêtés un instant en route pour casser la croûte.
   그들은 간단히 식사하기 위해 가던 길을 멈추었다.

④ **casser la figure à quelqu'un** ~의 면상을 치다. 구타하다
   Si tu touches à mon petit frère, je te casse la figure.
   네가 내 동생을 건드리면 내가 너를 가만두지 않겠다.

⑤ **casser les pieds à** 성가시게 하다
   Va-t'en, tu me casses les pieds avec tes plaintes.
   가라, 너의 불평은 나를 지긋지긋하게 한다.

⑥ **casser les reins à** ~를 파멸시키다.
   Le coup d'état a cassé les reins à l'opposition.
   쿠데타는 야당을 제압해 버렸다.

⑦ **casser sa pipe** 죽다
   Le père Michel a cassé sa pipe.
   미셸 신부가 돌아가셨다.

⑧ **Ça ne casse rien.** 대수롭지 않은 일이다.

⑨ **se casser la figure** 다치다
   Le trottoir était si glacé qu'elle s'est cassé la figure.
   길이 얼어있어서 그녀는 넘어져 다쳤다.

⑩ **se casser la tête** 머리를 쥐어짜다, 애쓰다
   Je me casse la tête pour trouver une réponse.
   나는 정답을 찾기 위해 머리를 쥐어짠다.

⑪ **se casser le nez** 코가 깨진다. 실망하다. 실패하다
   J'ai essayé de lui parler, mais je me suis cassé le nez.
   나는 그에게 말하려고 했지만 그러지 못했다.

⑫ **se casser les dents sur quelque chose**
   Le maire s'est cassé les dents sur le problème du logement.
   시장은 주택문제를 난관에 부딪쳤다.

cause n.f. 원인
① **en cause** 문제가 되는
   Son honnêteté n'est pas en cause, seulement ses capacités.
   그의 정직함이 문제가 되는 것이 아니고 그의 능력만이 문제가 된다.
② **Et pour cause!** 그 이유는 말 할 필요도 없다

causer 이야기하다
Cause toujours! 계속 해봐, 난 관심 없어.

cavalier n.m. 기사, 파트너
faire cavalier seul 남자만 춤추다, 단독 행동을 취하다
Certains membres du parti ont décidé de faire cavalier seul.
그 당의 일부 당원은 독자적인 행동을 하기로 결정했다.

céder 양도하다
① **céder du terrain** 물러서다. 양보하다
   Ses interlocuteurs l'ont obligé à céder du terrain avant de se mettre d'accord.
   그의 대화 상대자들은 합의하기 전에 그의 양보를 요구했다.
② **céder les pas** ~를 앞서게 하다. 양보하다
   Les enfants doivent céder les pas aux personnes âgées.
   어린이들은 어른들에게 양보해야 한다.
③ **ne (le) céder a personne** 누구에게도 뒤지지 않다
   Pour le talent il ne le cède à personne.
   재능에 있어서 그는 누구에게도 뒤지지 않는다.

cent 100
① **aux cent coups** 어찌할 바를 모르다, 몹시 화내다
   Elle était aux cent coups en attendant de tes nouvelles.
   그녀는 너의 소식을 기다리며 어쩔줄 몰랐다.
② **faire les cent pas** 왔다갔다하다
   Son mari faisait les cents pas en attendant la naissance de leur enfant.
   그의 남편은 아기의 탄생을 기다리며 왔다갔다하고 있었다.

certain 어떤, 확실한

d'un certain âge 상당한 연배의, 중년의
La jeune actrice était accompagnée par un homme d'un certain âge.
젊은 여배우는 중년 남자와 함께 나타났었다.

cesse n.f. 중단

n'avoir de cesse que ~할 때까지는 그만두지 않는다
Elle n'avait de cesse que son fils fût retrouvé.
그녀는 자기 아들을 되찾을 때까지 그만두지 않았다.

chacun 각각, 각자

① **Chacun son goût. 각자 자기 취향이 있다.**
② **Chacun pour soi! 각자 자기 일에 전념하라.**

chair n.f. 살, 육체

① **Ce n'est ni chair ni poisson. 우유부단하다.**
② **en chair et en os 본인의 실물을**
   Nous avons vu le Pape en chair et en os!
   우리는 교황을 실제로 보았다.
③ **la chair de poule 닭살, 소름**
   Ce roman policier m'a donné la chair de poule.
   이 추리소설은 나를 소름끼치게 했다.

champ n.m. 밭

① **Le champ est libre. 자유로운 행동**
② **sur le champ 당장에**
   Tous sont partis sur le champ. 모든 사람들은 바로 떠났다.

changer 바꾸다

① **changer d'avis (d'idée) 의견을 바꾸다**
   Ils ne veulent plus l'acheter parce qu'ils ont changé d'avis.
   그들은 의견을 바꾸었기 때문에 더 이상 그것을 사고 싶어하지 않는다.

② **changer de langage 태도를 바꾸다.**
>Quand ils entendront nos raisons, ils changeront de langage.
>그들이 우리 이유를 들으면, 그들은 태도를 바꿀 것이다.

③ **changer son fusil d'épaule 전략을 바꾸다**
>Le candidat a changé son fusil d'épaule après avoir perdu l'élection.
>그 후보는 선거 패배 이후 전략을 바꾸었다.

④ **se changer 옷을 갈아입다.**
>Donne-moi le temps de me changer après le match.
>경기 후에 옷 갈아입을 시간을 다오.

▌▌ chanson n.f. 노래

Chansons que tout cela! 바보 같은 소리!

▌▌ chanter 노래하다

① **chanter faux 틀리게 노래하다**
>Elle aime la musique, mais elle chante faux.
>그녀는 음악을 좋아하지만 노래는 엉망으로 부른다.

② **faire chanter ~을 협박하다**
>Ses anciens associés le faisaient chanter.
>그의 옛 동료들이 그를 협박했다.

③ **Qu'est-ce que vous me chantez là? 내게 무슨 소리야?**

④ **si ça vous chante 마음이 있으시면**
>Allez vous amuser, si ça vous chante.
>마음이 있으시면 놀러 가세요.

▌▌ chapeau n.m. 모자

Chapeau (bas)! 잘했다, 잘했어

▌▌ charbon n.m. 석탄

sur des charbons ardents 안절부절 못하다
Nous étions sur des charbons ardents en attendant la décision des juges.
재판부의 결정을 기다리며 우리는 어쩔줄 몰랐다.

▋ charge n.f. 짐

① **à charge de revanche** 교환조건으로

J'accepte votre hospitalité, à charge de revanche.
나는 교환조건으로 당신의 호의를 받아들인다.

② **à la charge de quelqu'un** ~의 부담이 되는

La vieille femme ne voulait pas être à la charge de son fils.
그 할머니는 자기 자식에게 짐이 되는 것을 바라지 않았다.

▋ charger 짐을 지우다

Je m'en charge. 내게 맡기시오.

▋ chat n.m. 고양이

① **Il n'y avait pas un chat.** 아무도 없었다.
② **J'ai un chat dans la gorge.** 목소리가 쉬어 있다.

▋ chaud a. 뜨거운 n.m. 더위, 뜨거움

① **au chaud** 따뜻한 공기

J'aime avoir les pieds bien au chaud.
나는 안락한 생활을 즐기고 싶다.

② **J'ai eu chaud!** 정말 위험했어!
③ **un chaud et froid** 오한

Tu vas attraper un chaud et froid si tu restes près de la porte.
문 옆에 계속 있으면 너는 으스스하게 될 것이다.

▋ chauffer 덥게 하다

① **Ça chauffe!** 격렬해지다
② **chauffer à blanc** ~을 몹시 흥분시키다

Le discours du chef les a chauffés à blanc.
지도자의 연설은 그들을 몹시 흥분시켰다.

▌ chemin n.m. 길, 도로

① **chemin faisant 길을 가며, 도중에**

Chemin faisant nous avons bavardé de choses et d'autres.
길을 가며 우리는 이런저런 이야기를 했다.

② **faire son chemin 출세하다. 입지를 확보하다**

Cette idée commence à faire son chemin.
이 생각은 세력을 얻기 시작했다.

Je suis sûr que ce jeune homme ambitieux fera son chemin.
나는 이 야심찬 젊은이가 출세하리라고 확신한다.

▌ chercher 찾다

① **chercher des poux dans la tête de ~의 트집을 잡다**

Il continue à chercher des poux dans la tête de son ancien camarade.
그는 계속해서 옛 동료의 트집을 잡는다.

② **chercher la petite bête 하찮은 일로 말썽을 일으키다**

Cessons de chercher la petite bête et venons-en aux choses sérieuses.
하찮은 일을 문제삼는 것은 그만두고 진지한 논의로 돌아가자.

③ **chercher midi à quatorze heures 공연히 일을 어렵게 만든다.**

Acceptons ses explications, et ne cherchons pas midi à quatorze heures.
그의 설명을 받아들이자 그리고 공연히 일을 어렵게 만들지 말자.

④ **chercher querelle 싸움을 걸다.**

C'est un mauvais coucheur; il cherche querelle à tout le monde.
그는 못된 성격을 가져서 모든 사람에게 싸움을 건다.

▌ cheval n.m. 말(馬)

① **à cheval sur ~에 걸터앉아, ~에 엄격한**

Il se tenait à cheval sur la barrière.
그는 성벽 위에 걸터앉아 있었다.

Notre professeur est très intéressant, mais il est à cheval sur la discipline.
우리 선생님은 매우 재미있지만 규율에는 엄격하다.

② **un cheval de retour 빌린 곳에 돌려주는 말, 상습범**

Les policiers se sont aperçus qu'ils avaient affaire à un cheval de retour.
경찰은 그들이 어떤 상습범과 관계가 있다는 것을 깨달았다.

■ cheveu n.m. 머리카락

① **C'était à un cheveu!** 막상막하였다.

② **comme un cheveu sur la soupe** 격에 맞지 않는

  Ses remarques tombaient comme un cheveu sur la soupe.
  그의 지적은 적절하지 않았다.

■ chic 멋있는

① **avoir du chic** 멋진, 우아한

  Elle n'est pas belle mais elle a du chic.
  그녀는 아름답지는 않지만 멋있다.

② **de chic** 즉석에서

  Il a dessiné ce tableau de chic.
  그는 즉석에서 이 그림을 그렸다.

■ chien n.m. 개

Chien méchant! 개 조심!

① **avoir du chien** 성적 매력이 있다.

  Cette actrice n'est pas très belle, mais elle a du chien.
  이 여배우는 크게 아름답지는 않지만 섹스어필한다.

② **en chien de fusil** 웅크리고 있는

  D'habitude il dormait en chien de fusil.
  습관적으로 그는 웅크리고 잔다.

③ **entre chien et loup** 날이 저물 무렵에

  Beaucoup d'accidents ont lieu entre chien et loup.
  날이 저무는 때에 많은 사고가 난다.

■ choix n.m. 선택

① **au choix** -의 의향대로 골라서

  Prenez les pulls ou les gilets au choix, au même prix.
  스웨터나 조끼를 같은 가격에서 골라보세요.

② **de choix** 정선된

  Nous avons plusieurs articles de choix ici.
  여기 우리는 몇 가지 정선된 물품을 갖고 있습니다.

■ **chose** n.f. 것. 사항
① **chose curieuse (étonnante, etc.) 이상하게도(놀랍게도)**
Chose curieuse, il n'a pas demandé sa monnaie.
이상하게도 그는 잔돈을 요구하지 않았다.
② **(Dites) bien des choses de ma part à... ~에게 안부 전해주세요.**

■ **chou** n.m. 양배추
① **C'est chou vert et vert chou. 결국 마찬가지다.**
② **dans les choux 궁지에 몰리다**
Tu es allé trop loin et maintenant on est dans les choux!
너는 너무 멀리 나가서 지금은 난처하게 되었다.
③ **faire chou blanc 실패하다**
Nous l'avons poursuivi, mais nous avons fait chou blanc.
우리는 그를 추적했지만 실패했다.
④ **faire ses choux gras de ~로 큰 이익을 보다**
La droite faisait ses choux gras du désarroi de la gauche.
우파는 좌파의 혼란에 따른 이익을 보았다.
⑤ **Mon (petit) chou! 내 사랑!**

■ **ciel** n.m. 하늘
à ciel ouvert 야외의, 노천의
On exploite cette mine à ciel ouvert.
사람들은 이 노천 광산을 개발한다.

■ **cinq** 5
en cinq sec 순식간에
Le travail sera fini en cinq sec.
일은 곧 끝난다.

■ **circonstance** n.f. 사정, 상황
de circonstance 상황에 맞는
Le maire a fait un discours de circonstance.
사장은 시의적절한 연설을 했다.

cirer 왁스로 닦다

cirer les bottes à quelqu'un ~에게 아첨하다
Tu peux être poli envers ce monsieur sans lui cirer les bottes.
너는 이 분에게 아첨하지 않고도 예의 바르게 대할 수 있다.

civil 시민의

en civil 사복의
Il y avait deux agents en civil à la porte.
사복 경찰 두 명이 문에 있었다.

clair 밝은, 명쾌한

① **clair comme de l'eau de roche** 명백한 일이다

Ses intentions étaient claires comme de l'eau de roche pour ceux qui le connaissaient.
그의 의도는 그를 아는 사람들에게는 명백한 것이었다.

② **le clair de lune** 달빛

Dans ce clair de lune on y voyait comme en plein jour.
달빛 아래서 사람들은 대낮처럼 볼 수 있었다.

③ **le plus clair de** 대부분

Ce garçon passe le plus clair de son temps à songer.
이 소년은 대부분의 시간을 몽상하는데 보낸다.

clé, clef n.f. 열쇠

① **à la clé** 당연히, 결국

L'inflation va s'emballer, avec à la clé toute une série de dévaluations.
일련의 평가절하 조치와 함께 결국 인플레가 심화될 것이다.

② **clefs en main** 즉시 이용할 수 있는

Quel est le prix de la maison clefs en main?
당장 쓸 수 있는 집의 가격은 얼마인가요?

③ **sous clé** 열쇠를 걸고, 가두어

Il faut garder ces documents sous clé.
이 문서들은 잠궈 두어야 한다.

▍ clin n.m. 윙크

en un clin d'oeil 순식간에
Il a disparu en un clin d'oeil.
그는 순식간에 사라졌다.

▍ clou n.m. 못

① **Des clous!** 허튼소리 마라! 틀렸어!
② **le clou du spectacle** 가장 눈길을 끄는 것

　　Les éléphants dansants devaient être le clou du spectacle.
　　춤추는 코끼리들이 가장 눈길을 끌었던 것 같다.

▍ clouer 못을 박다

clouer le bec à quelqu'un ~을 입다물게 하다
Ma réponse lui a cloué le bec.
나의 대답은 그의 입을 다물게 했다.

▍ cœur n.m. 심장, 마음

① **à contre-coeur** 마지못해, 내키지 않는

　　Il a fait comme nous demandions, mais de toute évidence c'était à contre-coeur.
　　그는 우리가 요청한대로 했지만 분명히 그것은 마지못해 한 것이었다.

② **avoir du coeur à l'ouvrage** 일을 열심히 하다.

　　Allons-y, les gars; il faut avoir du coeur à l'ouvrage!
　　자, 젊은이들, 일을 열심히 해야 한다.

③ **avoir le coeur sur la main** 관대하다

　　Cet homme vous aidera toujours; il a le cœur sur la main.
　　이 분이 당신을 늘 도울 것이다. 그는 매우 관대하다.

④ **avoir le coeur sur les lèvres** 생각한 바를 기탄없이 말하다.

　　Ce pauvre Roger a le cœur sur les lèvres.
　　이 불쌍한 로제는 마음을 터놓고 말한다.

⑤ **avoir un cœur d'artichaut** 바람기 있는, 변덕스러운

　　Il est jeune encore; il a un cœur d'artichaut.
　　그는 아직 젊고, 바람기가 있다.

⑥ **A vous de coeur.** 진실을 담아 당신에게(편지의 맺음말)

⑦ **ne pas avoir le cœur à** ~할 생각이 없다.
  Pardon, je n'ai pas le cœur à rire.
  미안합니다만 저는 웃을 생각이 없습니다.

⑧ **si le cœur vous en dit** 그럴 생각이 있다면
  Allez vous amuser, si le cœur vous en dit.
  생각이 있다면 가서 노세요.

coiffé 머리 치장을 한

être coiffé de ~에게 반한
Il est coiffé de sa voisine.
그는 이웃 여인에게 반했다.

coiffer 머리 치장을 하다.

① **avoir coiffé Sainte Catherine** 미혼으로 지내다.
  Sa tante a coiffé Sainte Catherine.
  그의 고모(이모)는 미혼으로 지냈다.

② **coiffer au poteau** 상대방을 앞지르다.
  Ces romanciers populaires coiffent souvent même les vedettes au poteau.
  이 추리소설가들의 인기는 종종 스타들보다도 앞선다.

coin n.m. 구석

① **frappé (marqué) au coin de** ~의 특징을 나타내고 있는
  Cet argument est frappé au coin de la raison.
  이 주장은 이유가 잘 드러나고 있다.

② **les coins et recoins** 구석구석
  Il connaît les coins et recoins de l'université.
  그는 대학의 구석구석까지 알고 있다.

colère n.f. 분노, 노여움

être (enter) dans une colère noire 몹시 화내고 있다.
Quand on lui a parlé de leur impertinence, il est entré dans une colère noire.
누군가가 그들의 무례함을 지적하자 그는 몹시 화를 냈다.

■ coller 붙이다

Ça colle. 좋다. 일이 잘 되어가고 있다.

■ collet n.m. 칼라, 깃

collet monté 빳빳하게 세운 칼라, 점잔 빼는
Ne plaisante pas avec elle; elle est très collet monté.
그 여자는 아주 점잔을 빼니 같이 농담하지 마세요.

■ comble n.m. 절정

① **au comble de 극도로**

J'étais au comble de la joie en apprenant le résultat des élections.
나는 선거 결과를 알고 몹시 기뻐했다.

② **C'est le (un) comble! 그것 참 대단하다. 더 참을 수 없다.**

③ **au comble de la joie 몹시 기쁜**

J'étais au comble de la joie en apprenant son succès.
그의 성공 소식에 나는 정말 기뻤다.

④ **pour comble de malheur 설상가상으로**

Pour comble de malheur, ils m'ont mis à la porte.
설상가상으로 그들은 나를 쫓아내기까지 했다.

■ commande n.f. 주문

de commande 주문에 의한, 꾸민, 거짓의
Elle avait une expression soucieuse de commande. 그녀는 억지로 걱정하는 척했다.

■ commander 명령하다

Cela ne se commande pas. 그것은 마음대로 되지 않는다.

■ comme ~처럼, ~와 같은

① **C'est tout comme. 그건 마찬가지다.**

② **comme ci, comme ça 그럭저럭**

Elle se porte comme ci, comme ça.
그녀는 그럭저럭 지내고 있다.

③ **comme de juste 당연히**

Comme de juste, son équipe a été choisie pour le tournoi.
당연히 그의 팀이 대회를 위해 선발되었다.

④ **comme il faut** 더할 나위 없는 훌륭한

C'est une dame très comme il faut. 매우 훌륭한 부인이다.

⑤ **comme il se doit** 당연히 그래야 하듯이

Nous avons témoigné notre respect, comme il se doit.
당연히 그래야 하듯이 우리는 예의를 갖추었다.

⑥ **comme qui dirait** 말하자면

C'est comme qui dirait un bohémien.
말하자면 그는 보헤미안이다.

comment 어떻게

Comment? 뭐라구요?
Comment faire? 어떻게 하지?
Et comment! 물론.

commerce n.m. 상업, 거래

d'un commerce agréable 붙임성 있는

Son grand-père est un homme cultivé, d'un commerce agréable.
그의 할아버지는 교양 있고 사교성이 있는 분이다.

commun 공통의

① **d'un commun accord** 만장일치로

Ils ont accepté son offre d'un commun accord.
그들은 만장일치로 그의 제안을 받아들였다.

② **peu commun** 흔치 않은

C'est un nom peu commun.
흔하지 않은 이름이다.

composition n.f. 구성, 조립, 타협

① **amener (venir) à composition** 타협하다.

Nous les avons enfin amenés (nous sommes enfin venus) à composition.
마침내 우리는 그들과 타협하게 되었다.

② **de bonne composition 타협적인, 유순한**

C'est une personne de bonne composition.
그는 유순한 사람이다.

comprendre 이해하다.

① **comprendre à demi-mot 힌트를 얻다.**

Il l'a comprise à demi-mot et il est parti sans faire de bruit.
그는 그녀의 뜻을 파악하고 아무 소리 없이 떠났다.

② **comprendre la plaisanterie 농담을 이해하다.**

On peut la taquiner; elle comprend la plaisanterie.
그녀는 농담을 이해하는 사람이라 사람들은 그녀를 놀릴 수 있다.

③ **n'y comprendre goutte 전혀 모르다.**

J'avoue que je n'y comprends goutte à ce qu'elle dit.
나는 그녀가 하는 말을 전혀 못 알아듣는 것을 고백한다.

compris 포함된, 이해된

y compris 포함해서
Le repas coûte cent francs, y compris la taxe.
식사는 세금 포함해 100프랑이다.

compte n.m. 셈, 계산

① **à ce compte-là 그 조건이라면**

A ce compte-là, je ne crois pas que ce soit possible.
그 조건이라면 나는 가능하다고 생각하지 않는다.

② **Son compte est bon (il a eu son compte) 두고 보자, 혼내줄테다**

compter 셈하다.

① **à compter de ~부터**

Le bureau sera ouvert à compter du premier juillet.
사무실은 7월 1일부터 문을 연다.

② **compter pour du beurre 별로 가치가 없다, 대수롭지 않다.**

La première partie compte pour du beurre.
첫 번째 게임은 큰 의미가 없다.

concert n.m. 음악회, 콘서트

de concert 함께
Tout le monde savait qu'ils agissaient de concert.
모든 사람은 그들이 협력한다는 것을 알고 있다.

condamner 비난하다.

① **condamner une porte** 봉쇄하다, 폐쇄하다.
Pour économiser le mazout, ils ont condamné la porte principale de la maison.
그들은 중유를 절약하기 위해 현관를 폐쇄했다.

② **Il a condamné sa porte.** 그는 방문객 면담을 거절했다.

confiance n.f. 신뢰, 신용

faire confiance à ~를 믿다.
Vous pouvez faire confiance à son fils.
당신은 그의 아들을 믿을 수 있다.

confondre 혼돈하다.

Il s'est confondu en excuses.
그는 계속 변명을 늘어놓았다.

confort n.m. 쾌적함

le confort moderne 현대적 편의 시설
La maison est ancienne, mais elle a le confort moderne.
그 집은 오래 됐지만 현대적 편의시설을 갖추고 있다.

congé n.m. 휴가

donner son congé à quelqu'un ~에게 휴가를 주다
Après quinze ans de service, on lui a donné son congé.
15년간의 근무 이후, 사람들은 그에게 휴가를 주었다.

connaissance n.f. 지식, 아는 것

① **en connaissance de cause** 사정을 잘 알고, 재판권을 갖고
Il a pris sa décision de partir en connaissance de cause.

그는 사정을 잘 파악하고 결정했다.

② **sans connaissance 무의식 중의**

On a ramené plusieurs blessés sans connaissance.
사람들은 무의식중인 부상자 몇 명을 데려갔다.

▌▌ connaître 알다.

① **Ça me connaît. 나는 그것을 잘 알고 있다.**

② **connaître comme sa poche 손바닥 보듯 알고 있다.**

Je connais Paris comme ma poche; j'y suis né.
나는 파리에서 태어나서 그곳을 훤히 알고 있다.

③ **connaître la musique- 진상을 알고 있다.**

Ce n'est pas la peine de m'expliquer tout cela; je connais la musique.
나는 진상을 알고 있으니 내게 설명할 필요없습니다.

④ **connaître sur le bout du doigt 속속들이 알다.**

Heureusement le conseiller du président connaît les faits sur le bout du doigt.
다행히 대통령의 자문 위원은 그 일을 훤히 알고 있다.

⑤ **connaître les ficelles (la connaitre dans les coins) 요령을 알고 있다.**

Il paye peu d'impôts parce que son comptable connaît les ficelles
(la connaît dans les coins).
그의 회계담당 직원은 요령을 잘 알고 있어서 그는 세금을 거의 내지 않는다.

⑥ **connaître son métier 일에 능숙하다.**

Ce mécanicien connaît son métier.
이 수리공은 일이 능숙하다.

⑦ **en connaîître un rayon 상세히 알다.**

Les maths? Elle en connaît un rayon.
수학? 그녀는 수학에 정통하다.

⑧ **Il connaît tous les dessous.**

그는 모든 감추어진 내용까지 파악하고 있다.

⑨ **s'y connaître en 에 정통하다.**

Elle s'y connaît en voitures.
그녀는 자동차에 대해 잘 알고 있다.

■■ **connu** 알려진

Il est connu comme le loup blanc. 그는 두루 알려져 있다.

■■ **conserve** n.f. **보존, 통조림**

de conserve 같이 함께

Les deux hommes ont agi de conserve dans la conspiration.
두 사람은 같이 음모를 꾸몄다.

■■ **constituer 구성하다.**

se constituer prisonnier 자수하다.
Le suspect s'est constitué prisonnier.
용의자는 자수했다.

■■ **conter 이야기하다.**

① **conter fleurette à 여자를 구슬리다. 차근차근 접근하다.**

Ce garçon contait fleurette à ma sœur.
이 녀석은 내 누이 동생을 보이려고 했다.

② **en conter à ~를 속이다.**

Il ne s'en laisse pas conter facilement.
그는 쉽게 속아넘어가지 않는다.

■■ **contre ~에 반대하여**

① **à contre-courant 흐름을 거슬러**

Vous n'y arriverez jamais en allant à contre-courant.
당신은 흐름을 거스르며 절대로 도착할 수 없을 것이다.

② **par contre 반면**

Il manque d'expérience, par contre il est intelligent.
그는 경험이 없는 반면 지적이다.

■■ **coq** n.m. **수탉**

① **C'est le coq du village.** 그는 마을에서 제일 멋진 사람이다.
② **comme un coq en pâte 안락하게**

Il vivait comme un coq en pâte. 그는 안락하게 살았다.

▌▌ **cor** n.m. 뿔, 나팔

à cor et à cri 소란스럽게
Ils l'ont réclamé à cor et à cri. 그들은 그것을 강경하게 요구했다.

▌▌ **corde** n.f. 줄, 끈

C'est dans mes cordes.
그것은 내가 맡아할 일이다.

① **être sur la corde raide 난처한 지경에 빠져 있다.**

Je me rendais bien compte que j'étais sur la corde raide dans cette compagnie.
나는 내가 이 회사에서 난처한 처지에 있다는 것을 깨달았다.

② **Il pleut (il tombe) des cordes. 비가 억수로 내리다**

▌▌ **corps** n.m. 몸, 신체

① **à corps perdu 무턱대고, 맹렬히**

Il s'est jeté à corps perdu dans la mêlée.
그는 싸움판에 무턱대고 뛰어들었다.

② **à son corps défendant 마지못해, 할 수 없이**

Je porterai votre message, mais je le ferai à mon corps défendant.
당신의 메시지를 전하기는 하겠지만 마지못해 하는 것이다.

③ **corps à corps 몸과 몸을 서로 부딪쳐**

Les deux armées se battaient corps à corps.
두 군대는 육박전을 벌였다.

▌▌ **cote** n.f. 평점

avoir la cote 높이 평가되다.
Les deux candidats avaient la cote auprès des électeurs.
두 후보는 유권자들에게 높이 평가되었다.

▌▌ **côte** n.f. 언덕, 비탈

① **à la côte 사업에 실패하다.**

Maintenant son entreprise est à la côte.

지금 그의 기업은 파산했다.

② **côte à côte ~곁에, 나란히**

Nous roulions à bicyclette côte à côte.
우리는 바로 옆에서 자전거로 달렸다.

▌côté n.f. 옆구리

① **à côté 옆에**

Le restaurant français est à côté.
프렌치 레스토랑이 옆에 있다.

② **à côté de 옆에**

Elle était assise à côté de lui.
그녀는 그의 옆에 앉아 있었다.

③ **de côté et d'autre 이쪽 저쪽에**

Ils ramassaient des fleurs de côté et d'autre.
그들은 이쪽 저쪽에서 꽃들을 보았다.
Il y a eu abus de côté et d'autre.
양쪽 모두에 잘못이 있었다.

④ **de son côté ~측에서**

De mon côté j'inviterai les Durand.
내 쪽에서 뒤랑 가족을 초대할 것이다.

⑤ **du côté de ~쪽에, ~쪽으로**

Ils sont partis du côté de chez Swann.
그들은 스완네 집 쪽으로 떠났다.

▌couche n.f. 잠자리, 층

en avoir (tenir)une couche 바보 천치이다.
Ne cherchez pas à lui expliquer cette règle; il en a une couche.
그는 정말 바보니까, 그에게 이 규칙을 설명하려고 하지 마시오.

▌coucher 재우다. 누이다.

① **coucher avec 동침하다.**

On dit qu'elle couche avec lui.
그녀는 그와 관계를 갖는다고들 한다.

② **coucher en joue.** ~을 겨누다.
   La sentinelle a couché en joue l'éclaireur.
   보초는 정찰병을 겨누었다.
③ **coucher par écrit** 기입하다.
   Je veux faire coucher notre accord par écrit.
   나는 우리 합의를 기록해 두기를 원한다.
④ **Pouvez-vous me coucher?** 숙박할 수 있습니까?
⑤ **Va te coucher!** 시끄러워, 꺼져.

▌coudre 꿰매다.
① **cousu de fil blanc** 흰 실로 수놓은, 일목요연한
   Son histoire est cousue de fil blanc. 그의 이야기는 일목요연하다.
② **cousu d'or** 매우 부유한, 금실로 수놓은
   Il n'est pas beau, mais il est cousu d'or.
   그는 잘 생기지는 못했지만 아주 부유하다.

▌couler 흐르다.
① **couler de source** 자연스럽게 흐르다.
   Le style de ce romancier coule de source.
   이 소설가의 문체는 자연스럽다.
   Ces mauvaises conséquences coulent de source.
   이 잘못된 결과는 당연하다.
② **se la couler douce** 편히 살다
   Depuis qu'il a eu son héritage il se la coule douce.
   유산을 받은 이후 그는 편히 살고 있다.

▌couleur n.f. 색
sous couleur de ~구실 아래
Ils ont saisi le premier ministre sous couleur de le protéger.
그들은 보호한다는 구실로 총리를 구금했다.

▌coup n.m. 일격
① **à coups de** ~을 이용하여

Elle a traduit le texte à coups de dictionnaire.
그녀는 사전을 이용하여 본문을 번역했다.

② **à coup sûr** 확실히

Il m'a dit qu'il viendrait à coup sûr.
그는 내게 확실하게 돌아올 것이라고 말했다.

③ **après coup** 사후에, 뒤늦게

Il a modifié sa réponse après coup.
그는 뒤늦게 자신의 답변을 수정했다.

④ **avoir le coup de barre (de pompe)** 녹초가 되다.

En arrivant en haut de la côte, le cycliste a eu le coup de barre.
산비탈에 도착하며 사이클 선수는 녹초가 되었다.

⑤ **du coup** 그래서

Il est tombé malade, et du coup il n'a pas pu partir.
그는 병이 나는 바람에 떠날 수 없었다.

⑥ **en coup de vent** 바람처럼

Ses amis sont passés en coup de vent.
그의 친구들은 재빨리 지나갔다.

⑦ **faire coup double** 1석 2조를 하다.

Ce nouveau plan a l'avantage de faire coup double.
새 계획은 1석 2조의 이득이 있다.

⑧ **le coup de foudre** 첫 눈에 반하기

Quand on les a présentés, ça a été le coup de foudre.
그들은 소개받자마자 첫 눈에 반했다.

⑨ **le coup de l'étrier** 이별의 술잔

Prenons le coup de l'étrier avant la fermeture du bar.
바아가 닫기 전에 마지막 잔을 들자.

⑩ **sur le coup** 즉석에서

Sur le coup, on n'a pas compris l'étendue des dégâts.
사람들은 그 자리에서 손해의 규모를 파악하지는 못했다.

⑪ **un bon coup de fourchette** 잘 먹기

Cela fait plaisir de le voir manger, il a un bon coup de fourchette.
그는 아주 잘 먹기 때문에 그가 식사하는 것을 보는 것은 즐겁다.

⑫ **un coup de chance (de veine)** 행운

Après des années difficiles, elle a enfin eu un coup de chance.
힘든 몇 년을 보내고 마침내 그녀는 행운을 맞았다.

⑬ **un coup d'arrêt 긴급조치**

Le gouvernement a enfin donné un coup d'arrêt à l'inflation
정부는 마침내 인플레에 대한 긴급조치를 취했다.

⑭ **un coup de collier 맹렬한 노력**

Nous aurons bientôt fini si tout le monde donne un coup de collier.
모든 사람이 열심히 하면 우리는 일찍 끝낼 수 있을 것이다.

⑮ **un coup de chien 비명 소리**

Ils ont été surpris par un coup de chien.
그들은 비명 소리에 놀랐다.

⑯ **un coup de coude 팔꿈치로 치다.**

Il m'a donné un coup de coude pour que je me taise.
그는 내게 가만히 있으라고 팔꿈치로 쳤다.

⑰ **un coup de fer 다리미질**

Encore quelques coups de fer et votre chemise sera prête.
다리미질 몇 번만하면 당신의 와이셔츠는 준비됩니다.

⑱ **un coup de feu 총격, 몹시 바쁠 때**

Je suis sûr qu'on a entendu un coup de feu.
나는 분명히 총 소리를 들었다.

A midi il y a toujours le coup de feu au café.
정오에 카페는 몹시 붐빈다.

⑲ **un coup de fil 전화 통화**

Nous vous donnerons un coup de fil en arrivant à Paris.
파리에 도착하면 전화하겠습니다.

⑳ **un coup de fouet 채찍질, 격려, 고무**

Votre soutien a été le coup de fouet dont j'avais besoin.
당신의 지지는 내가 필요로 하던 큰 격려였습니다.

㉑ **un coup de fusil 엄청난 가격**

Si tu va à ce restaurant, attention au coup de fusil.
그 식당에 가게 되면, 몹시 비싼 가격에 주의하세요.

㉒ **un coup de main 도움, 기습**

Les voisins nous ont donné un coup de main pour finir le travail.

이웃들이 일을 끝내도록 우리를 도와주었다.
Les rebelles ont fait un coup de main et ont pris la station de télévision.
반란군은 기습 공격으로 방송국을 점거했다.

㉓ **un coup d'épée dans l'eau** 칼로 물베기, 헛수고

Essaie toujours, mais ce sera un coup d'épée dans l'eau.
계속 애써 보아라. 하지만 헛수고가 될 것이다.

㉔ **un coup d'œil** 힐끗 보기

Donnez un coup d'œil à ce que j'ai écrit.
내가 쓴 것을 한 번 보세요.

㉕ **un coup de pied** 발길질

Elle donnait des coups de pied aux pneus de la voiture.
그녀는 자동차 타이어를 발로 찼다.

㉖ **un coup de poing** 주먹질

Il a un coup de poing terrible.
그는 엄청난 주먹질을 했다.

㉗ **un coup de pouce** 슬쩍 건드리기

On a dû lui donner un coup de pouce pour qu'il réussisse à l'examen.
누군가가 그의 시험 성공을 위해 조금 도와준 것이 분명하다.

㉘ **un coup de soleil** 햇빛에 태우기

Je vois que vous avez eu un coup de soleil sur plage.
당신은 바닷가에서 살을 태우셨군요.

㉙ **un coup d'essai** 시도

Ce n'était qu'un coup d'essai pour voir leur réaction.
그들의 반응을 보기 위한 시험이었을 뿐이다.

㉚ **un coup de tête** 무계획한 행위

Notre ami est parti sur un coup de tête.
우리 친구는 충동을 이기지 못해 떠났다.

㉛ **un coup fourré** 견제 동작, 배신하는 행동

La défection de son ami était un coup fourré.
자기 친구를 배신하는 것은 비겁한 일이다.

㉜ **un coup monté** 음모

Vous n'allez pas nous dire que ce compte-rendu n'était pas un coup monté?
당신은 이 보고서가 음모가 아니었다고 우리에게 말하지는 않겠지요?

▌coupe n.f. 컵, 절단

① **des coupes sombres 삭감**

L'assemblée a fait des coupes sombres dans le budget.
의회는 예산 삭감을 했다.

② **sous sa coupe ~의 지배하에 있다.**

A cause de mes dettes, il m'a mis sous sa coupe.
내 빚 때문에 나는 그에게 불리한 입장에 놓여 있다.

▌couper 자르다.

① **couper bras et jambes à ~를 꼼짝 못하게 하다. 실망시키다.**

La mauvaise nouvelle lui a coupé bras et jambes.
나쁜 소식이 그를 절망하게 했다.

② **couper la poire en deux 타협하다.**

Le seul moyen de vider notre querelle c'est de couper la poire en deux.
우리 싸움을 끝내는 유일한 방법은 타협뿐이다.

③ **couper les cheveux en quatre 지나치게 따지다.**

Cessons de couper les cheveux en quatre et mettons-nous d'accord.
지나치게 따지는 것은 그만두고 합의하자.

④ **couper ses effets à quelqu'un 남의 말이나 행동을 선수치다.**

J'ai essayé de leur apporter la nouvelle, mais il m'a coupé mes effets.
나는 그들에게 소식을 전하려 했으나 그가 선수쳤다.

⑤ **couper le sifflet à quelqu'un ~의 말문을 막다.**

Mon accusation inattendue lui a coupé le sifflet.
예기치 않은 나의 비난이 그의 말문을 막았다.

⑥ **couper le souffle à quelqu'un ~을 놀라게 하다.**

Leur réponse m'a coupé le souffle.
그들의 대답은 나를 놀라게 했다.

⑦ **couper les ponts 관계를 단절하다.**

J'ai coupé les ponts avec lui depuis sa trahison.
나는 그의 배신 이후 그와의 관계를 끊었다.

⑧ **couper l'herbe sous le piedo ~을 몰아내고 이익을 가로채다.**

Son initiative prématurée m'a coupé l'herbe sous le pied.
그의 앞선 행동이 나의 이익을 가로채갔다.

⑨ **se couper** 모순되다.

Il s'est coupé à plusieurs points de son récit.
그의 이야기 가운데 몇 군데는 모순이 된다.

▋ **cour** n.f. **안뜰**

faire la cour à ~의 마음에 들려고 애쓰다.
Son oncle faisait la cour à une dame du pays.
그의 아저씨는 그 지방의 한 부인의 마음에 들려고 애썼다.

▋ **courage** n.m. **용기**

prendre son courage à deux mains (n'écouter que son courage, rassembler son courage)
전력을 다하다.
Prenant son courage à deux mains, il est allé se battre. 그는 전력을 다해 싸우러 갔다.

▋ **courant** n.m. **흐름**

être au courant de ~을 알고 있는
Nous avons essayé de savoir s'il était au courant de leurs activités.
그가 그들의 활동을 알고 있는지 우리는 알아보려고 했다.

▋ **courir** 뛰다.

① **C'est couru!** 말하지 않아도 알 수 있다.
② **courir à un échec (à sa perte)** 실패를 초래한다.
   Ils étaient trop pleins de confiance et ils couraient à un échec.
   그들은 너무 큰 믿음을 갖고 있다가 실패하게 되었다.
③ **courir deux lièvres à la fois** 두 마리 토끼를 쫓다.
   Avec ce projet compliqué vous courez deux lièvres à la fois.
   이 복잡한 계획으로 당신은 두 마리의 토끼를 쫓고 있다.
④ **courir le cachet** 출장 지도를 하다.
   Au lieu de poursuivre une carrière de soliste, elle courait le cachet.
   독주가의 경력만을 키우는 대신, 그녀는 출장 지도를 했다.
⑤ **courir le cotillon(le jupon, les filles)** 여자 꽁무니를 따라 다니다.
   Malgré son âge il court toujours le cotillon.
   그는 자기 나이에도 불구하고 여자를 따라 다닌다.

⑥ **courir les rues 소문이 퍼지다. 흔하다.**
   Cette histoire scandaleuse court les rues.
   이 스캔들 소문이 퍼지고 있다.
   Un pareil courage ne court pas les rues.
   그 같은 용기는 흔치 않다.
⑦ **Tu peux toujours courir! 아무리 해봐야 소용없어.**

▌ cours n.m. 흐름, 순환
① **avoir cours 유통하다. 통하다.**
   Ces billets de dix francs n'ont plus cours.
   이 10프랑짜리 지폐는 더 이상 통용되지 않는다.
② **en cours 진행 중인**
   Le comité a rendu compte du travail en cours.
   위원회는 진행 중인 사업의 보고를 했다.
③ **en cours de ~하고 있는 중의**
   Le magasin est en cours de rénovation.
   이 상점은 수리 중이다.
④ **en cours de route 도중에**
   En cours de route nous avons bavardé de choses et d'aures.
   가는 도중에 우리는 이런 저런 이야기를 했다.

▌ course n.f. 달리기, 사러 다니기
faire les courses 쇼핑하다
Nous avons fait les courses ce matin pour éviter la foule.
우리는 혼잡한 시간을 피하기 위해 아침에 장을 봤다.

▌ court 짧은
① **court sur pattes 다리가 짧다.**
   Son chien, un teckel, est court sur pattes.
   닥스훈트 종인 그의 개는 다리가 짧다.
② **être à court de ~이 모자라는**
   Elle finirait d'écrire le livre, mais elle est à court d'idées.

그녀는 책쓰기를 끝낼 수도 있겠지만 아이디어가 부족한 상태다.
③ **la courte échelle 밀어 올림, 후원**
Fais-moi la courte échelle, que je cueille cette pomme.
내가 이 사과를 딸 수 있도록 나를 좀 밀어올려다오.

couteau n.m. 칼
à coutequx tirés 공공연히 싸우다.
Le directeur est à couteaux tirés avec son adjoint.
책임자는 자신의 부관과 내놓고 싸우고 있다.

coûter 값이 나가다.
① **coûter cher 비싸다.**
La viande coûte de plus en plus cher.
고기 값이 점점 비싸지고 있다.
② **coûter les yeux de la téte 엄청나게 비싸다.**
Ce tableau de Whistler m'a coûté les yeux de la tête.
나는 휘슬러의 그림을 아주 비싸게 샀다.
③ **coûte que coûte 어떤 희생을 치르더라도**
Il faut le faire coûte que coûte.
어떤 희생을 치르더라도 그 일을 해야 한다.

couver 알을 품다.
couver du regard (des yeux) 애정 어린 눈으로 바라보다.
Elle couvait son fils du regard.
그녀는 자기 아들을 애정 어린 눈으로 바라본다.

couvrir 덮다. 가리다.
① **à couvert 보호된, 안전한**
Je n'ai pas peur; je suis a couvert dans cette affaire.
나는 이 일로부터는 안전하고, 겁내지 않는다.
② **se couvrir 옷을 입다. 모자를 쓰다.**
Couvrez-vous bien; il fait froid..

날씨가 추우니 잘 입으세요.
Couvrez-vous après la bénédiction.
강복식 후에 모자를 쓰시오.

③ **sous (le) couvert ~라는 구실 하에**

Ils ont passé la loi sous couvert de favoriser la sécurité.
그들은 안보 강화를 이유로 법률을 통과시켰다.

▌▌ cran n.m. V자형 새김눈

① **àcran 화가 터질 듯한**

Il a manqué un rendez-vous important et il est à cran.
그는 중요한 약속을 어기게 되어 당장이라도 화가 터질 것 같다.

② **avoir du cran 대담하다.**

Pour lutter seul contre vingt hommes, il devait avoir du cran.
혼자 20명을 상대로 싸우려면 대담해야 한다.

▌▌ crêper 머리를 곱슬곱슬하게 하다.

se crêper le chignon 서로 머리를 쥐어뜯으며 싸우다.
Les deux femmes en colère se sont crêpé le chignon.
두 여인은 서로 머리를 쥐어뜯으며 싸웠다.

▌▌ creuser 움푹하게 하다.

se creuser la cervelle 머리를 쥐어짜다.
Je me creuse la cervelle pour trouver une réponse à cette question.
나는 이 질문에 대한 답을 찾기 위해 머리를 쥐어짰다.

▌▌ crever 녹초가 되다.

① **crever la (de) faim 배고파 죽을 지경이다.**

Autrefois, pendant les grèves les ouvriers crevaient la faim.
이전에, 노동자들은 파업 동안 배가 고파 죽을 지경이었다.

② **crever les yeux 분명하다.**

Mais la vérité de ce qu'il dit crève les yeux!
그의 말의 진실성은 분명해 보인다.

crin n.m. 말총, 조리털

à tout crin (à tous crins) 극단적인
C'est un républicain à tout crin.
그는 철저한 공산주의자이다.

crochet n.m. 갈고리

faire un crochet 우회하다.
Nous avons fait un crochet un crochet pour éviter Nice.
우리는 니스를 피해 돌아서 갔다.

croire 믿다. 생각하다.

① **croire savoir que** ~라고 이해하다.
　Nous croyons savoir que l'essence va augmenter.
　우리는 휘발유 값이 인상되리라는 것을 알고 있다.
② **croyez à ma considération distinguée.**
　감사의 뜻을 보냅니다. (편지의 끝인사)
③ **Croyez-m'en!** so 내 말을 믿으세요.
④ **Je crois bien!** 그렇게 생각합니다.
⑤ **Qu'est-ce que tu te crois?** 너는 스스로를 어떻게 생각하니?
⑥ **se croire sorti de la cuisse de Jupiter** 스스로 천재라고 생각하다.
　Parce qu'elle a gagné un prix littéraire, elle se croit sortie de la cuisse de Jupiter.
　문학상 수상 이후 그녀는 스스로를 천재로 여긴다.

croître 성장하다.

Ça ne fait que croître et embellir.
점점 더 심해진다.

croix n.f. 십자가

C'est la croix et la bannière. 그것은 크게 어려운 일이다.
① **Chacun sa croix!** 모든 사람은 각자 겪어야 할 시련이 있다.
② **faire une croix sur** ~을 단념하다, 포기하다.
　Quant à ce prix, vous pouvez faire une croix dessus.

가격에 있어서 당신은 그 이상은 단념할 수 있습니다.

▍▍ croquer 스케치하다.

à croquer 그림 같은
Elle est mignonne à croquer.
그녀는 그림처럼 귀엽다.

▍▍ cru n.m. 포도주 산지

de son cru 자기가 만든
Il racontait des plaisanteries de son cru.
그는 자기가 만든 농담을 들려준다.

▍▍ cuire 굽다.

① **C'est du tout cuit!** 정말 쉬운 일이다.
② **dur à cuire** 완강한 사람
　　Nous avons essayé de le convaincre sans succès; c'est un dur à cuire.
　　우리는 그를 설득하려 했으나 워낙 완강한 사람이라서 실패했다.
③ **Il vous en cuira!** 후회하게 될 겁니다.

▍▍ cuisiner 요리하다.

cuisiner quelqu'en 호되게 신문하다.
Les agents de police ont cuisiné le suspect.
경찰은 용의자를 호되게 신문했다.

▍▍ cul n.m. 엉덩이

Cul sec! 잔을 비우자!

▍▍ culbute n.m. 곤두박질

faire la culbute 곤두박질하다. 파산하다.
Son entreprise a fait la culbute à cause de la récession.
그의 기업은 경기 후퇴로 파산했다.

cuver 발효시키다.

cuver son vin 흥분을 가라앉히다.
Après la fête, il est rentré cuver son vin.
축제가 끝나고 그는 흥분을 가라 앉히러 집으로 돌아왔다.

프랑스어
관용어

프랑스어 관용어

▌▌ dam n.m. 손해

au (grand) dam de ~에게 손해를 끼치다.
Il l'a fait, au dam de ses adversaires.
그는 자기 상대방들에게 손해를 끼치며 그 일을 했다.

▌▌ damer 여왕으로 만들다

damer le pion à ~에게 이기다.
En achetant tous les terrains disponibles, ils ont voulu nous damer le pion.
가능한 모든 토지를 사들이며 그들은 우리를 이기려고 했다.

▌▌ danger n.m. 위험

Pas de danger! 걱정마!

▌▌ dans ~안에

① **dans les 약, 대략**
   Cela coûtera dans les cinquante mille euros.
   그것은 5만 유로쯤 할 것이다.
② **dans les (en) coulisses 뒤에서 조종하다.**
   C'est elle qui dirige tout dans les coulisses.
   그녀가 모든 일을 뒤에서 조종한다.

▌▌ danser 춤추다

① **danser devant le buffet 찬장이 텅비어있다.**

Une ou deux fois par semaine ils devaient danser devant le buffet.
한 주일에 한 두 번, 그들은 먹을 것이 없었다.

② **faire danser l'anse du panier 장보는 돈을 속이다.**

Ils n'envoient plus leur cuisinière au marché parce qu'elle faisait danser l'anse du panier.
그들은 요리사가 장보는 돈을 속여먹기 때문에 더 이상 시장에 보내지 않는다.

date n.f. 날짜

① **Cela fera date. 새 기원을 긋게 될 것이다.**

② **le premier (le dernier) en date 가장 오래된(최신의)**

Leur automobile était certainement la dernière en date.
그들의 차는 분명히 최신형이었다.

dater ~로 거슬러 오르다.

① **à dater de ~부터**

A dater de demain, nous ne ferons plus d'exceptions.
내일부터 우리는 더 이상 예외를 두지 않겠다.

② **dater de loin 오래 전부터의**

La haine entre les deux familles date de loin.
두 집안간의 원한은 오래된 것이다.

débarrasser 거추장스런 것을 치우다.

① **débarrasser le plancher 떠나다**

Débarreassez-moi le plancher; je ne veux plus vous voir!
더 이상 당신들을 보고 싶지 않으니 떠나게 해 주세요.

② **se débarrasser de ~을 없애버리다.**

Il a enfin réussi à se débarrasser de sa vieille voiture.
그는 마침내 자신의 낡은 차를 정리해 버리는데 성공했다.

déboutonner 단추를 끄르다.

se déboutonner 흉금을 털어놓다.
Il a fini par se déboutonner avec moi, et me dire toute l'histoire.
그는 마침내 내게 흉금을 털어놓고 모든 이야기를 했다.

▮▮ débrouiller 얽힌 것을 풀다.

se débrouiller 알아서 해결하다.
Maintenant que tu es grand, il faut que tu apprennes à te debrouiller.
너도 어른이 되었으니 살아가는 방법을 배워야 한다.

▮▮ décharge n.f. 짐풀기

à la décharge de ~의 변호를 위해
Il faut dire à sa décharge qu'on ne l'avait pas prévenu du danger.
그의 변호를 위해, 사람들이 그에게 위험하다는 것을 예고해주지 않았다고 말해야 한다.

▮▮ déclaration n.f. 선언

faire sa déclaration 프로포즈하다.
Le jeune homme a enfin trouvé le courage de faire sa déclaration.
젊은이는 마침내 프로포즈할 용기를 가졌다.

▮▮ déclarer 선언하다.

se déclarer 나타나다, 일어나다
Un incendie s'est déclaré au premier étage du magasin.
가게 2층에서 화재가 발생했다.

▮▮ décor n.m. 장식

entrer dans le décor 도로를 벗어나 벽을 들이받다.
Elle a perdu le contrôle de sa voiture, qui est entrée dans le décor.
그녀는 차의 통제를 잃고 벽을 들이받았다.

▮▮ découvert 드러내놓고

à découvert 공공연히
On lui a demandé le remboursement au moment où trouvait à découvert.
사람들은 그가 나타나자 공공연히 환불을 요구했다.
Après une période d'activité clandestine, les rebelles commencent à agir à découvert.
일정 기간 지하 활동을 한 후 반도들은 공개적으로 행동을 시작했다.

■ **découvrir 발견하다.**

① **découvrir le pot aux roses** 비밀을 캐내다.
Après une longue enquête, la police a fini par pot aux roses.
오랜 조사 끝에 경찰은 비밀을 캐내고 말았다.

② **découvrir son jeu** 패를 보이다. 계획을 알리다.
L'escroc a trop parlé et il a découvert son jeu.
사기꾼은 말을 너무 많이 해서 자신의 생각을 드러내고 말았다.

③ **se découvrir** 옷을 벗다. 날씨가 개다
Découvrez-vous, Messieurs, voilà le drapeau!
신사 여러분 모자를 벗고 국기를 향해 주십시오.
En avril, ne te découvre pas d'un fil.
4월에는 조금도 얇게 입지 말아라.

■ **décrocher 벗기다 떼어내다**

décrocher une victoire 승리를 쟁취하다.
Leur équipe, bien qu'inexpérimentée, a décroché une victoire étonnante.
그들의 팀은 경험은 부족하지만 놀라운 승리를 따냈다.

■ **défaire 해체하다. 부수다**

se défaire de 없애다
Il s'est enfin défait de sa vieille voiture.
그는 마침내 자신의 헌 차를 처분했다.

■ **défaut** n.m. **부족, 결여**

① **à défaut de cela, le mieux** 그렇지 않다면 차선책으로는
Faisons un pique-nique; à défaut de cela, le mieux serait de manger en ville.
소풍을 가자. 그렇지 않으면 차선책으로는 시내에서 외식을 하는 것이다.

② **faire défaut à** 부족하다.
Le courage lui a fait défaut le moment venu.
기회가 왔을 때 그는 용기가 부족했다.

■ **défendre 보호하다. 금지하다.**

① **se défendre** 스스로를 돌보다.

Ne vous inquiétez pas, elle sait se défendre sans notre aide.
그녀는 우리 도움 없이 스스로 잘 할 수 있으니 걱정 마세요.

② **se défendre de faire** ~하지 않을 수 없다.
Elle ne pouvait pas se défendre de rire en y pensant.
그녀는 그 일을 생각하며 웃지 않을 수 없었다.

défense n.m. 금지, 방어

Défense de... ~금지
Défense d'afficher (d'entrer, de fumer, de stationner, etc.).
게시(입장, 흡연, 주차) 금지.

définitif 결정적인

en définitive 결국, 요컨대
En définitive vous ne regretterez pas votre décision.
결국 당신은 결정한 것을 후회하지 않게 됩니다.

défrayer ~의 비용을 지불하다.

défrayer la chronique 이야기꺼리가 되다.
Leur liaison a défrayé la chronique pendant des semaines.
그들의 관계는 몇 주동안 이야기꺼리가 되었다.

dégager 치우다, 끄집어내다.

d'un air (d'un ton) dégagé 거리낌없는 어조로
Elle fait les pires accusations d'un air dégagé.
그녀는 지독한 험담을 거리낌없이 한다.

dégonfler 수축시키다, 겁먹게 하다.

se dégonfler 겁을 먹다.
Ils l'ont menacée, mais ensuite ils se sont dégonflés.
그들은 그녀를 위협했지만, 오히려 그들이 겁을 먹게 되었다.

dehors 밖에

en dehors de ~외에

Je n'ai rien trouvé d'intéressant en dehors de cela.
나는 그것 이외에 흥미 있는 것을 전혀 찾지 못했다.

▌▎ déjà 이미

C'est déjà ga. 그것만으로도 괜찮다.

▌▎ déjeuner n.m. 점심식사

C'est un déjeuner de soleil.
오래하지 않을 것이다.

▌▎ demander 요청하다.

① **demander à faire quelque chose ~하기를 요청하다.**

   Je vais demander à sortir à ma mère.
   나는 어머니께 외출하라고 부탁하겠다.

② **demander à quelqu'un de faire quelque chose**

   ~에게 ~하라고 요청하다.

   Je vais demander à ma mère de sortir.
   나는 어머니께 외출하라고 부탁하겠다.

③ **demander des comptes 해명을 요구하다.**

   Elle leur demandera assurément des comptes de leurs actes.
   그녀는 그들에게 그들의 행동에 대한 해명을 분명하게 요구할 것이다.

④ **demander satisfaction à ~을 보상할 것을 요구하다. 도전하다.**

   Le lieutenant a demandé satisfaction de son injure au capitaine.
   중위는 대위에게 자신에 대한 모욕 때문에 결투를 요청했다.

⑤ **Je ne te demande pas l'heure qu'il est! 네 일이나 신경 써라**

⑥ **ne demander qu'à (ne pas demander mieux que de)**

   ~한다면 더 이상 바랄게 없다.

   Ils ne demandent qu'à rester ici à travailler.
   그들은 여기 머물며 일하기를 바랄 뿐이다.

⑦ **ne pas demander son reste 아무 말도 않고 가버리다.**

   En nous voyant entrer, elle est partie sans demander son reste.
   우리가 들어오는 것을 보고 그녀는 아무 말도 없이 떠나버렸다.

⑧ **se demander 곰곰이 생각하다.**

Je me demande qui sera là aujourd'hui.
나는 오늘 거기 누가 올까 생각해본다.m

▌ démarrer 시작하다.

démarrer en flèche 훌륭하게, 성공적으로
Sa campagne électorale a démarré en flèche.
그의 선거 유세는 성공적으로 시작되었다.

▌ déménager 이사하다

déménager à la cloche de bois 야반도주하다.
Etant sans argent, ils ont dû déménager à cloche de bois.
돈이 없어서 그들은 야반도주해야 했다.

▌ demeure n.f. 주거, 체류

① **à demeure 영구히**
Ils se sont installés chez nous à demeure!
그들은 영구히 우리 집에 머물고 말았다.

② **mettre en demeure ~하도록 촉구하다.**
On l'a mise en demeure de payer la facture.
그녀는 계산서를 결제하도록 독촉 받았다.

▌ demoiselle n.f. 아가씨

une demoiselle d'honneur 들러리
Elle a demandé à sa meilleure amie d'être sa demoiselle d'honneur.
그녀는 제일 친한 친구에게 들러리를 부탁했다.

▌ démonter 분해하다.

se laisser démonter 당황하다.
Il ne s'est pas laissé démonter devant leur hostilité évidente.
그는 그들의 분명한 적대감 앞에서 당황해 하지 않았다.

▌ démordre 물었던 것을 다시 놓다, 단념하다.

ne pas en démordre 고집하다.

Magré leurs protestations, l'arbitre n'en démordait
그들의 이의제기에도 불구하고 심판은 뜻을 굽히지 않았다.

▌▌ dent n.f. 이, 치아

① **à belles dents 와작와작 먹다.**
> Il a croqué la pomme à belles dents.
> 그는 사과를 아작아작 깨물어 먹었다.
> Les critiques ont déchiré sa pièce à belles dents.
> 평론가들은 그의 연극을 혹평했다.

② **avoir la dent dure 입바른 소리를 잘하다.**
> Je n'aime pas discuter avec elle; elle a la dent dure.
> 그녀는 입바른 소리를 잘해서 나는 같이 토론하고 싶지 않다.

③ **avoir les dents longues 욕심이 많다.**
> Méfiez-vous; ce petit commis a les dents longues.
> 조심하세요. 이 작은 직원은 욕심이 많아요.

④ **avoir une dent contre ~에게 원한이 있다.**
> Elle a une dent contre lui à cause de son retard hier soir.
> 그녀는 그가 엊저녁에 늦게 와서 그에게 화가나 있다.

⑤ **sur les dents 신경을 곤두세우다, 기진맥진하다.**
> Il a tant à faire encore qu'il est sur les dents.
> 그는 아직 할 일이 너무 많아서 신경이 곤두서 있다.

▌▌ dépasser 추월하다.

① **Cela dépasse la mesure (les bornes). 그것은 능력 밖의 일이다.**
② **Cela me dépasse! 그것은 나의 능력을 넘어선다.**

▌▌ dépens n.m. 소송비용

à ses (propres) dépens 큰 희생을 대가로
J'ai appris cela à mes dépens.
나는 힘들게 그것을 알게 되었다.

▌▌ dépit n.m. 분함, 원함

en dépit du bon sens 양식을 무시하고, 형편없이

En dépit du bon sens, il a voulu battre le record.
양식을 무시하고 그는 기록 갱신을 원했다.arttogal
Il a fait la réparation en dépit du bon sens.
그는 형편없이 수리했다.

▌ déplaire ~의 마음에 들지 않다.

Ne vous (en) déplaise! 실례입니다만, 미안합니다만.

▌ déposer 놓다, 두다.

déposer quelqu'un 내려놓다.
Je vous déposerai au coin de la rue.
길모퉁이에서 내려드리겠습니다.

▌ depuis ~이후로

depuis le départ 처음부터
Il faut avouer que nous étions sceptiques depuis le départ.
처음부터 우리는 의혹을 갖고 있었다는 것을 밝혀야 한다.

▌ dérive n.f. 표류

à la dérive 되는대로
Il ne faut pas le laisser s'en aller à la dérive.
그가 하는 대로 내버려두어서는 안 된다.

▌ dernier 마지막의, 최근의

① **à la dernière extrémité 임종시의**

　Croyant qu'il était à la dernière extrémité, ils ont appelé un prêtre.
　사람들은 그가 곧 숨을 거두리라고 생각하며 목사를 불렀다.

② **avoir le dernier mot 결정적인 발언을 하다.**

　Contre toute attente, c'est nous qui avons eu le dernier mot.
　모든 예상을 뒤엎고 우리는 꼼짝 못하게 하는 발언을 했다.

③ **C'est le dernier cri. 최신형이다.**

④ **C'est le dernier des hommes (le dernier des derniers).**

　그는 인간 말자이다.

⑤ **C'est ma dernière planche de salut.** 나의 마지막 희망이다.
⑥ **C'est mon dernier mot.** 더 이상은 양보할 수 없다.

▌ dérober 훔치다.

se dérober à ~을 피하다.
Il s'est dérobé aux remerciements de la famille.
그는 가족들의 감사 인사를 피했다.

▌ derrière ~뒤에

avoir quelque chose derrière la tête 다른 뜻을 품다.
Je me demande quelle idée il a derrière la tête en disant cela.
나는 그가 이렇게 말하며 어떤 생각을 품고 있는지 곰곰이 생각해 본다.

▌ descendre 내려가다.

① **descendre à (chez) ~에 투숙하다.**
　　Nous avons décidé de descendre à l'hôtel.
　　우리는 호텔에 투숙하기로 결정했다.

② **descendre dans la rue 데모하러 거리로 나서다 nove**
　　En apprenant la réforme, les étudiants sont descendus dans la rue.
　　개혁안을 듣고 학생들은 시위하러 길로 나섰다.

▌ désespoir n.m. 절망

en désespoir de cause 궁여지책으로 할 수 없이
Il a fait un dernier effort, en désespoir de cause.
그는 할 수 없이 마지막 힘을 썼다.

▌ désirer 바라다.

① **se faire désirer 오래 기다리게 하다, 애타게 하다.**
　　Le candidat rêvé se fait désirer.
　　이상적인 후보자는 오래 기다려야 한다.

② **Vous désirez? 무엇을 사시겠습니까?(가게에서)**

■ dessein n.m. 계획, 의도

à dessein 일부러

Ce n'était pas un accident; il l'a fait à dessein.
그가 고의로 한 일이었지, 사고가 아니었습니다.

■ desserrer 느슨하게 하다.

ne pas desserrer les dents 입을 굳게 다물고 아무 말도 안하다.
Notre invité n'a pas desserré les dents de la soirée.
우리들의 손님은 저녁 모임에서 아무 말도 하지 않았다.

■ dessous 그 밑에

① **le dessous de l'affaire (de l'histoire)** 사건의 이면에는

Nous ne saurons jamais le dessous de l'affaire.
우리는 그 사건의 이면은 절대로 알 수 없을 것이다.

② **le dessous de table** 뇌물

J'ai dû payer une forte somme en dessous de table pour avoir l'appartement.
나는 아파트를 사는데 있어서 유리한 흥정을 위해 상당액을 지불해야만 했다.

■ dessus 그 위에

① **avoir (prendre) le dessus** 우세하다, 이기다.

Il a fini par avoir le dessus dans sa lutte avec ses adversaires.
그는 마침내 자신의 적들과의 싸움을 승리로 이끌었다.

② **la-dessus** 그 점에 관해서, 그리고 나서

Là-dessus il est revenu me voir.
그리고 나서 그는 다시 나를 보러 왔다.

③ **le dessus du panier** 최상급품

Arrivant tôt, nous avons pu choisir le dessus du panier.
일찍 도착해서 우리는 최상급품을 고를 수 있었다.

■ destination n.m. 목적지

à destination de ~행

Le train à destination de Lyon est à quai.
리옹행 열차가 플랫폼에 있다.

■ **détacher 매어둔 것을 풀다.**
　se détacher 자유롭게 되다, 분리되다.
　Il se détachait du reste du groupe par sa taille.
　그는 키 때문에 그룹의 나머지 구성원들로부터 떨어졌다.

■ **dételer 연결을 풀다.**
　sans dételer 쉬지 않고
　Elles ont fait tout ce travail en un jour, sans dételer.
　그 여자들은 이 일을 하루 동안 쉬지 않고 했다.

■ **détourner 방향을 바꾸다.**
　détourner le regard 눈길을 돌리다.
　Il a dû détourner le regard de ce triste spectacle.
　그는 이 슬픈 장면에서 눈길을 돌려야만 했다.

■ **déterminer 결정하다.**
　déterminer quelqu'un à faire quelque chose ~에게 ~을 결심시키다.
　Qu'est-ce qui vous a déterminé à partir?
　무엇이 당신을 떠나게 했나요?

■ **détour** n.m. **우회, 굽이**
　faire des détours 구부러져 있다.
　La route faisait des détours à travers la vallée.
　도로는 골짜기를 가로지르며 구부러져 있다.

■ **dette** n.f. **빚**
　Il est couvert (criblé) de dettes. 그는 빚 투성이다.

■ **deuil** n.m. **초상, 애도**
　faire son deuil de ~을 단념하다.
　Quant au poste, tu peux en faire ton deuil.
　구직문제에서 너는 단념해도 된다.

deux 2

① **à deux doigts de** 아주 가까이에 있는
   Nous avons été à deux doigts de la catastrophe.
   우리는 정말 큰 일 날 뻔 했다.

② **à deux pas** 매우 가까운
   L'école est à deux pas de notre maison.
   학교는 우리 집에서 아주 가깝다.

③ **avoir deux poids deux mesures**
   두 가지 기준을 적용하다. 이해관계에 따라 불공평한 짓을 하다.
   Il a deux poids deux mesures pour juger les pauvres et les riches.
   그는 가난한 사람과 부자를 두 가지 기준으로 판단한다.

④ **Cela fait deux!** 그것은 별개의 문제다.

⑤ **Ce sont deux têtes sous le même bonnet.**
   그들은 서로 단짝이다.

⑥ **de deux choses l'une** 이쪽 아니면 저쪽 길 뿐이다.
   De deux choses l'une; ou il s'enfuit ou il se fait arrêter.
   그는 달아나거나 잡히거나 둘 중 하나일 뿐이다.

⑦ **Les deux font la paire.** 피장파장이다.

devenir ~가 되다.

Qu'est-ce qu'il est devenu? 그(그 일)는 어떻게 되었지?

devoir n.m. 의무, 본문

se faire un devoir de ~하는 것을 의무로 생각하다.
Il se fait toujours un devoir de rendre visite à sa grand-mère.
그는 할머니를 찾아뵙는 것을 자기 의무로 생각하고 있다.

devoir ~하게 되어 있다. 빚지다.

① **Cela devait arriver.** 할 수 없지, 그렇게 되게 마련이었다.

② **devoir une fière chandelle à** ~에게 큰 은혜를 입다.
   Il doit une fière chandelle à ceux qui ont inventé cette méthode!
   그는 이 방법을 창안한 사람들에게 큰 은혜를 입었다.

diable n.m. 악마

① **au diable (vert, vauvert) 매우 멀리**
Sa maison de campagne est au diable.
그의 시골집은 아주 멀리 떨어져 있다.

② **avoir le diable au corps 신들리다, 흥분하다.**
Il courait comme s'il avait le diable au corps.
그는 미친듯이 뛰어다녔다.

③ **c'est bien le diable si... …라면 이상한 일이다. 결코 아닐 것이다.**
C'est bien le diable si je comprends ce qu'il veut dire.
그가 무엇을 뜻하는지 나는 도저히 알 수 없다.

④ **du diable(de tous les diables) 많은, 엄청난**
Nous avons eu un mal du diable à les trouver.
우리는 그들을 찾느라 엄청나게 고생했다.

⑤ **faire le diable à quatre 떠들어대다, 야단법석이다.**
Ils ont fait le diable à quatre quand on les a fait sortir du bar.
그들은 바에서 쫓겨나며 야단 법석을 했다.

⑥ **Que diable! 제기랄!**

diapason n.m. 음조, 가락

au diapason ~와 이야기의 장단을 맞추다.
Nous avons toujours essayé de rester au diapason de la situation.
우리는 항상 상황과 맞추어 나가려고 애썼다.

dindon n.m. 칠면조

être le dindon de la farce 남의 웃음거리가 되다.
Trouve quelqu'un d'autre; je ne veux pas être le dindon de la farce.
나는 놀림감이 되고 싶지 않으니 다른 사람을 찾 아봐.

dire 말하다.

① **A qui le dites-vous? (Je ne le vous fais pas dire!)**
나는 누구보다도 잘 알고 있다.

② **Ça me dit. 나는 그것에 관심이 있다.**
Ça me dit quelque chose.

내게 관심을 끌게 하는 것이 있다.

③ **cela en dit long sur ~을 여실히 보여주다.**

Cela en dit long sur son attitude envers les autres.
그것은 그의 남들에 대한 태도를 잘 보여준다.
Cela ne me dit pas grand-chose.
나는 별로 관심 없다.

④ **ce n'est pas pour dire, mais... 이런 말하기는 무엇하지만...**

Ce n'est pas pour dire, mais je préfère ne pas y aller du tout.
말하고 싶지는 않지만 나는 전혀 거기 가고 싶지 않다. Jis no jib sis

⑤ **c'est-à-dire 말하자면**

Il est riche, c'est-à-dire sa famille l'est.
그는 부자인데, 말하자면 그의 가족이 그렇다는 것이다.

⑥ **C'est dit (Voila qui est dit)! 결정되었다.**

⑦ **dire ce qu'on a sur le coeur 가슴 속에 품었던 말을 하다.**

Il faut que je te dise ce que j'ai sur le cœur, une fois pour toutes.
나도 꼭 한번은 너에게 가슴 속에 품었던 말을 해야 한다.

⑧ **dire en bon français 직접 말하다.**

Je vous le dis en bon français; allez-vous-en.
당신께 직접 말합니다. 가세요.

⑨ **dire le mot et la chose 사실대로 말하다.**

Dans leur famille on insiste toujours pour dire le mot et la chose.
그들의 집에서는 서로 사실대로 말해야 한다고 우긴다. mage 유감이다.

⑩ **dire pis que pendre de ~을 나쁘게 이야기한다.**

Depuis leur divorce elle dit pis que pendre de son ex-mari.
이혼 이후 그녀는 전남편을 나쁘게 말한다.

⑪ **dire que ~라니!(놀라움, 분노의 표현)**

Dire que nous étions si heureux ensemble!
우리가 함께 그렇게 행복했었다니!

⑫ **dire ses quatre vérités à quelqu'un ~의 결점을 노골적으로 지적하다.**

Un jour je vais dire ses quatre vérités à ce parasite!
언젠가 나는 이 식객에게 잘못을 바로 말해주겠다.

⑬ **dire son fait à 생각했던 바를 말해주다.**

Perdant enfin patience, elle lui a dit son fait.

마침내 참지 못하고 그녀는 그에게 생각했던 바를 말했다.
⑭ **Dites done!** 이봐요!
⑮ **en dire long sur** ~에 대해 여실하게 말해주다.
Son refus de prendre une position nette dans cette affaire
en dit long sur son honnêteté.
그가 제안을 거절한 것은 그의 정직함을 잘 나타내는 것이다.
⑯ **Il n'y a pas à dire.** 이러쿵저러쿵 말할 여지가 없다.
⑰ **on dirait (que)** ~인 것 같다.
On dirait un gros chien. 큰 개 같다.
On dirait qu'il va pleuvoir. 비가 올 것 같다.
⑱ **Vous m'en direz des nouvelles!**
그것을 좋아하실 겁니다.

disposer 배열하다, 준비하다.
① **se disposer à** ~하려고 하다.
Ils se disposent déjà à partir.
그들은 벌써 떠나려고 한다.
② **Vous pouvez disposer.** 지금 가셔도 됩니다.

distance n.f. 거리
à quelle distance 얼마나 먼지
A quelle distance Paris est-il de Londres?
파리는 런던에서 얼마나 떨어져 있는가?

doigt n.m. 손가락
① **au doigt et à l'œil** 손가락 하나 눈짓 하나로
lui obéit au doigt et à l'œil.
그는 그에게 맹종한다.
② **avoir les doigts crochus** 욕심많은, 구두쇠인
Suzanne a les doigts crochus; elle dépense le moins d'argent possible.
쉬잔은 구두쇠라서 최소한의 돈만 쓴다.
③ **comme les (deux) doigts de la main-** 매우 친밀한

Le chef de la police et le maire sont comme les doigts de la main.
경찰서장과 시장은 매우 친한 사이다.

④ **les doigts dans le nez 쉽게**

Elle a eu le bachot les doigts dans le nez.
그녀는 대학입학자격 시험을 쉽게 통과했다.

⑤ **montrer (désigner) du doigt 손가락으로 가리키다.**

Le passant montra le bâtiment du doigt.
지나가는 사람은 건물을 손가락으로 가리켰다.

▮ **dommage** n.m. **손해, 유감**

c'est dommage 유감이다.
C'est dommage que vous ne puissiez pas venir chez nous.
당신이 우리집에 못 오다니 유감이다.

▮ **donner 주다.**

① **C'est donné. 공짜나 다름 없다.**

② **donnant donnant 교환조건으로**

C'est donnant donnant, ta montre contre mon collier.
너의 시계와 내 목걸이를 주고 받는다.

③ **donner à (la police, etc) 팔아넘기다**

Par crainte de la prison, le voleur a donné son complice à la police.
교도소에 가는 것이 두려워 절도범은 경찰에게 공모자를 불었다.

④ **donner dans ~에 빠지다.**

Nous avons donné dans leur piège.
우리는 함정에 빠졌다.
Ce musicien donne dans le sentimental.
이 음악가는 감정에 사로 잡혀 있다.

⑤ **donner le la gite 배가 기울어지다.**

A cause de la mauvaise conjoncture économique, le parti socialiste commence à donner de la gîte.
경기가 나빠지면서 사회당은 기울어지기 시작한다.

⑥ **donner des coups d'épingle 기분을 상하게 하다.**

Je ne peux pas supporter la façon dont il donne des coups d'épingle à tout le monde.

나는 모든 사람의 기분을 상하게 하는 그의 행동을 참을 수 없다.

⑦ **donner du fil à retordre à** …을 골치 아프게 한다.

Avant de me quitter pour de bon, elle m'a donné du fil à retordre.
정말 나를 떠나기 전에 그녀는 나를 난처하게 했다.

⑧ **donner du front contre** 머리를 부딪치다.

Il a donné du front contre le rebord de la fenêtre.
그는 창문틀에 머리를 부딪쳤다.

⑨ **donner la pièce à** 팁을 주다.

Avez-vous donné la pièce au concierge?
도어맨에게 팁을 주셨나요?

⑩ **donner le bouillon d'onze heures à** 독을 탄 음료를 주다.

On prétend qu'elle a donné le bouillon d'onze heures à son premier mari.
사람들은 그녀가 자신의 첫 남편을 독살했다고 주장한다.

⑪ **donner le change à** ~속이다.

Il était toujours sans bagages pour donner le change aux douaniers.
그는 세관원의 눈을 속이기 위해 늘 짐이 없이 다닌다.

⑫ **donner le la** 조율하다.

Ce sont les Dupont qui donnent le la aux réunions.
모임의 조율을 하는 것은 뒤퐁 가족이다.

⑬ **donner l'éveil à** ~을 경계시키다.

Ses hésitations ont donné l'éveil aux gardiens.
그의 주저함은 경비원들로 하여금 경계하게 했다.

⑭ **donner lieu à** ~을 야기하다.

Tout ce qu'il faisait donnait lieu à leurs critiques.
그의 모든 행동이 그들의 비탄을 야기시켰다.

⑮ **donner prise à** ~을 초래하다.

Ta faiblesse donne prise à tes critiques.
너의 나약함이 비난을 초래한 것이다.

⑯ **donner raison (tort) à** ~이 옳다고 인정하다.

Après l'avoir bien écouté, je ne pouvais pas lui donner raison.
잘 듣고 나서 나는 그가 옳다고 인정할 수 없었다.

⑰ **donner sa langue au chat** 수수께끼 등을 못풀고 단념하다.

Je donne ma langue au chat; dis-moi la solution.

나는 못 풀겠으니 답을 말해다오.

⑱ **donner sur ~에 접해있다.**

Nos fenêtres donnaient sur la forêt.
우리 창문에서는 숲이 보인다.

⑲ **étant donné ~에 비추어 볼 때**

Etant donné toute la concurrence, nous n'avons aucune chance.
이 모든 경쟁관계에서 볼 때 우리는 전혀 가망이 없다.

⑳ **Je vous en donne mon billet! 내가 그걸 보증한다.**

le donner en mille 맞을 리 없다.

Devine qui elle va épouser: je te le donne en mille.
그녀가 누구와 결혼하는지 맞춰보아라. 천에 하나도 맞을리 없다.

㉑ **se donner en spectacle 이목을 끌다. 웃음거리가 되다.**

Arrête de te donner en spectacle devant tout le monde!
모든 사람 앞에 그만 웃음거리가 되거라.

㉒ **se donner le mot 공모하다.**

Ils se sont donné le mot pour ne pas venir en classe.
그들은 수업에 빠지기로 합의했다.

㉓ **se donner les gants de ~을 자기의 공으로 돌리다.**

Elle se donne les gants d'avoir obtenu leur promotion.
그녀는 그들의 봉급인상을 자신의 공으로 돌렸다.

dorer 금도금하다.

dorer la pilule ~을 달콤한 말로 구슬르다.
Le ministre a essayé de dorer la pilule quand il a présenté
les coupes dans le budget.
장관은 예산삭감을 발표하며 달콤한 말로 구슬르려 했다. oldub

dormir 잠자다.

① **à dormir debout 허황된 이야기**

Cesse de nous raconter ces histoires à dormir debout!
우리에게 허황한 이야기는 그만 해라.

② **dormir à poings fermés 깊이 잠들다.**

Epuisé par ses efforts, il a dormi à poings fermés.

애쓰느라 지쳐 그는 깊이 잠들었다.

③ **dormir come une souche (un loir, une marmotte)** 깊이 곯아떨어지다.

J'étais si fatigué après la promenade que j'ai dormi comme une souche.
산보한 후에 너무 지쳐서 나는 깊이 곯아 떨어졌다.

④ **dormir dans les cartons (fichiers)** 처리되지 않고 미뤄지다.

Le rapport de la commission dort dans les cartons.
위원회의 보고서는 서류함에서 잠자고 있다.

⑤ **dormir sur ses deux oreilles** 안심하고 자다.

Vous n'avez rien à craindre, vous pouvez dormir sur vos so deux oreilles.
걱정할 것 없습니다. 안심하고 주무셔도 됩니다.

▌dos n.m. 등

① **avoir sur le dos** 귀찮은 것을 지고 있다.

J'ai tous mes parents sur le dos en ce moment.
나는 지금 부모님을 부양하고 있다.

② **faire le dos rond** 저자세를 취하다.

Ces employés menacés de licenciement font le dos rond.
해고 위협을 받고 있는 직원들은 저자세를 취하고 있다.

▌double 이중의

① **en double (exemplaire)** 이중으로

J'ai ces articles en double.
나는 이 기사들을 두 부씩 복사해두었다.

② **en double file** 차가 두 줄로

J'ai laissé ma voiture en double file.
나는 차를 두 줄이 되도록 주차했다.

③ **faire double emploi** 중복되다.

Votre travail fait double emploi avec celui de Jean.
당신이 하는 일은 쟝의 일과 중복된다.

▌doubler 두배로 하다, 추월하다.

① **doubler le cap de** 어려운 국면을 넘어서다.

Ce compositeur a doublé le cap de sa neuvième symphonie.

이 작곡가는 자신의 아홉번째 교향곡이라는 어려운 일을 해냈다.
Ma grand-mère a doublé le cap des soixante-dix ans.
나의 할머니는 70고개를 넘으셨다.

② **doubler le pas 빨리 걷다.**

Entendant quelqu'un dans la rue derrière elle, elle a doublé le pas.
길에서 누군가의 소리를 뒤에서 들으며 그녀는 발걸음을 재촉했다.

douceur n.f. 부드러움, 단 맛

en douceur 조용히, 부드럽게
L'avion s'est posé en douceur.
비행기는 부드럽게 착륙했다.

doute n.m. 의혹

ne pas faire de doute 의심의 여지가 없다.
Leur bonne foi ne fait pas de doute.
그들의 믿음은 의심의 여지가 없다.

douter 의심하다.

① **ne douter de rien 조금도 의문을 갖지 않다. 아무 짓이나 거침없이 하다.**

Il m'a demandé de le faire à sa place, il ne doute de rien.
그는 자기 일을 내게 하라고 했다. 그는 아무 짓이나 거침없이 한다.

② **se douter de ~을 의심하다.**

Il est si préoccupé qu'il ne se doute de rien.
그는 너무 깊이 빠져 있어서 조금도 의심하지 않는다.

doux 맛있는, 달콤한

en douce 살그머니
Ils ont fait leur réunion en douce.
그들은 남몰래 모임을 가졌다.
Tout doux!
조용히! 그렇게 흥분하지 마시오.

▮ drame n.m. 연극

faire tout un drame de ~을 극적으로 과장하다.
Elle a fait tout un drame de notre absence.
그녀는 우리가 자리 비운 일을 크게 과장했다.

▮ drapeau n.m. 기(旗)

sous les drapeaux 군 복무를 하다, ~휘하에 있다.
Mon frère a été appelé sous les drapeaux.
나의 형은 징집되었다.

▮ dresser 일으키다, 세우다.

se dresser sur ses ergots 위협적인 태도를 취하다.
Devant nos accusations il s'est dressé sur ses ergots.
우리가 위협하자 그는 위협적인 태도를 취했다.

▮ droit 오른쪽의, 바른

① **le droit chemin 바르게 살기**

Il s'est rangé et il est rentré dans le droit chemin.
그는 신변을 정리하고 바르게 살기로 했다.

② **tout droit 직진해서**

Sa maison est la; vous n'avez qu'à aller tout droit.
그의 집은 저기이고 직진하면 됩니다.

▮ droit n.m. 법, 권리

① **A qui de droit 권리 있는 자에게, 관계자에게**
② **avoir droit à ~을 요구할 권리가 있다.**

Avec chaque achat, vous avez droit à une prime.
매번 구입할 때마다 선물을 받을 권리가 있다.

▮ drôle 우스운

un drôle de... 이상한
C'est une drôle d'histoire que vous me racontez.
당신이 내게 하는 이야기는 이상하군요.

dur 굳은, 힘든

① **dur d'oreille** 귀가 어둡다.

Il faut lui parler plus fort, elle est dure d'oreille.
그녀는 잘 못 듣기 때문에 크게 말해야 한다.

② **en dur** 돌이나 콘크리트로 된

Pour leurs maisons les Francais préfèrent la construction en dur.
프랑스인들은 집을 콘크리트로 짓기 좋아한다.

③ **Il est dur à la détente.** 그는 인색하다.

④ **sur la dure** 땅바닥에서

Pendant tout notre voyage il a fallu coucher sur la dure.
여행기간 내내 우리는 바닥에서 자야 했다.

⑤ **un dur à cuire** 다루기 어려운 사람이다.

Napoléon comptait sur les durs à cuire de son armée.
나폴레옹은 자신의 군대에서 냉철하고 비정한 사람들을 신뢰했다.

프랑스어
관용어

프랑스어 관용어

■ eau n.f. 물

① **à l'eau de rose** 달콤한, 감상적인

Ce magazine publie des romans à l'eau de rose.
이 잡지는 감상적인 소설을 싣고 있다.

② **(tout) en eau** 땀에 젖은

J'étais en eau après la gymnastique.
나는 체육시간이 끝나고 땀에 흠뻑 젖었다.

■ échapper 피하다.

l'échapper belle 간신히 피하다.
Je l'ai échappé belle en traversant l'avenue ce matin.
나는 오늘 아침에 큰 길을 건너면서 아슬아슬하게 사고를 모면했다.

■ échauffer 뜨겁게 하다.

échauffer la bile (les oreilles) à quelqu'un ~을 화나게 하다.
Ne l'écoutez pas; il essaie seulement de vous échauffer la bile.
그는 당신을 화나게 하려고만 하니, 그의 말을 듣지 마시오.

■ éclairer 밝게 하다.

éclairer sa lanterne à quelqu'un ~에게 불을 비추다. 사정을 알려주다.
Il les croyait toujours, mais on lui a enfin éclairé sa lanterne.
그는 늘 그들을 믿어왔지만 사람들은 마침내 그에게 상황을 설명해 주었다.

■ **éclat** n.m. **광채, 섬광**
① **faire de l'éclat 세상을 놀라게 하다.**
   Partez tout de suite sans faire d'éclat.
   시끄럽게 하지 말고 떠나세요.
② **sans éclat 떠들지 않고 조용히**
   Elle a démissionné sans éclat.
   그녀는 조용히 사임했다.

■ **école** n.f. **학교**
① **faire école 파(派)를 이루다.**
   Ce nouveau style a vraiment fait école.
   이 새로운 스타일이 하나의 유파를 형성했다.
② **faire l'école buissonnière. 학교 수업을 빼먹다.**
   Le petit garnement faisait souvent l'école buissonnière.
   꼬마 말썽장이는 자주 학교를 빼먹었다.

■ **économie** n.f. **경제, 저축**
① **faire des économies 저축하다.**
   Ils vivent des économies qu'ils ont faites depuis des années.
   그들은 몇년 동안 모은 돈으로 살고 있다.
② **faire des économies de bouts de chandelle (ficelle) 몹시 인색하게 굴다.**
   Bien qu'il ait des millions, il fait des économies de bouts de chandelle.
   그는 부자지만 매우 인색하다.

■ **écouter 듣다.**
① **écouter de toutes ses oreilles 귀를 기울이다.**
   Pendant son discours le public écoutait de toutes ses oreilles.
   그가 연설하는 동안 청중들은 귀기울여 들었다.
② **n'écouter que d'une oreille 별로 귀담아 듣지 않다.**
   Son enfant n'écoutait ses admonitions que d'une oreille.
   그의 아이는 그의 질책을 귀담아 듣지 않았다.
③ **si je m'écoutais... 내 기분으로는**

Si je m'écoutais, je te mettrais à la porte.
내 기분은 너를 내쫓고 싶다.

■ écraser 짓밟다. 으깨다.

① **Il en écrase.** 그는 깊이 잠잔다.

② **se faire écraser** 차에 치다.
Il s'est fait écraser par un chauffard.
그는 뺑소니 운전사에게 치었다.

■ écrire 쓰다.

écrire en toutes lettres 자세히 설명하다.
Pour être sûr, je vais écrire les instructions en toutes lettres.
분명히 해두려고 나는 자세히 설명해 쓰겠습니다.

■ effacer 지우다.

s'effacer 지워지다, 표면에 나서지 않다.
Il faut que le virtuose s'efface devant le compositeur.
거장은 작곡가를 위해 전면에 나서지 말아야 한다.

■ effet n.m. 결과, 효과

① **en effet** 실상, 과연
En effet, nos invités étaient déjà partis.
역시 우리의 손님들은 이미 떠나고 없었다.

② **faire de l'effet** 효력이 있다.
Heureusement, la mesure qu'ils recommandaient a fait de l'effet.
다행히 그들이 권한 조치는 효력이 있었다.

③ **faire l'effet de** ~하는 인상을 주다.
Cet homme m'a fait l'effet d'un grand savant.
이 분은 내게 박식하게 보였다.

■ égal 같은, 평범한

① **à l'égal de** 동등하게
Elle admire cette symphonie à l'égal de la neuvième de Beethoven.

그녀는 이 교향곡을 베토벤 9번과 마찬가지로 사랑한다.
② **Ça m'est égal. 내겐 마찬가지다.**
③ **d'égal à égal 대등하게**

Malgré la différence de nos âges, je le traitais d'égal à égal.
우리의 나이 차에도 불구하고 나는 그를 대등하게 대했다.

▌ égard n.m. 고려, 침착

eu égard à ~를 고려하여
Eu égard à son âge, on a réduit ses impôts.
그의 나이를 고려해, 그의 세금은 경감되었다.

▌ élever 키우다.

élever dans du coton 과잉보호해 키우다.
Ils ont élevé leur fils unique du coton.
그들은 외아들을 애지중지 키웠다.

▌ élire 선출하다.

élire domicile 주소를 정하다.
Après plusieurs années en province, nous avons élu domicile à Paris.
지방에서 몇 년을 살고 나서 우리는 빠리에 거주지를 정했다.
□ emballer 짐꾸리다, 포장하다.
Ne vous emballez pas! 흥분하지 마세요.

▌ embarras n.m. 혼란, 당황

① **dans l'embarras 난처해진**

Sa demande d'argent nous a mis dans l'embarras.
그의 돈 요구는 우리를 난처하게 만들었다.
② **l'embarras du choix 너무 많아 선택이 곤란함**

Au marché du village, on avait l'embarras du choix.
동네 시장에서 우리는 물건이 너무 많아 고르는데 어려움을 겪었다.

▌ emboîter 끼워넣다, 맞추다.

emboîter le pas à ~를 따르다.

Voyant qu'il était inutile de résister, son collègue lui a emboîté le pas.
저항하는 것이 무의미하다는 것을 깨닫고 그의 동료는 그를 따랐다.

▌ empêcher 방해하다.

empêche que 그래도 ~함에는 변함이 없다.
N'empêche qu'elle vous a causé un tas de problèmes.
그래도 역시 그녀는 당신에게 많은 문제를 야기했군요.

▌ empoisonner ~에 독을 넣다.

empoisonner l'existence à 인생을 비참하게 하다.
Mon petit frère m'empoisonne l'existence avec ses cris.
내 어린 동생의 울음소리는 나를 비참하게 한다.

▌ emporter 갖고 가다.

① **à l'emporte-pièce 신랄하게, 통렬하게**
On ne pouvait s'empêcher d'être persuadé par sa olio rhétorique à l'emporte-pièce.
사람들은 그의 통렬한 수사법에 설득당하지 않을 수 없었다.

② **emporter le morceau 성공하다.**
L'éloquence de notre député a emporté le morceau.
우리 국회의원의 웅변은 성공을 거두었다.

③ **l'emporter sur ~에 이기다**
Les conservateurs l'ont emporté sur l'opposition dans les dernières élections.
최근 선거에서 보수파가 반대파를 누르고 이겼다.

④ **s'emporter ~에 열중하다. 화를 내다.**
Il s'emportait à la moindre difficulté.
그는 아주 작은 일에 열중해 있다.

▌ encaisser 상자에 넣다.

encaisser le(s) coup(s) 타격을 받다. 참고 견디다.
Elle a montré qu'elle peut encaisser les coups.
그녀는 그 일을 감내할 수 있다는 것을 보여주었다.

▌ enclume n.f. 모루, 철침

entre l'enclume et le marteau 이러지도 저러지도 못하다.
Quel dilemme! Il se trouvait entre l'enclume et le marteau.
웬 딜레머냐! 그는 진퇴양난에 빠졌다.

▌ encore 아직

Et encore!
그렇지만 말이야. 그런데 말이야.

▌ si encore ~할 수만 있다면

Si encore ils voulaient nous aider!
그들이 우리를 도우려고 한다면!

▌ endroit n.m. 장소

① **à l'endroit** 겉쪽을 밖으로, 옳은 방향으로
　　Mets ton pull à l'endroit. 스웨터를 똑바로 입어라.
② **à l'endroit de** ~에 대해서
　　Elle éprouvait une grande tendresse à son endroit.
　　그녀는 그에 대해 매우 부드럽게 대했다.
③ **par endroits** 군데군데, 곳곳에
　　L'herbe était encore mouillée 풀은 아직 여기저기 젖어 있었다.

▌ enfance n.f. 어린시절

C'est l'enfance de l'art! 극히 초보적인 것이다.

▌ enfant n.m. 어린이

Ne faites pas l'enfant! 나이에 맞게 행동하시오.

▌ enfin 마침내

enfin, bref 끝내
Enfin, bref, nous sommes fauchés.
결국 우리는 망하고 말았다.

▮▮ enfoncer 찔러넣다.

enfoncer une porte ouverte 쓸데 없는 노력을 하다.
Attaquer la prohibition des alcools, c'est enfoncer une porte ouverte.
알콜 금지는 쓸데 없는 노력이니 공격하시오.

▮▮ ennui n.m. 권태, 지겨움

avoir des ennuis 근심거리가 있다.
Il a des ennuis avec les contributions directes.
그는 직접세를 걱정하고 있다.

▮▮ ennuyer 귀찮게 하다.

① **Cela vous ennuie-t-il de...?** ~해도 괜찮겠습니까?
   Cela vous ennuie-t-il de rester ici encore une heure?
   한 시간 더 여기 있어도 됩니까?
② **s'ennuyer de quelque chose (de quelqu'un)** ~이 몹시 그립다.
   Je m'ennuie beaucoup de ma famille.
   나는 식구들이 몹시 그립다.

▮▮ ennuyeux 귀찮은, 난처한

l'ennuyeux de ~의 문제는
L'ennuyeux de cette méthode, c'est qu'elle est très longue.
이 방법의 문제점은 시간이 오래 걸린다는 것이다.

▮▮ enseigne n.f. 간판, 표지

à telle enseigne que 그렇기 때문에
Il veut se faire remarquer, à telle enseigne qu'il emploie des expressions recherchées.
그는 주목 받고 싶기 때문에 세련된 표현을 구사한다.

▮▮ ensemble 함께 n.m. 전체, 조화

① **dans l'ensemble** 전체로 보아
   Dans l'ensemble, leur entreprise est très solide.
   전체로 보아 그들의 기업은 매우 견고하다.
② **d'ensemble** 일사불란하게

Je tâche d'avoir une vue d'ensemble du projet.
나는 프로젝트 전체를 보려고 애쓰고 있다.

entendre 듣다.

① **bien entendu 물론**

Bien entendu, nous irons les voir tout de suite.
물론, 우리는 곧 그들을 보러 갈 것입니다.

② **Cela s'entend! 물론이다.**

③ **C'est entendu. ok.**

④ **entendre dire que ~라는 것을 듣다.**

J'ai entendu dire qu'ils se sont quittés.
나는 그들이 헤어졌다고 들었다.

⑤ **entendre parler de ~에 관한 이야기를 듣다.**

Je n'ai jamais entendu parler de ce peintre.
나는 이 화가에 대해 전혀 듣지 못했다.

Il ne l'entend pas de cette oreille.
그는 동의하지 않는다.

⑥ **laisser (donner à) entendre 넌지시 알리다.**

Le patron a laissé entendre qu'il reprendrait tous les ouvriers en grève.
사장은 파업중인 근로자 전원을 재고용할 뜻을 암시했다.

⑦ **s'entendre bien 잘 지내다.**

Malgré leur rivalité, les deux vedettes s'entendent très bien.
경쟁관계에도 불구하고 두 스타는 사이가 좋다.

⑧ **s'entendre comme chien et chat 사이가 좋지 않다.**

Elle et son mari s'entendent comme chien et chat.
그녀는 남편과 사이가 좋지 않다.

⑨ **s'entendre comme larrons en foire 사이좋게 지내다, 한 패가 되다.**

Ces commerçants s'entendent comme larrons en foire.
이 상인들은 서로 사이좋게 지낸다.

entorse n.f. 베기, 왜곡

faire une entorse à ~을 어기다.

Le fonctionnaire a enfin accepté de faire une petite entorse aux règles.

공무원들은 마침내 작은 규칙 위반을 받아들이기로 했다.

▌▌ entre ~사이에

① **entre deux vins 얼근히 취한**

　　Quand je l'ai vu, il était entre deux vins.
　　내가 그를 보았을 때 그는 꽤 취해 있었다.

② **entre nous 우리끼리 이야기인데**

　　Entre nous, je crois que cet homme est fou.
　　이건 우리끼리 얘긴데 나는 그가 미쳤다고 생각한다.

▌▌ entrée n.f. 입구. 시작

① **d'entrée de jeu 처음부터, 다짜고짜**

　　Tu as essayé d'avoir tout comme tu le voulais d'entrée de jeu.
　　그는 처음부터 다짜고짜 모든 것을 얻으려고 했다.

② **les (grandes et petites) entrées 자유 출입**

　　Cet homme a ses entrées à l'ambassade.
　　이 사람은 대사관을 자유로이 드나든다.

▌▌ centrer 들어가다.

① **entrer en fonction 직무를 시작하다.**

　　Le président entrera en fonctions au mois de janvier.
　　대통령은 1월에 직무를 시작할 것이다.

② **entrer en lice 경기에 참가하다, 논쟁하다.**

　　Le leader des conservateurs a décidé d'entrer en lice.
　　보수파 지도자는 출마를 결심했다.

③ **entrer en vigueur 법이 발효되다.**

　　La nouvelle loi entre en vigueur mardi.
　　새 법은 화요일에 발효된다.

④ **Entrez sans frapper. 노크 없이 들어오시오.**

⑤ **faire entrer 들여보내다.**

　　James, faites entrer Monsieur Dupont.
　　제임스, 뒤퐁 씨를 들여보내게.

⑥ **On y entre comme dans un moulin.**

누구든지 자유로이 출입할 수 있다.

envers n.m. 안, 이면

① **à l'envers 거꾸로 뒤집어**

J'ai mis mon pull à l'envers.
나는 스웨터를 뒤집어 입었다.
Vous tenez votre livre à l'envers.
당신은 책을 거꾸로 들고 있습니다.

② **envers ~에 대하여**

③ **envers et contre tous 무슨 수를 써서라도**

Il soutient son idée envers et contre tous.
그는 모든 힘을 다해 자신의 생각을 견지하고 있다.

envie n.f. 욕구, 욕망

avoir envie de ~하고 싶다.
Allons nous coucher; j'ai envie de dormir.
가서 자자. 나는 졸립다.

envoyer 보내다.

① **C'est envoyé! 멋지게 해냈다. 잘 말했다.**

② **envoyer chercher 찾으라고 보내다.**

Nous avons envoyé chercher le médecin d'urgence.
우리는 급히 의사를 찾아오라고 보냈다.

③ **envoyer dire 말을 전하다.**

Je lui ai envoyé dire que j'arrivais le lendemain.
나는 그 다음날 도착한다고 그에게 전했다.

④ **envoyer promener quelqu'un (envoyer quelqu'en au bain, au diable, sur les roses) ~을 쫓아버리다**

Si cet escroc essaie de m'avoir, je l'enverrai promener.
만일 이 사기꾼이 나를 속이려 한다면 나는 그를 쫓아버릴 것이다.

⑤ **Je ne le lui ai pas envoyé dire. 나는 그에게 단도직입적으로 말했다.**

épi n.m. 이삭

en épi 구석에
Les voitures doivent stationner en épi ici.
여기서는 구석에 주차해야 한다.

épouser ~와 결혼하다.

épouser la forme de 몸에 맞다.
Ce vêtement épouse la forme de votre corps.
이 옷은 당신 몸에 맞는다.

erreur n.f. 오류, 실수

① **(Il n'y a) pas d'erreur!** 분명히
② **sauf erreur** 잘못이 아니라면
　Sauf erreur, nous y sommes. 실수만 없다면, 우리는 준비되어 있다.

escale n.f. 선착장

faire escale ~에 기항하다.
L'avion que nous prenons fait escale à Dakar.
우리가 탄 비행기는 다카르에 기착한다.

espèce n.f. 종류

espèce de... ···같은(경멸적)
Espèce d'idiot, tu l'as gâché!
바보 같은 녀석, 네가 일을 망쳤구나.

esprit n.m. 정신, 영혼

① **avoir bon (mauvais) esprit** 협조(비협조)적인
　Ce group de jeunes a très bon esprit.
　이 그룹의 젊은이들은 협동을 잘 한다.
② **avoir l'esprit de clocher** 편협하다.
　Il a trop l'esprit de clocher pour être sénateur.
　그는 상원의원이 되기에는 지나치게 편협하다.
③ **avoir l'esprit mal tourné** 비뚤어진 심성

Vous m'avez compris de travers parce que vous avez l'esprit mal tourné.
당신은 비뚤어진 심성 때문에 내 뜻을 곡해한 것입니다.

④ **faire de l'esprit 재치를 뽐내다.**

A leurs soirées tout le monde fait de l'esprit.
그들의 파티에서 모든 사람은 재치가 있었다.

⑤ **l'esprit de l'escalier 일이 끝나고 나서, 했어야 할 말이 생각나다.**

Il avait l'esprit de l'escalier, trouvant toujours ses ripostes après coup.
그는 응수할 말이 항상 뒤늦게 떠올랐다.

▌ **essuyer 닦다.**

essuyer les plâtres
벽이 마르지 않은 새집에 들어가 살다, 새 것을 불편을 감수 하고 시도해 보다.

Ce sera à nous d'essuyer les plâtres de la nouvelle réforme.
우리는 새로운 개혁을 불편하더라도 시도해 보아야 한다.

▌ **estomac** n.m. **위**

① **à l'estomac 대담하게**

Ils ont essayé de nous avoir à l'estomac.
그들은 대담하게도 우리를 속이려 했다.

② **avoir l'estomac creux (dans les talons) 몹시 허기지다.**

Allons dîner tout de suite; j'ai l'estomac creux.
빨리 저녁을 먹자. 나는 몹시 시장하다.

▌ **état** n.m. **상태, 처지**

① **en état de marche 작동 상태**

Cette machine n'est plus en état de marche.
이 기계는 더 이상 작동되지 않는다.

② **en tout état de cause 여하튼**

La réforme aura eu en tout état de cause le mérite de constituer une assemblée représentative.
여하튼 개혁은 대표자로 구성되는 의회를 구성할 만할 가치가 있다.

③ **faire état de ~을 고려하다.**

L'avocat a demandé à la cour de faire état de la pauvreté de son client.

변호사는 법정에 대해 자신의 고객의 빈곤함을 고려해 달라고 부탁했다.

■ **été** n.m. **여름**
l'été de la Saint-Martin 성 마르탱 축제 때의 포근한 날씨 (1월 초순에서 중순)
L'été de la Saint-Martin a été particulièrement beau cette année.
금년에 성 마르탱 축제 기간은 특히 날씨가 좋았다.

■ **étendre 펼치다, 뻗다.**
étendre raide 때려 눕히다.
Le coup de son adversaire l'a étendu raide.
상대방의 일격이 그를 때려 눕혔다.

■ **étranger** n.m. **외국인, 이방인**
à l'étranger 외국에서
Ils habitent à l'étranger cette année.
그들은 금년에 외국에 살고 있다.

■ **être ~이다.**
① **Ça a été?** 모든 일이 좋았나? 음식이 마음에 들었나요?
② **être à ~것이다.**
   Cette montre est à moi.
   이 손목시계는 내 것이다.
③ **être à la coule 요령을 터득한**
   Il est déjà à la coule son nouveau travail.
   그는 이미 새 일의 요령을 터득하고 있다.
④ **être à quelqu'un de ~의 차례이다.**
   C'est à vous de parler maintenant.
   지금은 당신이 말할 차례이다.
⑤ **Il en est ainsi.** 바로 그런 식이다.
⑥ **Il n'en est rien.** 아무 것도 아니다.
⑦ **Je n'y suis pas.** 나는 못 알아 듣겠다.
⑧ **Je n'y suis pour rien.** 나는 아무 상관 없다.
⑨ **Où en êtes-vous?** 어디까지 했지요?

étroit 좁은

a l'étroit 좁은 곳에, 갑갑하게
Nous ne pouvons pas travailler ici; nous sommes trop à l'étroit.
우리는 너무 좁아서 여기서 일 할 수 없다.

étude n.f. 학습

① **être à l'étude 연구 중인**
Le projet est à l'étude.
프로젝트는 지금 연구중이다.

② **faire ses études à ~에서 공부하다.**
Elle a fait ses études à l'Université de Caen.
그녀는 캉대학에서 공부한다.

évident 분명한

Ce n'est pas évident! 그렇게 쉬운 일이 아닙니다.

examiner 시험하다.

examiner sur toutes les coutures 주의 깊게 살펴보다.
Il faut que nous examinions leur proposition sur toutes les coutures.
그들의 제안을 면밀히 살펴보아야 한다.

exécuter 실행하다.

s'exécuter 처분하다.
Malgré ses réserves, elle s'est exécutée de bonne grâce.
그녀는 저축한 것이 있었지만 기꺼이 재산을 처분했다.

exemple n.m. 예, 보기

Par exemple! 예컨대, 저런, 그럴수가!

exercice n.m. 훈련, 집행

① **dans l'exercice de ses fonctions 공무집행에서**
Le maire agissait dans l'exercice de ses fonctions.
시장은 공무로써 일을 처리했다.

② **en exercice** 현직의
　　Le professeur était encore en exercice.
　　교수님은 아직 현직에 계셨다.

▌▌ expression n.f. 표현

d'expression ~언어를 사용하는
Les représentants de tous les pays d'expression française se réunirent à Québec.
모든 프랑스어권 국가 대표들이 퀘벡에 모였다.

▌▌ extinction n.f. 불을 끄기

avoir une extinction de voix 말을 못하게 되다.
Ayant eu une extinction de voix, le candidat n'a pas pu faire son discours.
말을 못하게 되면서 후보자는 연설을 할 수 없었다.

▌▌ extrême 극단적인

a l'extrême 극단적으로
Elle est têtue à l'extrême.
그녀는 심하게 고집스러웠다.

▌▌ extrémité n.f. 끝, 극단

à la dernière (à toute) extrémité 빈사상태다.
Le malade était à dernière extrémité.
환자는 사망직전 상태였다.

프랑스어 관용어

Locution française

프랑스어
관용어

프랑스어 관용어

fable n.f. 우화

la fable du quartier (de la ville) 웃음거리
Elle a refusé de le faire parce qu'elle ne voulait pas être la fable du quartier.
웃음거리가 되고 싶지 않아 그녀는 그 일을 거절했다.

fabriquer 만들다.

Qu'est-ce que tu fabriques là?
너는 무엇을 하고 있니?

face n.f. 얼굴 모습

① **de face** 정면에서

Les deux camions se sont heurtés de face.
두 트럭은 정면으로 부딪쳤다.

② **en face (de)** 정면에 있는

Le bureau de poste est en face de la gare.
우체국은 역 앞에 있다.

③ **face à** ~으로 향한

Nous avons loué une maisonnette face à la mer.
우리는 바다를 향한 작은 집을 임대했다.

④ **faire face à** ~와 마주하다. 대적하다.

Vous devrez faire face à cette nouvelle difficulté.
당신은 이 새로운 어려움과 대적해야 할 것입니다.

▍ fâcher 화나게 하다.

se fâcher tout rouge 몹시 화를 내다.
Il s'est fâché tout rouge en voyant que le travail n'était pas encore fini.
일이 아직 안 끝난 것을 보고 그는 미친듯이 화를 냈다.

▍ facile 쉬운

① **C'est facile comme bonjour.**
너무나 쉬운 일이다.

② **être facile à vivre 함께 지내기 쉽다.**
Ce garçon est brillant mais il n'est pas facile à vivre.
이 소년은 총명하지만 함께 지내기는 쉽지 않다.

▍ façon n.f. 방법, 양식

Sol soupindot

① **de façon à ~하기 위해**
Il a tourné le vase de façon à cacher son défaut.
그는 자신의 잘못을 감추기 위해 꽃병을 돌려 놓았다.

② **de sa façon 그의 독특한, 자신이 만든**
Elle nous a servi un alcool de sa façon.
그녀는 자신이 만든 술을 우리에게 대접했다.

③ **faire des façons 체면차리다. 점잖을 빼다.**
Ne fais plus tant de façons et accepte leur offre.
더 이상 체면차리지 말고 그들의 제안을 수락해라.

④ **sans façon 허물없이**
Elle nous a reçus gentiment mais sans façon.
그녀는 우리를 친절하게 그러나 허물없이 맞이했다.

▍ fagot n.m. 나뭇단, 묶음

① **comme un fagot 옷차림이 엉망인**
Sa femme était habillée comme un fagot.
그의 아내는 옷차림이 엉망이었다.

② **de derrière les fagots 최고급의**
Il a offert à ses invités une bouteille de derrière les fagots.

그는 손님들에게 최고급의 포도주를 대접했다.

▎▎ faible 약한

un faible pour 편애하다. 맥을 못추다.
Je te pardonne, puisque j'ai toujours eu un faible pour toi.
나는 늘 너에게 맥을 못추니, 너를 용서한다.

▎▎ faim n.f. 굶주림

avoir faim (grand'faim, une faim de loup) 배가 고프다.
Je n'ai rien mangé de la journée, alors j'ai une faim de loup.
나는 종일 먹지 못해서 몹시 배가 고팠다.

▎▎ faire ~하다.

① **avoir fait son temps** 한창때가 지나다.

Ce style a fait son temps et ne se vend plus.
이 스타일은 유행이 지나 더 이상 팔리지 않는다.

② **Ça ne fait rien.** 괜찮습니다.

③ **Ça ne me fait ni chaud ni froid.** 이 쪽이나 저쪽이나 다 괜찮습니다.

④ **C'en est fait de lui.** 그의 계획은 실패다.

⑤ **C'est bien fait!** 잘 되었다.

⑥ **en faire son affaire** 그의 일을 돌보다.

Ne vous inquiétez pas, j'en fais mon affaire.
걱정마세요 내 일은 내가 합니다.

⑦ **faire bon marché de** 중시하지 않다.

Il fait bon marché de notre opinion.
그는 우리 의견을 중요시하지 않는다.

⑧ **faire bon ménage** 잘 지내다.

L'un dans l'autre, notre canari et notre chat font bon ménage.
우리 집의 카나리아와 고양이는 사이 좋게 지낸다.

⑨ **faire bonne mine à** ~를 미소를 맞이하다.

L'hôtesse m'a fait grise mine en voyant que j'étais mal ist habillé.
내가 옷을 엉망으로 입은 것을 보고 여주인은 쌀쌀하게 대했다.

⑩ **faire de l'œil à** ~에게 추파를 던지다.

Je te dis que ce garçon te faisait de l'œil!
이 녀석은 네게 추파를 던진다는 것을 말해주마.

⑪ **faire des ménages 집안일을 하다.**

Avant son mariage, elle faisait des ménages pour gagner sa vie.
결혼 전에 그녀는 먹고 살기 위해 파출부 일을 했다.

⑫ **faire des siennes 제멋대로 하다, 방탕하게 살다.**

Ce vieux farceur a fait encore des siennes!
이 늙은 난봉꾼은 아직도 방탕하게 산다.

⑬ **faire de vieux os 요절하다.**

A ce rythme-là, il ne fera sûrement pas de vieux os.
이 같은 페이스를 유지한다면 그는 단명하지는 않을 것이다.

⑭ **faire du lèche-vitrines 윈도우 쇼핑을 하다.**

On n'a pas d'argent, mais on peut faire du lèche-vitrines.
돈이 없지만 우리는 진열대들을 구경할 수는 있다.

⑮ **faire faire quelque chose à quelqu'un ~에게 ~을 시키다.**

Je lui ai fait laver la voiture.
나는 그에게 세차를 시켰다.

⑯ **faire le saut 대담하게 단행하다.**

Il voulait changer d'emploi mais ne se décidait pas à faire le saut.
그는 직업을 바꾸고 싶었지만 단행하지는 못했다.

⑰ **faire partie de ~에 참여하다.**

Ce chapitre fait partie d'une longue étude générale.
이 장(章)은 긴 일반학습 내용의 일부이다.
Lui et son frère font partie de l'équipe de football.
그들 형제는 축구팀에 가입했다.

⑱ **faire partir un coup 발사하다.**

On se demandait si c'était lui qui avait fait partir le coup.
사람들은 총을 쏜 사람이 그인지 궁금해했다.

⑲ **faire partir un moteur (une voiture) 모터(차)를 가동시키다.**

Je n'arrive pas à faire partir le moteur.
나는 시동을 걸지 못하고 있다.

⑳ **faire savoir 알려주다**

Faites-moi savoir l'heure de votre arrivée dès que possible.

가능한한 빨리 도착시간을 알려 주세요.

㉑ **faire son droit (sa médecine, etc.)** 법학(의학) 공부를 하다.

Il a fait son droit à Lyon.
그는 리옹에서 법학을 공부했다.

㉒ **faire toute une histoire (tout un plat) de** 지루하게 늘어놓다.

Ne fais pas toute une histoire de notre absence!
우리가 자리 비운 것을 장황하게 떠들지 마라.

㉓ **Faites vos jeux!** 돈을 거세요!

㉔ **Il fait beau (chaud, du vent, froid, mauvais, etc.)**
날씨가 좋다(덥다, 바람이 분다, 춥다, 날씨가 좋다)

㉕ **Il fait un temps de chien.** 날씨가 몹시 궂다.

㉖ **Il se fait tard.** 점점 늦어진다.

㉗ **n'avoir que faire de** ~는 쓸모없다.

Je n'ai que faire de vos compliments.
당신의 칭찬은 내게 아무 소용 없습니다.

㉘ **ne faire ni une ni deux** 잠시도 주저하지 않다.

Il n'a fait ni une ni deux, il m'a pris la main et nous sommes partis ensemble.
그는 잠시도 주저하지 않고 내 손을 잡고 같이 떠났다.

㉙ **n'en faire qu'à sa tête** 자신의 마음대로 하다.

Ce n'est pas la peine de discuter avec elle; elle n'en fera toujours qu'à sa tête.
그녀는 항상 자기 마음대로 하니, 토론할 필요도 없다.

㉚ **se faire à** ~에 익숙해지다.

Elle se fait lentement à sa nouvelle situation.
그녀는 새로운 상황에 천천히 적응하고 있다.

㉛ **se faire avoir (rouler)** 속다.

Il avait peur de se faire avoir par l'escroc.
그는 사기꾼에게 속을까봐 겁이 났었다.

㉜ **se faire du mauvais sang** 조바심하다, 안달하다.

Vous feriez mieux de sortir, plutôt que de rester ici à vous faire du mauvais sang.
당신은 여기서 안달하는 것보다 떠나는 것이 나을 것 같군요.

㉝ **se faire fort de** -할 수 있다고 장담하다.

Je me fais fort de les persuader.

나는 그들을 설득시킬 수 있다고 장담한다.

㉞ **A se faire passer pour ~인체하다.**

Elle essayait de se faire passer pour Italienne. 그녀는 이탈리아인인 척 했다.

㉟ **se faire tout petit 몸을 움츠리다, 자신을 낮추다.**

Se sentant de trop, le jeune homme se faisait tout petit.
스스로 별 볼일 없다고 여기며 젊은이는 자신을 낮추고 지냈다.

㊱ **se faire une joie de ~하는 것을 기쁘게 여기다.**

Je me fais une joie de recevoir vos amis.
나는 당신 친구들을 맞이하는 일을 기쁘게 여깁니다.

㊲ **se faire une montagne (un monde) de ~을 어렵게 생각하다, 과장해서 생각하다.**

Ce n'est qu'une petite épreuve; ne t'en fais pas une montagne!
작은 시험일뿐이니 크게 걱정하지 말아라.

㊳ **se faire une raison 체념하고 받아들이다.**

Elle n'aime pas beaucoup sa situation, mais elle a fini par se faire une raison.
그녀는 자신의 상황을 좋아하지는 않지만 체념하고 받아들였다.

㊴ **s'en faire 걱정하다.**

Ne t'en fais pas; je reviendrai. 걱정마라, 돌아올테니,

fait n.m. 사실

① **au fait 요컨대, 사실, 그런데**

Au fait, qu'avez-vous pensé du spectacle?
그런데 공연에 대해 어떻게 생각하십니까?

② **au fait de ~을 알려 주다.**

Je l'ai mis au fait de la situation.
나는 그에게 상황을 알려주었다.

Ce n'est pas mon fait.
그것은 내가 할 일이 아니다.

③ **du fait de ~인 이유로**

Le gouvernement est tombé du fait de leur démission.
정부는 그들의 사임으로 무너졌다.

④ **en fait 사실상**

En fait, les experts se trompaient.
사실, 전문가들이 실수했다.

⑤ **fait comme un rat** 함정에 빠지다.

"Me voilà fait comme un rat!" pensa-t-il.
"나는 속았구나!"라고 그가 생각했다.

⑥ **par le fait** 사실상, 실상

Par le fait, nous savons qu'il a menti.
사실 우리는 그가 거짓말을 했다는 것을 알고 있다.

⑦ **un fait divers** 언론의 사회면 기사

On a mentionné son accident dans les faits divers ce matin.
사람들은 그의 사건을 오늘 아침 사회면 기사에서 거론했다.

falloir ~해야 한다.

① **il me (lui, etc.) faut** 나는(그는)~해야 한다.

Il leur faut cent dollars d'ici lundi.
그들은 지금부터 월요일까지 100달러가 필요하다.

② **Il s'en est fallu de peu (d'un cheveu)!**

자칫하면 큰 일 날뻔 했다.

③ **il s'en faut de beaucoup** ~는 어림도 없다.

Nous ne sommes pas millionnaires, il s'en faut de beaucoup.
우리는 백만장자가 아니라서 어림도 없는 일이다.

famille n.f. 가족

① **C'est (cela tient) de famille.** 그것은 혈통이다.

② **en famille** 가정에서, 가족끼리

Il faut laver son linge sale en famille.
더러운 속옷은 개인적으로 세탁해야 한다.

fard n.m. 화장품, 분

sans fard 꾸밈없이, 숨김없이
Il nous a dit cela sans fard.
그는 우리에게 숨김없이 말했다.

fatal 운명적인, 숙명적인

C'était fatal! 불가피한 일이었다.
□ fausser 왜곡하다. 어기다.
fausser compagnie à quelqu'un- ~을 슬그머니 따돌리다.
Il nous a faussé compagnie dans la cohue.
그는 우리를 군중들 속에서 따돌렸다.

faute n.f. 오류, 결함

① **faute de ~이 없어서**

   Faute de mieux, j'ai regardé la télé.
   더 나은 일이 없어서 나는 TV를 보았다.

② **sans faute 틀림없이**

   Il a dit qu'il viendrait demain sans faute.
   그는 내일 꼭 돌아온다고 말했다.

faux 거짓의, 허위의

① **C'est un faux jeton.**

   믿을 수 없는 사람이다.

② **faire fausse route 길을 잘못 들다.**

   Si vous vous y prenez ainsi, vous faites fausse route.
   그렇게 생각하신다면 당신은 길을 잘못 든 것입니다.

③ **faire faux bond à 약속을 어기다.**

   Je l'ai attendu longtemps, mais il m'a fait faux bond.
   나는 그를 오래 기다렸지만 그는 약속을 어겼다.

④ **les faux frais 잡비, 임시비**

   Nous avions calculé tout le coût de notre voyage, sauf les faux frais.
   우리는 잡비를 제외한 모든 여행 비용을 계산했다.

⑤ **un faux air de ~을 조금 닮다.**

   Cet homme a un faux air de Napoléon Bonaparte.
   이 사람은 나폴레옹 보나파르트와 조금 닮았다.

faveur n.f. 호의 혜택

① **à la faveur de ~의 도움을 받다, ~를 이용하여**

Ils se sont échappés à la faveur de la nuit.
그들은 야음을 틈타 달아났다.

Ils ont récupéré leurs droits à la faveur de la libéralisation.
자유화에 힘입어 그들은 권리를 되찾았다.

② **de faveur** 우대하는

Un des acteurs m'a donné un billet de faveur.
배우 가운데 한 사람이 내게 우대권을 주었다.

Il a eu droit à un traitement de faveur.
그는 우대 받을 권리를 가졌다.

▮▮ **fendre** 쪼개다.

① **ça me fend le cœur (l'âme)!** 가슴 아픈 일이다.

② **se fendre de** 지불하다.

Nous avons dû nous fendre de dix mille euros pour payer l'amende.
우리는 벌금으로 1만유로을 내야 했다.

▮▮ **fermer** 닫다.

① **fermer à clef** 자물쇠를 잠그다.

N'oublie pas de fermer la maison à clef en partant.
집을 나서며 열쇠로 닫는 것을 잊지 마라.

② **fermer à double tour** 이중으로 닫다.

Nous avons fermé la porte à double tour en sortant.
우리는 외출하며 이중으로 걸어잠궜다.

③ **fermer la marche** 행렬의 후미를 따르다.

Les anciens combattants fermaient la marche.
전역군인들이 행렬의 맨 뒤를 따르고 있었다.

▮▮ **ferrer** ~에 쇠를 붙이다.

① **ferré à glace** ~무언가를 준비하다, 정통하다.

Il a trouvé son équipe reposée et ferrée à glace.
나는 쉬고 있는 그의 팀이 무언가 준비하고 있다고 생각했다.

Ma sœur est ferrée à glace sur l'impressionnisme.
나의 누이는 인상주의를 잘 알고 있다.

② **ferré en ~에 정통한**

Demande-lui, elle est ferrée en histoire.
그녀는 역사를 잘 알고 있으니 그녀에게 물어보아라.

▍ fête n.f. 축제, 잔치

① **de la fête ~에 참가하다.**

Ne m'en demande pas de renseignements; je n'étais pas de la fête.
내가 관여한 일이 아니니 관련 정보를 묻지 마라.

② **faire fête à ~을 환영하다.**

Les enfants ont fait fête à leur oncle à son arrivée.
어린이들은 삼촌이 도착하자 환영했다.

③ **faire la fête 방탕한 생활을 하다.**

Il était épuisé qu'il avait trop fait la fête.
그는 방탕한 생활로 파탄에 이르렀다.

④ **se faire une fête de ~하는 것을 즐겁게 생각하다.**

Je me fais une fête d'y aller.
나는 그리 가는 것을 즐겁게 생각한다.

▍ feu n.m. 불(火)

① **à feu doux 약한 불로**

Il faut faire cuire ce plat à feu doux.
이 요리는 약한 불로 익혀야 한다.

② **aller au feu 싸움터로 가다, 불에 올릴 수 있는**

Cette terrine va au feu.
이 단지는 불 위에 올릴 수 있다.
Les jeunes soldats allaient au feu pour la première fois.
젊은이들은 처음으로 싸움터에 갔다.

③ **avoir le feu sacré 열성적이다.**

Il n'a pas beaucoup de préparation pour ce travail, mais il a le feu sacré.
그는 이 일 준비를 많이 하지는 않았지만 열의가 대단하다.

④ **faire feu sur 발포하다.**

Nos troupes ont fait feu sur les rangs ennemis.

우리 부대는 적 진영에 발포했다.

⑤ **un feu de paille** 짚불, 일시적인 정열

Leur succès n'aura été qu'un feu de paille.
그들의 성공은 반짝하고 마는 일일 것이다.

▌ ficher 쐐기를 박다.

① **Ça la fiche mal.** 좋지 않아 보인다.

② **ficher le camp** 도망치다.

Ils avaient fichu le camp avant notre arrivée.
그들은 우리가 도착하기 전에 달아났다.

Il n'en fiche pas la rame (pas une secousse). 빈둥빈둥 놀다.

③ **Je m'en fiche!** 될대로 되라, 아무려면 어때!

④ **se ficher de** ~을 무시하다.

Je vois bien que vous vous fichez de moi! siqil
당신이 나를 무시하는 것을 잘 알고 있어.

▌ fichu 견딜 수 없는, 끝장난

① **être fichu** 끝장난

Après l'échec de son dernier film, cet acteur est fichu.
그의 최근 영화의 실패 이후 이 배우는 끝장이 났다.

② **fichu de** 가 가능한

Il est fichu de nous faire un sale coup si nous ne faisons pas attention.
우리가 주의하지 않으면 그는 우리에게 못된 짓을 할 수도 있다.

③ **mal fichu** 건강이 나쁜

Je suis mal fichu; allez-y sans moi.
나는 몸이 좋지 않으니 너희들끼리 가라. 미치

▌ fièvre n.f. 열

une fièvre de cheval 심한 열
Ne sors pas aujourd'hui; tu as une fièvre de cheval!
너는 오늘 열이 심하니, 외출하지 마라.

▮▮ figure n.f. 얼굴, 모습

faire bonne figure 훌륭해 보이다.
Il faisait piètre figure dans son habit neuf.
그는 새 옷을 입고도 초라하게 보였다.

▮▮ figurer 나타나다.

se figurer 상상하다.
Figurez-vous qu'il voulait que je le remplace sans préavis!
그는 사전 통보도 없이 내가 그의 일을 대신 하기를 바랐다니, 상상해 보시오.

▮▮ fil n.m. 실, 흐름

① **au fil de 시간의 흐름에 따라**
   Au fil des années elle commençait à l'oublier.
   시간이 흐름에 따라 그녀는 그를 잊었다.
② **au fil de l'eau 물결을 따라**
   Les feuilles sèches s'en allaient au fil de l'eau.
   낙엽은 물결을 따라 흘러갔다.
③ **avoir un fil à la patte 여자 때문에 꼼짝 못하다.**
   Il ne vient plus boire avec nous depuis qu'il a un fil à la patte.
   그는 여자 때문에 꼼짝 못해서 더 이상 우리와 같이 술 마시러 오지 않는다.
④ **de fil en aiguille 조금씩 이런 말 저런 말 해가며**
   De fil en aiguille on s'est trouvé mariés.
   차츰 가까와지며 우리는 결혼했다.

▮▮ filer 실을 찾다. 달리다.

① **filer à l'anglaise 슬그머니 가버리다.**
   Pendant que l'hôtesse était occupée ailleurs, nous avons filé à l'anglaise.
   여주인이 딴 곳을 돌볼 때 우리는 슬며시 빠져나왔다.
② **filer doux 태도가 누그러지다.**
   Il faudra filer doux avec ce nouveau patron.
   새 사장에게 순순히 지내야 할 것이다.
③ **filer un mauvais coton 점점 나빠지다.**
   Le médecin a dit que le malade file un mauvais coton.

의사는 환자의 상태가 점점 나빠진다고 말했다.

▊▊ fils n.m. 아들

Il est fils de ses oeuvres. 그는 자수성가했다.

▊▊ fin 섬세한, 가는

① **faire la fine bouche 까다롭게 굴다.**
Elle faisait la fine bouche devant nos projets.
그녀는 우리의 계획에 대해 코방귀를 뀌었다.

② **fin prêt 완전히 준비된**
Je suis fin prêt maintenant; nous pouvons partir.
나는 완전히 준비되었으니 우리는 떠날 수 있다.

③ **le fin fond de 맨 밑바닥**
Je l'ai trouvé au fin fond du placard.
벽장의 바닥에서 나는 그것을 찾았다.

④ **le fin mot de l'histoire 이야기의 숨은 뜻**
On n'a jamais su le fin mot de cette histoire.
우리는 이 이야기의 숨은 뜻을 전혀 알지 못했다.

⑤ **une fine gueule (un fin bec) 미식가**
Il appéciera ce plat; c'est une fine gueule.
그는 미식가라서 이 요리를 잘 평가할 것이다.

⑥ **une fine mouche 교활한 사람**
Malgré son air naïf, c'est une fine mouche.
순진해 보이지만 그녀는 교활한 사람이다.

▊▊ fin n.f. 끝

① **C'est la fin des haricots! 만사 끝장났다.**

② **en fin de compte 결국**
En fin de compte, cela m'est égal. 결국 내게는 마찬가지다.

③ **faire une fin 정착하다.**
Il s'est marié pour faire une fin.
그는 안정된 생활을 위해 결혼했다.

④ **une fin de non-recevoir 거절, 소송 처리 거부**

Elle a opposé une fin de non-recevoir à leurs demandes.
그녀는 그들의 요구에 대해 상대방은 소권(訴權)이 없다고 항변했다.

■ finir 끝나다, 끝내다.

① **à n'en plus finir 끝없이**

Il nous a donné des ennuis à n'en plus finir.
그는 우리를 끝없이 지긋지긋하게 했다.

② **en finir avec 해결하다.**

Il faut en finir avec tous ces ennuis mécaniques.
이 모든 기계적 문제들을 해결해야 한다.

③ **finir en queue de poisson 용두사미로 끝나다.**

Ses beaux projets semblent toujours finir en queue de poisson.
그의 멋진 계획은 늘 용두사미로 끝난다.

④ **finir par ~로 끝난다.**

Ils ont fini par accepter notre première offre.
그들은 끝내 우리들의 첫 제의를 받아들였다.

⑤ **pour en finir 간단히 말해서**

Pour en finir, nous avons refusé d'y aller.
요컨대 우리는 그리 가는 것을 거절했다.

■ flair n.m. 후각

avoir du flair 후각이 예민하다.
Ce journaliste a du flair pour trouver le scandale.
이 기자는 스캔들을 찾는 후각이 예민하다.

■ flèche n.f. 화살

① **en flèche 급속도로**

Les bénéfices de notre société montent en flèche.
우리 회사의 이윤은 급속도로 증가했다.

② **faire flèche de tout bois 갖은 수단을 이용하다.**

Etant donné l'état d'urgence, il faudra faire flèche de tout bois.
비상사태라서 온갖 수단을 이용해야 할 것이다.

■ **fleur** n.f. 꽃, 표피

① **à fleur de** ~와 같은 수준으로

La libellule volait à fleur d'eau.
잠자리는 수면 위를 날고 있었다.

② **à la fleur de l'âge**

Il était à la fleur de l'âge et commençait à se faire connaître.
그는 한창 때였고 알려지기 시작했다.

③ **comme une fleur** 쉽게

Il a réussi le coup comme une fleur.
그는 그 일을 쉽게 성공시켰다.

④ **faire une fleur à** ~에게 특전을 배풀다.

Ils nous ont fait une fleur en nous laissant la place libre.
그들은 우리에게 빈 자리를 주며 특혜를 베풀었다.

⑤ **Il est fleur bleue.** 그는 감상적이다.

■ **fleuron** n.m. 작은 꽃

C'est un fleuron à votre couronne.
당신의 명예를 더욱 빛내는 것이다.

■ **flot** n.m. 물결, 파도

① **à flots** 다량으로

La pluie tombait à flots.
비가 억수로 내렸다.

② **(re)mettre quelque chose à flot**, ~를 신설하다, 운영하다.

Ils ont eu du mal à remettre l'entreprise à flot après sa faillite.
그들은 사업실패 후에 다시 시작하기에 어려움을 겪었다.

■ **foi** n.f. 신의, 신뢰

① **ajouter (attacher, prêter) foi à** ~을 믿다.

Ils n'ont pas voulu ajouter foi à ses prédictions.
그들은 그의 예측을 믿지 않았다.

② **faire foi de** ~을 입증하다.

Cet incident fait foi de sa probité.
이번 일은 그의 청렴함을 입증했다.

③ **sans foi ni loi 무지막지한**

Le dictateur est un homme sans foi ni loi.
독재자는 무지막지한 사람이다.

④ **sur la foi de ~을 믿고**

Je l'ai fait sur la foi de ce que vous m'aviez dit.
나는 당신이 내게 한 말을 믿고 그 일을 했다.

▌▌ foie n.m. 간

avoir les foies 겁을 먹다.
Tu ne pourras jamais le faire; tu auras les foies.
너는 겁을 먹을 것이고 절대로 그 일을 할 수 없을 것이다.

▌▌ foin n.m. 꼴, 건초

① **avoir du foin dans les bottes 큰 부자이다.**

Ce riche fermier a du foin dans ses bottes.
이 부유한 농부는 재산이 많다.

② **faire du foin 크게 소란을 피우다.**

Ils ont fait du foin quand on les a obligés de sortir du bar.
그들은 바에서 쫓겨나게 되었을 때 소란을 피웠다.

▌▌ foire n.f. 정기적으로 서는 장

① **C'est la foire. 야단법석이다.**
② **C'est la foire d'empoigne. 사리사욕을 위한 쟁탈전이다.**
③ **faire la foire 난봉을 피우다,**

Après avoir hérité de sa tante, il a fait la foire.
숙모의 재산을 물려받고 나서 그는 난봉을 피웠다.

▌▌ fois n.f. 번, 경우

① **à la fois 단번에, 동시에**

Il est à la fois gentil et agaçant.
그는 점잖은 동시에 공격적이다.

Vous essayez de faire trop de choses à la fois.
당신은 너무 여러 가지를 동시에 하려고 한다.

② **il était une fois... 옛날에…**

Il était une fois une princesse, qui n'était pas très heureuse.
옛날에 그다지 행복하지 않은 공주가 있었다.

③ **une fois pour toutes 이번에야말로**

Je te le dis une fois pour toutes; va-t'en.
이번에야말로 정말 네게 말한다. 꺼져라.

folie n.f. 광기

① **à la folie 미친 듯이**

Il l'aimait à la folie.
그는 그녀를 미친 듯이 사랑했다.

② **faire des folles 어리석은 짓을 하다, 많은 돈을 쓰다.**

Faisons des folies pour une fois et achetons tout ce que nous désirons.
돈을 한 번 써보고 우리가 원하는 모든 것을 사자.

fonction n.f. 기능

① **en fonction 근무중인**

Il savait qu'il ne fallait pas boire pendant qu'il était en fonction.
그는 근무 중에 음주는 안된다는 것을 알고 있다.

② **faire fonction de ~의 역할을 하다.**

Ce levier faisait fonction de bielle.
지렛대는 크랭크 암 역할을 했다.

fond n.m. 밑, 바닥

① **à fond 깊이, 철저하게**

Il connaît ce sujet à fond.
그는 이 주제를 깊이있게 알고 있었다.

② **à fond de cale 빈털터리인**

Grâce à ses imprudences, ils étaient arrivés à fond de cale.
그는 신중하지 못해서 빈털터리가 되었다.

③ **à fond de train 전속력으로**

La voiture arrivait sur lui à fond de train.
차가 그를 향해 전속력으로 달려왔다.

④ **au fond (dans le fond)** 마음 속으로는, 요컨대

Au fond, ton frère est un brave garçon.
요컨대, 너의 형은 좋은 사람이다.

⑤ **de fond en comble** 밑에서 꼭대기까지

Ils ont refait la maison de fond en comble.
그들은 집을 완전히 개조했다.

▌▌ fondre 녹이다.

① **fondre en larmes** 눈물을 쏟다.

L'enfant grondé fondit en larmes.
야단 맞은 아이는 울음을 터뜨렸다.

② **fondre sur** ~에 달려들다.

Le hibou a fondu sur la souris.
올빼미는 쥐에게 달려들었다.

▌▌ force n.f. 힘

① **à force de** ~으로, ~에 의하여

A force de répéter la leçon, ils ont réussi à l'apprendre.
학과를 여러번 반복학습함으로써 그들은 내용을 익히게 되었다.

② **à toute force** 무슨 일이 있어도

Elle veut à toute force être élue sénateur.
그녀는 무슨 일이 있어도 상원의원에 당선되고자 한다.

③ **dans la force de l'âge** 한참 나이에

On l'oblige à prendre sa retraite dans la force de l'âge.
그는 한창 나이에 퇴진 압력을 받는다.

④ **force lui fut de** ~할 밖에 달리 도리가 없었다.

Force lui fut de renoncer à ses ambitions.
그는 자신의 야망을 접을 수 밖에 없었다.

⑤ **par la force des choses** 어쩔 수 없이

Ils devaient échouer par la force des choses.
그들은 어쩔 수 없이 실패하게 되었다.

■ forcer 억지로 ~하게 하다.

① **forcer la note 과장하다.**

Il faut mettre le problème en relief, mais sans forcer la note.
문제를 부각시키되 과장해서는 안된다.

② **forcer le pas 걸음을 재촉하다**

Nous avons forcé le pas pour arriver avant la tombée de la nuit.
우리는 어두워지기 전에 도착하려고 발걸음을 재촉한다.

■ forme n.f. 형태

① **dans les formes 정식의, 격식에 맞춘**

Il faut absolument le faire dans les formes.
그 일을 반드시 격식에 맞추어 해야 한다.

② **faire quelque chose pour la forme 형식상으로, 체면치레로**

Ils ont fait une demande d'emploi pour la forme.
그들은 의례적으로 구직신청을 했다.

■ fort 강한, 힘센

① **à plus forte raison que 하물며, 더구나**

Tu aurais dû y rester, à plus forte raison que tu n'étais pas prêt.
더군다나 너는 준비도 되어있지 않았으니 거기 그대로 있는 편이 나았다.

② **au plus fort de 한창 때의**

On vit Fabrice au plus fort du combat.
파브리스는 한창 전투중이었다.

③ **avoir fort à faire 힘에 부칠 정도로 하다.**

Il a eu fort à faire pour les retenir.
그는 그들을 힘들게 만류했다.

④ **C'est plus fort que moi. 나는 어쩔 수 없다.**

⑤ **C'est une forte téte. 그는 고집장이다.**

⑥ **C'est un peu fort! 그건 좀 심하다.**

⑦ **fort en ~를 잘하는**

Elle est forte en maths. 그녀는 수학을 잘한다.

⑧ **le plus fort, c'est que... 그 중 절정은**

Le plus fort, c'est qu'ils croient avoir gagné!
이야기의 절정은 그들이 이겼다고 생각하고 있는 것이다.

⑨ **se faire fort de ~할 수 있다고 장담한다.**

Je me fais fort de vous faire attribuer ce poste.
나는 당신에게 이 직위를 줄 수 있다고 장담한다.

▌▌ fortune n.f. 재산, 자산

① **à la fortune du pot 있는 재료만으로 만든 요리로**

Nous avons invité nos amis à dîner à la fortune du pot.
우리는 특별히 차린 것 없이 손님을 초대했다.

② **de fortune 임시변통의**

Nous avons construit un abri de fortune..
우리는 일시적인 피난처를 만들었다.

③ **faire fortune 성공하다. 재산을 만들다.**

Cette mode fera fortune.
이 모드는 성공할 것이다.

▌▌ fou 미친

① **avoir le fou rire 낄낄거리며 웃다.**

En le voyant habillé ainsi, j'ai eu le fou rire.
그가 그렇게 옷 입은 것을 보며 나는 낄낄거렸다.

② **fou à lier 단단히 미친**

N'écoutez pas ses prophéties; il est fou à lier.
그는 완전히 미쳤으니 그의 예측은 믿지 마세요.

▌▌ fouiller 파헤치다. 뒤지다.

Tu peux te fouiller! 아무리 해도 소용없어.

▌▌ foulée n.f. 발걸음

dans la foulée de ~의 여세를 몰아
Beaucoup d'offres sont arrivées dans la foulée de son succès.
그의 성공의 여세로 많은 제안이 들어왔다.

▌fouler 짓이기다.

ne pas se fouler (la rate) 열심히 하지 않다.
Il ne s'est pas foulé pour finir le travail.
그는 일을 끝내려고 열심히 하지 않았다.

▌four n.m. 오븐

① **au four et au moulin** 동시에

　Attendez un peu, je ne peux pas être au four et au moulin.
　나는 두 가지 일을 동시에 못하니 조금만 기다리세요.

② **faire un four** 관객이 적다. 실패하다.

　Sa nouvelle pièce a fait un four. 그의 새 연극은 실패했다.

▌fourmi n.f. 개미

avoir des fourmis 근질거리다. 저리다.
J'avais des fourmis dans les jambes à force de rester assis.
오래 앉아 있었더니 다리가 저리다.

▌fourrer 모피로 안을 대다.

fourrer son nez partout 아무 일에나 참견하다.
C'est une vraie concierge, elle fourre son nez partout.
그녀는 무엇에나 참견하는 수다장이다.

▌frais 신선한

① **au frais** 서늘한 곳에

　Il faut tenir ce produit au frais.
　이 음식은 서늘한 곳에 보관해야 한다.

② **frais émoulude** 갓 졸업한

　C'est un jeune garçon frais émoulu de collège.
　중학교를 갓 졸업한 어린 소년이다.

③ **frais et dispos** 원기발랄한

　Je me sentais frais et dispos après mon somme.
　한잠 자고 났더니 기운이 난다.

④ **Je suis frais (me voilà frais)!** 나는 처지가 딱하게 되었다.

▌▍ aux frais n.m. 비용

① **aux frais de la princesse 회사(정부) 예산으로**

On disait qu'il voyageait toujours aux frais de la princesse.
그는 늘 회사 돈으로 여행했다고 한다.

② **faire les frais de la conversation 화제거리가 되다.**

La nouvelle voisine faisait les frais de leur conversation.
새로 온 이웃 여인은 화제거리가 되었다.

▌▍ franc 솔직한

① **de franc jeu 정정당당하게**

C'est un opportuniste, mais il y va de franc jeu.
그는 기회주의자이지만 정정당당하게 승부한다.

② **Il est franc comme l'or 어린아이 같이 순진한**

▌▍ frapper 때리다. 두드리다.

① **frapper d'un droit (d'une amende) 상품에 세금(벌금)을 매기다.**

Ils ont décidé de frapper les grosses voitures d'un droit.
그들은 대형차에 세금을 매기기로 결정했다.

② **Ne te frappe pas! 쓸데 없이 속썩이지 마라.**

▌▍ frayer 길을 트다.

se frayer un passage (un chemin, etc.) 군중을 헤치며 나아가다.
Elle s'est frayé un passage à travers la foule des spectateurs.
그녀는 관객들 사이를 헤치며 지나갔다.

▌▍ friser 머리카락을 곱슬거리게 하다.

① **friser la quarantaine (la cinquantaine, etc.) 40(50)이 가깝다.**

Cette actrice frise la cinquantaine.
이 여배우는 50이 가깝다.

② **friser le ridicule (l'insolence, l'hérésie, etc.)**

웃음거리(무례함, 엉뚱한 짓)로 보이고
Ce qu'ils disaient frisait l'hérésie.
그들이 말하는 바는 용납되기 힘든 이상한 것으로 보였다.

froid 찬, 추운

① **afroid 냉정하게**

Je ne peux pas y répondre à froid comme cela.
나는 거기 대해 그렇게 냉정하게 대답할 수 없었다.

② **être en froid 불화 상태이다.**

Les deux anciens amis sont en froid maintenant.
전에 친구이던 둘은 지금 사이가 좋지 않다.

froisser 구기다.

froisser quelqu'un ~의 기분을 상하게 하다.
Ils sont susceptibles et il est difficile de ne pas les froisser.
그들은 민감해서 쉽게 기분을 상하곤 한다.

front n.m. 이마, 뻔뻔스러움

① **avoir le front de 뻔뻔스럽게도 하다.**

Vous avez le front de me dire cela?
당신은 뻔뻔스럽게 내게 그렇게 말할 수 있나요?

② **de front 정면으로, 나란히**

Les deux camions se sont heurtés de front.
트럭 두대는 정면 충돌했다.
Les deux amis marchaient de front.
두 친구는 옆에 나란히 걸었다.

③ **faire front á ~에 대응하다.**

Il faut que nous fassions front ensemble aux critiques.
우리는 함께 위기에 대응해야 한다.

frotter 마찰하다. 문지르다.

① **frotter l'échine à quelqu'un ~를 때리다.**

Espèce de voyou, je vais te frotter l'échine.
건달녀석, 너를 때려주겠다.

② **frotter les oreilles à quelqu'un ~를 때리다.**

Si tu me touches, je vais te frotter les oreilles.
네가 나를 건드리면 패주겠다.

③ **Ne vous y frottez pas!** 조심하시오.

▌▌ fugue n.f. 탈주, 도망

faire une fugue 도망치다.
L'écolier a fait une fugue mais on l'a vite retrouvé.
초등학생은 달아났지만 곧 붙잡혔다.

▌▌ fureur n.f. 격분, 맹렬

faire fureur 굉장히 유행하다.
Sa chanson fait fureur cette semaine.
그의 노래는 이번 주에 크게 히트하고 있다.

Locution française

프랑스어 관용어

▌gâcher 망가뜨리다, 낭비하다.

gâcher le métier 부당하게 싼 임금으로 일하다.
Si tu travailles pour si peu, tu gâches le métier.
네가 그렇게 싼 임금으로 일한다면 부당하게 노동하는 것이다.

▌gaffe n.f. 갈고리 장대, 실수

faire gaffe 주의하다.
Fais gaffe, le surveillant nous regarde!nnov
조심해, 감시원이 우리를 보고 있어!

▌gagner 이기다, 따다.

① **gagner à être connu 사귀어보면 좋은 사람이다.**
Cet homme semble un peu ennuyeux mais il gagne à connu.
조금 지루해 보이지만 사귀어 보면 좋은 사람이다.

② **gagner des mille et des cent 큰 돈을 벌다.**
Il a gagné des mille et des cent dans la vente du blé.
그는 밀 판매로 큰 돈을 벌었다.

③ **gagner de vitesse ~을 앞지르다.**
Pendant 'ils faisaient leurs projets je crois que nous les avons gagnés de vitesse.
그들이 계획을 세우는 동안, 우리는 그들을 앞지른 것으로 생각했다.

④ **gagner le gros lot 대성공을 거두다.**
Maintenant que vos produits sont rares, vous avez gagné le gros lot.
당신의 생산품은 희귀해서 대성공을 거둔 것이다.

gaieté n.f. 명랑, 쾌활

de gaieté de cœur 자진해서
Ils ne sont pas allés au combat de gaieté de cœur.
그들은 자발적으로 싸움터에 간 것이 아니다.

garanti 보증된

C'est du garanti surfacture! 확실한 일이다.

garde n.f. 경비, 경계

① **de garde** 당번인
　Quel est le médecin de garde aujourd'hui?
　오늘 당번인 의사는 누구인가요?
② **Garde à vous!** 주의하시오!
③ **n'avoir garde de faire** ~하지 않도록 하다.
　Je n'ai garde de faire ce que le médecin a interdit.
　나는 의사가 금지시킨 것을 하지 않도록 한다.

garder 지키다, 보호하다.

① **garder à vue** ~를 감시하다.
　La police avait décidé de garder le suspect à vue.
　경찰은 용의자를 감시하기로 결정했다.
② **garder la chambre (le lit)** 병상에 있다.
　Pendant sa maladie elle a dû garder la chambre.
　아플 때 그녀는 병상에 머물러 있어야 했다.
③ **garder sa ligne** 날씬한 체형을 유지하다.
　Elle mange comme un moineau pour garder sa ligne.
　체형을 유지하려고 그녀는 참새처럼 조금 먹는다.
④ **garder un chien de sa chienne (une dent) à**
　~에게 복수할 마음을 먹고 있다.
　Depuis ce mauvais coup qu'il lui a fait, elle lui garde un chien de sa chienne.
　그에게 상처를 입고, 그녀는 복수할 마음을 먹고 있다.
⑤ **garder une poire pour la soif** 훗날을 위해 절약하다.
　Elle remit les cent francs dans le tiroir afin de garder une poire pour la soif.

그녀는 100프랑을 필요할 때를 위해 서랍에 넣어 두었다.

⑥ **Nous n'avons pas gardé les cochons ensemble!**
친한 체 하지 마시오.

⑦ **se garder de ~하지 않도록 조심하다.**
Gardez-vous de faire du bruit en entrant; mon père dort.
아빠가 주무시니 들어오면서 소리내지 않도록 하세요.

■ **gâteau** n.m. **케이크**

C'est du gâteau! 그것 참 좋다. 문제 없어

■ **gâter 망치다.**

se gâter 악화되다.
A la fin de la soirée, les choses ont commencé à se gâter.
파티 끝무렵에 분위기는 나빠지기 시작했다.

■ **geler 얼다. 얼리다.**

Il gèle à pierre fendre. 꽁꽁 얼어붙는 지독한 추위다.

■ **gêne** n.f. **거북함, 난처함**

① **dans la gêne 돈에 쪼들리다.**
Ils ne peuvent pas payer parce qu'ils sont dans la gêne en ce moment.
그들은 지금 쪼들리고 있어서 돈을 낼 수 없다.

② **sans gêne 무례한, 스스럼 없는**
Les jeunes semblent souvent sans gêne.
젊은이들은 종종 무례해 보인다.

■ **gêner 방해하다.**

Ne vous gênez pas! 체면 차리실 것 없습니다.

■ **genou** n.m. **무릎**

① **faire du genou 무릎을 갖다 대다.**
Il lui faisait du genou sous la table.
그는 탁자 밑으로 그녀에게 무릎을 갖다 댔다.

② **sur les genoux** 무릎 위에, 몹시 거친

Elle tenait l'enfant sur les genoux en lisant.
그녀는 책을 읽으며 아이를 무릎 위에 안고 있었다.
Après la course ils étaient tous sur les genoux.
경주가 끝나고 그들은 모두 지쳐 있었다.

genre n.m. 종류

① **Ce n'est pas mon genre.** 내 취향이 아니다.
② **Il a bon (mauvais) genre.** 그는 좋은(나쁜) 매너를 갖고 있다.
③ **se donner (faire) du genre** 점잖게 행동하다.

Bien qu'elle soit de milieu modeste, elle se donne du genre.
그녀는 평범한 배경을 갖고 있지만 점잖게 행동한다.

gober 삼키다.

① **gober la mouche (le morceau)** 속다. 함정에 빠지다.

Ce crétin a gobé la mouche et il te croit.
이 바보는 속았고, 너를 믿는다.

② **se gober** 자신을 과대 평가하다.

Il se gobe tellement qu'il est insupportable.
그는 너무도 자신을 과대평가해서 참기 흠들정도다.

gonfler 부풀리다.

① **gonflé à bloc** 열을 올리다.

L'équipe était gonflée à bloc pour les finales.
그 팀은 결승진출을 위해 열을 올렸다.

② **Il est gonflé!** 그는 정말 둥이 크다. 뻔뻔스럽다.

gorge n.f. 목구멍

① **avoir la gorge serrée** 가슴이 메다 슬픔이 복받치다.

Tout le monde avait la gorge serrée au départ de notre ami.
우리 친구가 떠나자 모든 사람은 가슴이 메어졌다.

② **faire des gorges chaudes** ~을 공공연히 비웃다.

Il faisait des gorges chaudes de leur défaite.
그는 그들의 패배를 드러내놓고 비웃었다.

▌goutte n.f. 물방울

① **C'est la goutte d'eau qui fait déborder la vase.**
작은 일이 결정적인 파탄을 가져온다.

② **une goutte d'eau à la mer 바다에서 물 한방울**
Sa contribution ne serait qu'une goutte d'eau à la mer.
그의 기여는 바다에서 물 한방울과 같은 것이다.

▌grâce n.f. 은혜, 호의

① **crier (demander) grâce 살려달라고 하다.**
Après une courte lutte, il a été obligé de crier grâce.
짧은 투쟁이 끝나고 그는 살려달라고 해야했다.

② **de bonne grace 기꺼이**
Il a fait de bonne grâce ce que je demandais.
그는 내가 부탁한 일을 기꺼이 해주었다.

③ **De grace! 부디 제발!**

④ **faire grace de quelque chose à quelqu'un ~에게 ~을 면제(용서)해 주다.**
Il nous a fait grâce des détails révoltants.
그는 우리에게 불쾌한 부분들을 없애주었다. all the

⑤ **grâce à ~덕택에**
C'est grâce à elle que nous avons gagné,
그녀 덕에 우리가 이겼다.

▌grain n.m. 낱알

avoir un grain 머리가 약간 이상하다.
buorozero abenice
0100 29
Je trouve qu'il est gentil mais il a un grain.
나는 그가 친절하지만 머리가 약간 이상한 것 같다고 생각한다.

프랑스어 관용어 ··· 175

grand 큰, 성장한

① **au grand air 야외에서**

Elle a étalé son linge au grand air.
그녀는 야외에 빨래감을 널었다.

② **au grand jamais 절대로 ~않다.**

Je n'y retournerai plus au grand jamais.
나는 그곳에 절대로 돌아가지 않을 것이다.

③ **au grand jour 대낮에, 모두 알게 된**

Le scandale a fini par s'étaler au grand jour.
스캔들은 결국 모두 다 알게 되었다.

④ **en grande tenue 정장으로**

Les soldats défilèrent en grande tenue.
사병들은 정복을 입고 행진했다.

⑤ **faire grand état de ~을 높이 평가하다.**

Ses supérieurs font grand état de ses talents.
그의 상사들은 그의 능력을 높이 평가한다.

⑥ **Grand bien vous fasse! 잘 되기를 바랍니다, 좋을대로 하세요.**

⑦ **grand ouvert 활짝 열린**

Malgré le froid, la porte était grande ouverte.
추운 날씨인데로 문이 활짝 열려 있었다.

⑧ **Il est grand temps! 바야흐로 ~할 때이다.**

⑨ **les grandes classes 상급반**

Les élèves des grandes classes ont eu une sortie aujourd'hui.
고학년 학생들은 오늘 야외수업을 한다.

⑩ **les grandes personnes 어른**

Tu ne peux pas faire tout ce que font les grandes personnes, mon enfant.
나의 아들아, 너는 어른들이 하는 일을 전부 할 수는 없다.

⑪ **pas grand-chose 대단하지 않은**

Cela ne vaut pas grand-chose. 그것의 가치는 대단치 않다.
Ce n'est pas grand-chose. 별 일 아니다.

⑫ **pas grand monde 많은 사람이 아닌**

Il n'y avait pas grand monde à la réception.
리셉션에 그다지 많지 않은 사람이 모였다.

grandeur n.f. 사이즈

grandeur nature 실물 크기의
Le sculpteur a fait la statue grandeur nature.
조각가는 실물 크기의 상(像)을 만들었다.

gras 기름진

① **faire la grasse matinée** 늦잠자다.
Après la fête, ils ont fait la grasse matinée.
잔치가 끝나고 그들은 늦잠을 잤다.

② **faire gras** 육식을 하다.
Ils ne faisaient pas gras le vendredi.
그들은 금요일에 고기를 먹지 않는다.

gratter 긁다.

gratter les fonds de tiroir 돈을 긁어 모으다.
Ils ont dû gratter les fonds de tiroir pour payer leur loyer.
그들은 월세를 내려고 돈을 긁어 모아야 했다.

gré n.m. 의향, 기호

de gré ou de force 자발적이건 강제적인건 간에
Nous avons juré qu'il le fera de gré ou de force.
우리는 그가 무슨 수를 써서라도 할 것이라고 단언했다.

griller 석쇠로 굽다.

① **griller une cigarette** 담배를 피우다.
En attendant d'être interrogé, le prisonnier a grillé un demi-paquet de cigarettes.
심문받기를 기다리며 죄수는 담배 반 갑을 피웠다.

② **griller un feu rouge** 빨간 신호등을 무시하다.
L'ambulance a grillé tous les feux rouges en allant à l'hôpital.
앰블란스는 병원으로 가며 모든 빨간 신호등을 무시했다.

gros 굵은, 두꺼운

① **en avoir gros sur le cœur** 몹시 걱정하다.

Il faut que je te parle; j'en ai gros sur le cœur.
나는 떠나야 한다. 나는 몹시 걱정하고 있다.

② **en gros** 대체로, 도매로, 큰 글자로

La question est résolue, en gros.
문제는 대충 해결되었다.

③ **en gros plan** 클로즈업해서

Le cinéaste voulait montrer l'acteur en gros plan.
감독은 배우를 클로즈업해서 보여주기를 원했다.

④ **être Gros-Jean comme devant** 그 전과 달라진 것이 없다.

Eux, ils avaient eu tout ce qu'ils voulaient, et moi j'étais Gros-Jean comme devant.
그들은 원하는 모든 것을 얻었지만 나는 전과 달라진 것이 없다.

⑤ **faire le gros dos** 등을 둥글게 하다.

Le chat a fait le gros dos en nous voyant.
고양이는 우리를 보며 등을 둥글게 했다.

⑥ **faire les gros yeux** 무서운 얼굴을 하다.

Quand elle était vilaine sa mère lui faisait les gros yeux.
그녀가 못되게 굴 때, 어머니는 무서운 얼굴을 했다.

⑦ **il y a gros à parier** 거의 틀림없다.

Il y a gros à parier qu'elle ne viendra pas.
그녀가 오지 않을 것이 거의 틀림 없다.

⑧ **par gros temps**

Le chalutier est sorti par gros temps.
트롤어선은 궂은 날씨에 출항했다.

⑨ **une grosse légume (un gros bonnet)** 큰 인물, 명사

Ce sont les grosses légumes qui ont décidé cela.
유력 인사들이 그것을 결정했다.

⑩ **un gros mot** 거친 말

Maman, Jeannot a dit un gros mot!
엄마, 자노가 나쁜 말을 썼어요.

■ **guerre** n.f. 전쟁

① **A la guerre comme à la guerre.** 전시에는 전시에 맞도록

② **de bonne guerre** 정정당당하게

Ils ne trichaient pas; ce qu'ils faisaient était de bonne guerre.
그들은 정정당당하게 한 것이지 속인 것이 아니다.

③ **de guerre lasse 부득이 할 수 없이**

De guerre lasse j'ai fini par accepter son offre.
할 수 없이 나는 그의 제안을 받아들이고 말았다.

gueule n.f. 입, 아가리

① **avoir de la gueule 근사하다.**

Cette bague a vraiment de la gueule!
이 반지는 정말 멋지다.

② **avoir la gueule de bois 입안이 마르고 목이 칼칼하다, 숙취가 있다.**

Le lendemain de la fête il avait la gueule de bois.
잔치 다음날, 그는 숙취가 있었다.

③ **faire la gueule 부루퉁하다.**

Pourquoi me fais-tu la gueule comme ça? Tu m'en veux?
왜 나에게 삐쳐 있니? 내게 화났니?

④ **Ta gueule! 입 닥쳐!**

⑤ **tomber (se jeter) dans la gueule du loup**
위험한 줄 알면서도 경솔하게 모험하다.

En posant une question innocente, il est tombé dans la gueule du loup.
순진한 질문을 던지며 그는 위험을 자초했다.

guichet n.m. 창구

à guichets fermés 매진, 흥행

Sa nouvelle comédie jouait tous les soirs à guichets fermés.
그의 새 연극은 매일 저녁 매진되었다.

프랑스어
관용어

프랑스어 관용어

▌ habitude n.f. 습관, 습성

① **avoir l'habitude de** ~을 습관으로 하다.

J'ai l'habitude de faire la sieste l'après-midi.
나는 오후에 낮잠자는 습관이 있다.

② **comme d'habitude** 일상적으로

Comme d'habitude ils ont dîné en ville.
습관처럼 그들은 외식을 했다.

③ **d'habitude** 평상시에는, 언제나

D'habitude je le vois à midi.
언제나 나는 그를 정오에 본다.

▌ haie n.f. 울타리

faire la haie 열을 짓다.
Les étudiants ont fait la haie pour l'entrée des professeurs.
학생들은 선생님들이 들어오도록 열을 짓는다.

▌ hasard n.m. 우연, 요행

au hasard 무턱대고, 되는대로
Il n'a pas de formation spéciale; on l'a choisi au hasard.
그는 특별히 교육받은 것은 없고 그냥 선택되었을 뿐이다.

▌ hâte n.f. 서두름

① **à la hâte** 서둘러서

Ils ont fini leur travail à la hâte.
그들은 서둘러 일을 끝냈다.

② **avoir hâte de 안달을 하다.**
J'ai hâte de partir. 나는 떠나려 안달을 하고 있다.

▌▌ hausser 높이다. 올리다.

hausser les épaules 어깨를 으쓱하다. (경멸, 무관심의 표시)
Il a haussé les épaules sans répondre à ma question.
그는 내 질문에 대답대신 어깨를 으쓱해 보였다.

▌▌ haut 높은

① **à haute voix 큰 소리로**
Il nous a lu la lettre à haute voix.
그는 우리에게 편지를 큰 소리로 읽었다.

② **avoir la haute main 주도권을 쥐고 있다.**
Depuis les élections ce sont les socialistes qui ont la haute main.
선거 이후 사회당이 주도권을 쥐고 있다.

③ **avoir un haut-le-corps 몸을 움찔하다.**
Elle a eu un haut-le-corps en voyant son ex-mari à la fête.
그녀는 축제에서 전남편을 보고 몸을 움찔했다.

④ **en haut lieu 고위층에서**
Un cessez-le-feu a été prévu en haut lieu.
고위층에서는 휴전이 예견되었다.

⑤ **haut comme trois pommes 아주 작은**
Je le connaissais quand il était haut comme trois pommes.
나는 그가 아주 작을 때 알고 있었다.

⑥ **haut en couleur 혈색이 좋은 특색 있는**
Elle racontait toujours des histoires hautes en couleur.
그녀는 늘 독특한 이야기를 해 주었다.
L'Ecossais était haut en couleur.
스코틀랜드인은 혈색이 좋았다.

⑦ **haut la main 쉽게, 문제없이**
Il a gagné les élections haut la main.

그는 선거에서 낙승했다.
⑧ **Haut les cœurs! 용기를 내라.**
⑨ **Haut les mains! 손들어!**

▌ haut 높은

en haut 2층에
Ma mère est en haut; elle fait les lits.
어머니는 2층에서 침대를 정리한다.

▌ hauteur n.f. 높이, 고도

① **à la hauteur 감당할 능력이 있는**
   Le nouveau directeur n'était pas à la hauteur.
   새 책임자는 일을 감당할 능력이 없었다.
② **à hauteur de ~에 뒤지지 않게**
   Nous sommes enfin arrivés à hauteur de la gare.
   우리는 마침내 역까지 도착했다.

▌ herbe n.f. 풀

en herbe 갓난, 미숙한
Son fils est un romancier en herbe.
그의 아들은 병아리 소설가이다.

▌ heure n.f. 시간, 시각

① **à l'heure 제 시간에**
   Le train arrivera-t-il à l'heure?
   열차는 제 시간에 도착할까?
② **à ses heures 기분이 나면, 때때로**
   Il est peintre à ses heures.
   그는 기분이 나면 그림을 그린다.
③ **à une heure avancée 밤 1시에**
   Ils sont rentrés à une heure avancée de la nuit.
   그들은 밤 1시에 귀가했다.
④ **d'heure en heure 시시각각으로 시간마다**

Son état empire d'heure en heure.
그의 상태는 시시각각 나빠진다.
Il est trois heures.
지금은 3시다.

⑤ **les heures d'affluence (de pointe) 러시아워**

Il y a toujours des embouteillages aux heures d'affluence.
러시아워에는 늘 병목현상이 있다.

⑥ **une bonne (une petite) heure 적어도 한 시간**

Il me faudra une bonne heure pour finir ce travail.
나는 그 일을 끝내려면 적어도 한 시간 쯤 걸릴 것이다.

▌ histoire n.f. 이야기, 역사

① **histoire de ~하기 위해**

Je suis sorti histoire de respirer un peu.
나는 숨을 좀 쉬려고 밖으로 나왔다.

② **Pas d'histoires! 말썽을 일으키지 마라.**

▌ homme n.m 남자, 사람

① **être homme à ~이 가능한**

Ne le taquinez pas: il est homme à vous donner un coup de poing.
그를 놀리지 마라. 그는 너에게 주먹을 날릴 수도 있다.
Je le crois, parce qu'il n'est pas un homme à mentir.
그는 거짓말할 사람이 아니라서 나는 믿는다.

② **un homme à bonnes fortunes 여자 관계가 많은 남자**

Méfiez-vous de lui; c'est un aventurier et un homme à bonnes fortunes.
그를 조심하세요. 모험가이며 여자관계가 복잡해요.

③ **un homme de confiance 심복, 오른팔**

Demandez à Georges; c'est l'homme de confiance du gérant.
죠르주에게 물어보세요. 그는 업무관리인의 심복입니다.

▌ honte n.f. 수치, 치욕

① **avoir honte 부끄럽다.**

J'avoue que j'ai honte de mon ignorance dans cette matière.

나는 이 분야에 무지해서 창피하다는 것을 고백한다.

② **avoir toute honte bue 부끄러움을 모르다.**

Ayant toute honte bue, j'ai accepté leur offre.
부끄러움도 잊은 채 나는 그들의 제의를 받아들였다.

③ **faire honte à ~를 창피하게 하다.**

Cet étudiant fait honte à ses condisciples par son travail.
이 학생은 학업에 있어서 동료들을 창피하게 한다.

horreur n.f. 공포, 혐오.

① **avoir horreur de ~을 몹시 싫어하다.**

J'ai horreur des films policiers. 나는 수사물 영화를 싫어한다.

② **Quelle horreur! 정말 끔찍하다.**

hors ~밖의

① **hors d'affaire 위험을 벗어난**

Le médecin a dit que le malade n'est pas encore hors d'affaire.
의사는 환자가 아직 위험한 상태를 벗어난 것은 아니라고 말했다.

② **hors de cause 문제 밖의**

Le probité du notaire est hors de cause.
공증인의 성실성은 문제 밖의 일이다.

③ **hors de combat 전투력이 없는**

Le parti libéral semblait hors de combat pour de bon.
자유당은 정말로 싸울 힘이 없어 보인다.

④ **hors d'état 불가능한**

Nous avons mis ces gens hors d'état de nous nuire.
우리는 이 사람들이 우리를 괴롭히지 못하게 했다.

⑤ **hors de pair 대적할 사람이 없는**

C'est un cuisinier hors de pair.
그는 대적할 사람이 없는 요리사이다.

⑥ **hors de prix 엄청난 값의**

Ces diamants sont hors de prix maintenant.
이 다이아몬드들은 지금 엄청난 값이다.

⑦ **hors de saison 걸맞지 않다.**

Cette plaisanterie est vraiment hors de saison.
이 농담은 적합하지 않다.

⑧ **hors de soi 제정신이 아닌**

En apprenant sa lâcheté, j'étais hors de moi.
그의 비열함을 알고 나는 제정신이 아니었다.

⑨ **hors ligne 뛰어난 비교가 안되는**

C'est un coureur hors ligne.
그는 뛰어난 경주 선수이다.

⑩ **un hors-la-loi 무법자**

Maintenant il est poursuivi par la police, un hors-la-loi.
지금 그는 경찰에 쫓기는 무법자이다.

▊ huit 8

dans huit jours 1주일 있으면
Nous revenons dans huit jours.
1주일 있으면 우리는 돌아온다.

▊ humeur n.f. 기분, 성질

Il est d'une humeur de chien (massacrante).
그는 기분이 몹시 나쁘다.

▊ hurler 개가 짖다.

hurler avec les loups 부화뇌동(附和雷同)하다. 남들을 따라하다.
C'est un conformiste; il veut toujours hurler avec les loups.
그는 순응주의자다. 늘 남들의 의견을 따른다.

▊ hussard n.m. 기병

à la hussarde 난폭하게
Il traite les femmes à la hussarde. R
그는 여인들을 거칠게 다룬다.

프랑스어 관용어

▌ ici 지금

① **d'ici là** 지금부터 그때까지

Ne vous en inquiétez pas; j'y veillerai d'ici là.
걱정마세요. 그 동안 내가 그 일을 살펴보겠습니다.

② **d'ici peu** 멀지 않아

Je pense les voir certainement d'ici peu.
나는 멀지 않아 그들을 만날 것으로 생각한다.

③ **ici-bas** 이 세상에

Rien ne peut être parfait ici-bas.
이 세상에 아무 것도 완전할 수 없다.

④ **jusqu'ici** 지금까지

Nous n'avons rien attrapé jusqu'ici.
우리는 지금까지 아무것도 얻지 못했다.

⑤ **par ici** 이쪽으로

Venez par ici, Mesdames et Messieurs.
신사 숙녀 여러분, 이쪽으로 오십시오.

▌ idée n.f. 관념, 생각

① **On n'a pas idée de ça!** 상상도 할 수 없다.

② **se faire des idées** 엉뚱한 생각을 하다.

Vous vous faites des idées si vous croyez qu'elle va venir.
그녀가 오리라고 생각한다면 당신이 엉뚱한 생각을 하는 겁니다.

ignorer 모르다.

ne pas ignorer que ~를 알고 있다.
Vous n'ignorez pas que son père était Français.
당신은 그의 아버지가 프랑스인이었다는 것을 잘 알고 있다.

importer 중요하다.

① **N'importe!** 아무래도 좋다.
② **n'importe comment (où, quand, qui, etc.)**
어떻게 하든지(어디든지, 언제든지, 누구든지)
Te peux le faire n'importe comment.
너는 그것을 어떻게 해도 된다.
③ **Peu importe.** 그다지 중요하지 않다.
④ **Qu'importe!** 아무래도 좋다.

imposer 부과하다. 강요하다.

simposer 필요불가결하다.
Il me semble qu'un changement de régime s'impose.
나는 정체의 변경이 불가피한 것 같다고 생각한다.

impossible 불가능한

par impossible 만일에
Si, par impossible, l'affaire marchait, nous serions preneurs.
만일 사업이 진행되면 우리는 그 일에 관여할 것이다.

imprimer 인쇄하다.

imprimer un mouvement à 운동을 전하다.
Cette roue imprime un mouvement au mécanisme.
이 바퀴가 기계에 운동을 전한다.

inscrire 기입하다.

s'inscrire en faux contre 위조라고 신고하다, 부인하다.
Je m'inscris en faux contre ces idées périmées.
나는 이 같은 구식 사고방식을 부정한다.

instant 순간

① **à l'instant** 잠깐

J'apprends à l'instant qu'il est parti.
나는 그가 떠났다는 것을 바로 알았다.
Je veux que vous fassiez ces devoirs à l'instant.
나는 당신이 지금 곧 이 과제를 하기 바랍니다.

② **dès l'instant que** ~인 이상

Dès l'instant que vous refusez, je démissionne.
당신이 거부하는 이상, 나는 그만 두겠습니다.

③ **de tous les instants** 끊임없이

Leurs menaces étaient pour nous une inquiétude de tous les instants.
그들의 위협은 늘 우리를 불안하게 했다.

④ **par instants** 가끔

On entendait le canon gronder par instants.
우리는 이따금 대포소리를 들었다.

intelligence n.f. 지성, 지능

d'intelligence 공모하는
Ils étaient d'intelligence dans l'intrigue.
그들은 같이 음모를 꾸미고 있었다.

intention n.f. 의향, 의도

à l'intention de ~을 위해서
Je suis sûr qu'il a dit cela à mon intention.
나는 그가 나를 위해 그렇게 말했다고 확신한다.

intérêt n.m 이익, 이해관계

avoir intérêt à ~에게 이익이다.
Il me semble évident que vous avez intérêt à rester ici maintenant.
나는 당신은 지금 여기 남아 있는 것이 분명히 이득이 된다고 생각한다.

■ **inventer 발명하다. 고안하다.**

ne pas avoir inventé la poudre (le fil à couper le beurre) 머리가 신통하다.
Le nouveau contremaître est gentil mais il n'a pas inventé la poudre.
새 감독관은 사람은 좋지만 머리가 좋지 않다.*norant'l* 256

프랑스어 관용어

▎jamais 절대로 ~않다.

① **à (tout) jamais 영원히**

　Cela a été une leçon et j'y renonce à jamais.
　그것은 내게 교훈이었고 나는 영원히 잊지 않을 것이다.bae @

② **Jamais de la vie! 절대로 그런 일은 없다.**

▎jambe n.f. 다리

① **La belle jambe que ça me fait! 그게 무슨 소용이 있으랴!**

② **par-dessous (-dessus) la jambe 아무렇게나**

　Louvrier a fait ce travail par-dessous la jambe.
　일꾼은 이 일을 아무렇게나 해버렸다.

▎jeter 던지다.

① **Elle a jeté son bonnet par-dessus les moulins.**
　그녀는 관습을 무시한 행동을 했다.

② **en jeter plein la vue 허세를 부리다.**

　Ces gens-là en jetaient plein la vue pour nous impressionner.
　이 사람들은 우리에게 인상을 남기려고 허세를 부렸다.

③ **jeter de la poudre aux yeux à quelqu'un ~의 눈을 속이다.**

　Il essaie toujours de nous jeter de la poudre aux yeux avec ses combinaisons.
　그는 늘 자신의 계획으로 우리 눈을 속이려 하고 있다.

④ **jeter le manche après la cognée 지쳐서 단념하다.**

　Perdant tout espoir d'en venir à bout, il a jeté le manche après la cognée.

일을 완수할 모든 희망을 잃으며 그는 지쳐서 단념했다.

⑤ **jeter les hauts cris 소리 높여 항의하다.**

Quand on lui a donné la facture, il a jeté les hauts cris.
그는 청구서를 받고, 큰 소리로 항의했다.

⑥ **jeter sa gourme 어린이가 농포성 습진에 걸리다, 젊은이가 혈기에 넘쳐 탈선 하다.**

Il est jeune et il faut qu'il jette sa gourme.
그는 젊은 혈기에서 난봉을 부린 것이 틀림 없다.

⑦ **jeter son dévolu sur ~에 눈독을 들이다.**

Tout le monde sait qu'elle a jeté son dévolu sur Michel.
그녀가 미셸에 눈독을 들이고 있는 것을 모두 알고 있다.

⑧ **jeter un coup d'œil à (sur) 힐끗보다.**

Il n'a fait que jeter un coup d'œil à ma lettre.
그는 내 편지를 힐끗 보았을 뿐이다.

⑨ **jeter un cri 소리치다.**

Il a jeté un cri de douleur en tombant.
그는 넘어지며 고통스럽게 소리를 질렀다.

⑩ **jeter un froid sur 흥을 깨다. 분위기를 차갑게 하다.**

Leur arrivée inattendue a jeté un froid sur l'assistance.
예기치 않은 그들의 도착이 참석자들의 흥을 깼다.

⑪ **se jeter dans ~로 흐르다.**

La Seine se jette dans la Manche.
세느강은 영불해협으로 흐른다.

▌ jeu n.m. 게임

① **Ce n'est pas de jeu. 그것은 공정하지 못하다.**

② **dans le jeu- ~와 함께 하다.**

Il a passé la quarantaine mais il est toujours dans le jeu.
그는 40대가 지났지만 늘 그들과 함께 한다.

③ **en jeu 문제가 되다.**

Tout le monde savait que son avenir était en jeu.
모든 사람은 그의 미래가 그 일에 달려있다는 것을 알고 있다.

④ **faire le jeu de ~의 수에 걸려들다.**

Si vous continuez comme cela, vous ferez le jeu de vos adversaires.

계속 그렇게 하시면 당신의 상대방 수에 넘어갑니다.
⑤ **Faites vos jeux! 돈을 거세요.**
⑥ **se faire un jeu de ~하는 것을 즐거움으로 삼다.**
　　Il se fait un jeu de courir dix kilomètres avant le petit déjeuner.
　　그는 아침 식사 전에 10km 뛰는 것을 즐거움으로 여긴다.

▌ joindre 합치다, 결합시키다.
① **jondre le geste à la parole 말에 이어 행동하다.**
　　"Sortez!" dit-il, et joignant le geste à la parole, il le poussa dehors.
　　"나가시오"라고 하고 그는 밖으로 그 사람을 쫓아냈다.
② **joindre les deux bouts 수지를 맞추다.**
　　Elle devait travailler de longues heures pour joindre les deux bouts.
　　그녀는 수지를 맞추기 위해 오랜 시간 일해야 했다.
③ **joindre l'utile à l'agréable 비즈니스와 즐거움을 함께 하다.**
　　Pour joindre l'utile à l'agréable, nous avons parlé de l'accord en jouant au golf.
　　비즈니스와 즐거움을 함께 하기 위해 우리는 골프를 하며 합의를 보았다.

▌ joli 예쁜, 귀여운
① **C'est du joli! 희한한 일이다, 무슨 꼴이람.**
② **Elle est jolie à croquer. 그녀는 아주 귀엽다.**
③ **faire le joli coeur 남의 환심을 사려고 하다.**
　　Maintenant que te voilà marié il faudra cesser de faire le joli coeur.
　　너는 결혼했기 때문에 교태부리는 일은 그만 두어야 할 것 같구나.

▌ jouer 게임을 하다.
① **A vous de jouer. 당신 차례다.**
② **jouer à 게임(스포츠)를 하다.**
　　Les voisins jouent au bridge tous les soirs.
　　이웃 사람들은 매일 저녁 브릿지를 한다.
③ **jouer au plus fin 교활한 수단을 쓰다. 의표를 찌르다.**
　　Ne jouez pas au plus fin avec moi; je sais la vérité.
　　나는 진실을 알고 있으니 내게 교활한 수를 쓰지 마시오.

Le reporter jouait au plus fin avec le procureur pour savoir ses projets.
기자는 검사의 계획을 알아내기 위해 의표를 찌르는 수를 썼다.

④ **jouer cartes sur table (franc jeu) 공정한 게임을 하다.**

Je ne continue pas s'ils ne jouent pas cartes sur table.
그들이 공정하게 하지 않으면 나는 계속하지 않을 것이다.

⑤ **jouer de 연주하다.**

Elle joue du piano et de la clarinette.
그는 피아노와 클라리넷을 연주한다.

⑥ **jouer de malheur (malchance) 운이 없다.**

Je suis allé trois fois à Paris sans le trouver; j'ai joué de malheur.
나는 정말 운이 없게도 세 차례나 파리에 갔었지만 그를 찾지 못했다.

⑦ **jouer des coudes 혼잡한 틈을 비집고 나아갔다.**

Il a fallu qu'il joue des coudes pour faire son chemin dans la vie.
그는 살아나가기 위해 혼잡한 틈을 비집고 나아가야 했다.

⑧ **jouer gros jeu 큰 도박을 하다.**

Il jouait gros jeu dans cette affaire et tout le monde le savait.
그는 이 일에 큰 도박을 하고 있었고 모든 사람은 그것을 알았다.

⑨ **jouer la comédie 연기하다.**

On ne peut pas croire ce qu'il dit; il joue la comédie.
그는 연기를 하고 있어서 사람들은 그의 말을 믿을 수 없다.

⑩ **jouer pour la galerie 갈채를 받으려고**

Il était évident qu'elle jouait pour la galerie et que son émotion était feinte.
그녀는 갈채를 받으려고 감정도 꾸몄다는 것이 분명했다.

⑪ **jouer serré 신중하게 하다.**

Les négociations seront difficiles; il faudra jouer serré.
협상은 힘들 것이니 신중하게 해야 할 것이다.

⑫ **jouer sur le velours 딴 돈으로 걸다. 안전하게 행동하다.**

Tu n'as rien à perdre; tu joues sur le velours.
너는 확실하게 거는 것이니 잃을 것이 없다.

⑬ **se jouer de 수월하게 넘기다.**

Le groupe se jouait des difficultés de leur expédition.
그 그룹은 파견 업무의 어려움을 수월하게 넘겼다.

jour n.m. 날, 하루

① **à jour** 날짜에 맞추어

J'ai mis mon étude sur Freud à jour.
나는 프로이드 연구를 날짜에 맞추어 제출했다.

② **de nos jours** 요즘

Ce genre de dentelle ne se fait plus de nos jours.
이런 레이스는 더 이상 만들지 않는다.

③ **du jour au lendemain** 하룻밤새에, 곧

Il est devenu célèbre du jour au lendemain, grâce à son roman.
그는 자신의 소설 덕분에 하룻밤새에 유명해졌다.

④ **d'un jour à l'autre** 나날이, 하루하루다

Nous attendons son arrivée d'un jour à l'autre.
우리는 하루하루 그가 오기를 기다리고 있다.

faire jour 날이 새다.

Il fait jour très tôt ces jours-ci. 요즘 일찍 날이 샌다.

① **se faire jour** 나타나다.

La vérité de l'histoire commence maintenant à se faire jour.
역사의 진실이 나타나기 시작한다.

② **sous un jour** 보기에 따라서, 다른 관점으로

Elle l'a décrit sous un jour peu flatteur.
그녀는 그를 거의 아부하지 않는 관점에서 묘사했다.

jurer 맹세하다.

jurer ses grands dieux 맹세코 단언하다.
Il jurait ses grands dieux qu'il était innocent.
그는 맹세코 무죄라고 단언했다.

jusque ~까지

① **J'en ai jusque là!** 이젠 지긋지긋하다.

② **jusuq'à la gauche** 완전히

Il est compromis jusqu'à la gauche.
그는 완전히 타협하게 되었다.

③ **jusqu'à nouvel ordre** 새 지시가 있을 때까지

Le bureau sera fermé jusqu'à nouvel ordre.
사무실은 새로운 통고가 있을 때까지 닫게 된다.

④ **jusqu'à plus ample informé** 새 증거가 나타날 때까지

Jusqu'à plus ample informé nous ne pouvons rien dire de plus.
더 자세한 조사가 될 때까지 우리는 더 이상 말할 수 없다.

⑤ **jusqu'au cou** 목까지, 완전히

Je suis dans la paperasserie jusqu'au cou.
나는 완전히 서류더미에 묻혀있다.

⑥ **jusqu'ici** 지금까지

Elle ne nous a pas téléphoné jusqu'ici.
그녀는 아직 우리에게 전화하기 않았다.

▌ juste 꼭, 정확히

① **au juste** 정확하게

Je ne vois pas au juste ce qu'il faut faire.
나는 어떤 일을 해야하는지 정확히 알지 못한다.

② **le juste milieu** 중용

Elle va toujours du blanc au noir; il n'y a pas de juste milieu.
그녀는 항상 흑백논리이고 중간영역은 없다.

▌ justesse 정확함, 올바름

de justesse 가까스로

Ils ont attrapé le dernier train de justesse.
그들은 가까스로 마지막 열차를 탔다.

프랑스어 관용어

▌▌ là 거기

① **Il n'est pas là.** 그는 지금 없다.
② **Là, là!** 지금!
③ **Oh, là, là!** 어이구 저런!

▌▌ lâcher 느슨하게 하다.

① **lâcher la proie pour l'ombre** 헛것을 잡으려다 알짜를 놓치다.

Tu devrais accepter cette offre plutôt que de lâcher la proie pour l'ombre.
너는 헛것을 잡으려다 알짜를 놓치는 대신 이 제안을 수락해야 할 것이다.

② **lâcher le morceau** 다 털어놓다.

Nous avons essayé de garder le secret mais il a lâché le morceau.
우리는 비밀을 간직하려고 했지만 그가 다 털어놓았다.

③ **lâcher prise** 놓아주다, 포기하다.

Il a lâché prise et est allé s'écraser sur les rochers en bas.
그는 포기하고 밑에 있는 바위들 위로 뛰어내려 자살했다.

④ **laisser** 그냥 내버려 두다, 놓아두다.

Cela laisse à désirer.
불완전하다.

⑤ **laisser des plumes** 손해를 보다.

Il s'est débarrassé de ses actions pétrolières, mais il y a laissé des plumes.
그는 자신의 석유관련 주식을 처분했지만 손해를 보았다.

⑥ **laisser en panne** 어려움에 처한 사람을 버려두다.

Nous comptions sur vous, mais vous nous avez laissés en panne.

우리는 당신을 믿었지만 당신은 어려움에 처한 우리를 저버렸다.

⑦ **laisser entendre 암시하다.**

　Il m'a laissé entendre que j'aurais le poste.
　그는 내게 그 자리를 맡게 될 것이라고 넌지시 비추었다.

⑧ **laisser faire quelqu'un 방임하다.**

　Laissez faire les enfants; ils seront sages.
　아이들을 내버려 두세요. 똑똑해질 겁니다.

⑨ **laisser savoir 알게하다.**

　Il ne voulait pas laisser savoir qu'il nous connaissait déjà.
　그는 우리를 이미 알았다는 것을 알리고 싶지 않았다.

⑩ **laisser tomber 떨어뜨리다, 그만두다.**

　Le shérif lui a dit de laisser tomber son fusil et d'avancer.
　보안관은 그에게 총을 버리고 앞으로 오라고 했다.

⑪ **Laissez-moi tranquille! 나를 가만히 두세요.**

⑫ **ne pas laisser de 여전히 ~하다.**

　Son travail est fatigant et difficile, mais ne laisse pas de lui plaire.
　그의 일은 피곤하고 힘들지만 그를 즐겁게 하기도 한다.

⑬ **se laisser dire ~라는 것을 듣다.**

　Je me suis laissé dire qu'il avait eu une vie tumultueuse.
　나는 그가 파란 많은 삶을 살았다는 것을 들었다.

⑭ **se laisser faire ~하도록 내버려 두다.**

　Laissez-vous faire pendant qu'ils vous fouilleront.
　그들이 당신을 조사하도록 내버려 두세요.

⑮ **se laisser prendre à 걸려들다.**

　Vous êtes-vous laissé prendre à ce vieux manège?
　이 낡은 수법에 걸려드셨나요?

⑯ **se laisser tondre (la laine sur le dos) 착취당하다.**

　Par naïveté il s'est laissé tondre.
　순진해서 그는 착취당했다.

⑰ **se laisser vivre 느긋하게 지내다.**

　Plutôt que de me fatiguer, je préfère me laisser vivre.
　나는 피곤해하기 보다 느긋하게 지내고 싶다.

⑱ **s'en laisser conter C.**

Tu t'en es laissé conter si tu as payé ce meuble mille francs.
이 물건을 천 프랑에 샀다면 너는 속은 것이다.

⑲ **un laissé pour compte 잊혀진 사람**

Les vieux semblent être les laissés pour compte de la société moderne.
노인들은 현대 사회에서 잊혀진 사람들 같다.

▌ **langue** n.f. 혀, 말

① **avoir la langue bien pendue 많이 떠들다.**

Cet homme a la langue bien pendue.
이 사람은 말을 많이 한다.

② **un mauvaise (méchante) langue 악담하는 사람**

Ne l'écoutez pas; c'est une mauvaise langue!
그의 말을 듣지 마시오. 그는 악담을 하는 사람입니다.

③ **La langue m'a fourché. 나는 말을 잘못했다.**

▌ **larme** n.f. 눈물

une larme de 한 방울의, 소량의

Puis-je vous verser une larme de ce cognac?
코냑 조금 따라드릴까요?

▌ **laver** 씻다.

laver la téte à ~을 호되게 꾸짖다.

Sa mère lui a lavé la tête en le voyant rentrer si tard.
그의 어머니는 그가 그렇게 늦게 돌아오는 것을 보고 호되게 야단쳤다.

▌ **léger** 가벼운

à la légère 가볍게

Je ne prends pas ses menaces à la légère.
나는 그의 위협을 가볍게 여기지 않는다.

▌ **légume** n.m. 야채

une grosse légume 세력가

On s'attend à ce que toutes les grosses légumes viennent à la fête.

사람들은 모든 세력가들이 축제에 오기를 기대한다.

▎▎ lendemain 그 다음날

sans lendemain 단명한
Il a joui d'une célébrité sans lendemain.
그는 아주 짧게 명성을 누렸다.

▎▎ lettre n.f. 편지, 철자

① **à la lettre (au pied de la lettre)** 문자 그대로
Il ne faut pas prendre ce texte à la lettre.
이 텍스트를 문자 그대로 받아들여서는 안된다.

② **avant la lettre** 아직 설익은
Ce philosophe était un socialiste avant la lettre.
이 철학자는 설익는 사회주의자였다.

③ **lettre morte** 사문서(死文書)
L'augmentation des fonctionnaires est restée lettre morte.
공무원 인금인상은 사문서로 남아있다.

▎▎ levée n.f. 들어올리기

une levée de boucliers 반대의사 표시
Les jugements sévères de la cour ont provoqué une levée de boucliers.
법정의 가혹한 판결은 항의를 불러 일으켰다.

▎▎ lever 올리다.

① **lever le camp** 달아나다.
Quand nous sommes arrivés, ils avaient déjà levé le camp.
우리가 도착했을 때 그들이 이미 달아났다.

② **lever le coude** 술꾼이다.
Malgré son air sobre et solennel, on dit qu'il lève le coude.
절제되고 경건한 것 같은 그의 분위기에도 불구하고 사람들은 그가 술꾼이라고 한다.

③ **lever le pied** 돈을 갖고 달아나다.
Il a levé le pied avec la fortune de sa femme.

그는 자기 아내의 재산을 갖고 달아났다.

④ **lever les bras au ciel** 두 손을 쳐들다.(놀람·절망·항복)

Avouant son impuissance, il a levé les bras au ciel.
자신의 무능함을 고백하며 그는 손을 들었다.

⑤ **lever un lièvre** 어려운 문제를 제기하다.

Au milieu de la discussion, M. Dupont a levé un lièvre.
토론 도중에 뒤퐁씨는 어려운 문제를 제기했다.

⑥ **se lever** 일어나다.

Nous nous levons toujours dès l'aurore.
우리는 늘 새벽에 일어난다.

⑦ **se lever du pied gauche** 기분이 상해 있다.

Laura boude; elle s'est levée du pied gauche ce matin.
로라는 뾰루퉁해 있다. 오늘 아침에 그녀는 기분을 상했다.

▌▌ libre 자유로운

libre carrière 자유로운 세상
Elle a donné libre carrière à son imagination.
그녀는 상상의 나래를 마음껏 폈다.

▌▌ lier 잇다, 판결하다.

① **lier connaissance** ~와 교제를 하게 되다.

A l'hôtel ils ont lié connaissance avec leurs voisins.
그들은 호텔에서 이웃 사람들을 사귀게 되었다.

② **se lier avec** ~를 사귀다.

Il s'est lié avec le fils des voisins.
그는 이웃집 아들과 사귀었다.

▌▌ lieu n.m. 곳, 장소

① **au lieu de** ~대신에

Elle est venue elle-méme au lieu d'appeler son frère.
그녀는 오빠를 부르는 대신에 자기가 왔다.

② **avoir lieu de** ~할 필요가 있다.

J'avoue qu'elle a lieu de se plaindre.

나는 그녀가 불평할 이유가 있다고 밝혔다.

③ **s'il y a lieu ~필요에 따라**

Revenez me voir s'il y a lieu.
필요하면 내게 다시 오세요.

▋ ligne n.f. 선, 줄

① **A la ligne. 줄을 바꾸어 쓰시오.**

② **en ligne de compte 고려의 대상인**

Ces questions n'entrent pas en ligne de compte.
이 질문들은 고려의 대상이 되지 않는다.

▋ limite n.f. 경계

à la limite 극단적인 경우에, 최후에
A la limite, nous pourrions le faire arrêter comme escroc.
최종적으로 우리는 그를 사기꾼으로 구속시킬 수도 있습니다.

▋ lit n.m. 침대

faire le lit de ~를 싹트게 하다.
Les erreurs des socialistes ont fait le lit de la droite.
사회주의자들의 실수가 우파의 세력을 키웠다.

▋ livrer 인도하다.

① **livrer combat 교전하다.**

Ce médecin livre un combat sans trêve contre la maladie.
이 의사는 휴전 없는 질병과의 전투를 벌이고 있다.

② **livrer passage à 통행을 허가하다.**

Ils ont élargi cette rue pour livrer passage aux poids-lourds.
그들이 트럭이 다닐 수 있도록 도로를 확장시켰다.

③ **se livrer à ~에 몰두하다.**

Ayant tout son temps libre, elle s'est livrée à l'étude du grec.
자신의 자유시간을 갖게 되어 그녀는 희랍어 학습에 몰두했다.

loge n.f. 좌석

être aux premières loges 잘 보이는 곳에 자리 잡다.
Nous étions aux premières loges pour entendre leurs discussions.
우리는 그들의 토론을 듣기 위해 좋은 곳에 자리 잡았다.

loger 숙박하다, 묵다.

① **être logé à la même enseigne** 같은 곤란에 직면해 있다.

Il faut s'entraider; nous sommes logés à la même enseigne.
우리는 같은 어려움에 직면해 있으니 서로 도와야 한다.

② **loger le diable dans sa bourse** 주머니에 동전 한 푼 없다.

Je t'aiderais, mais je loge le diable dans ma bourse.
너를 돕고 싶지만 나는 주머니에 한 푼도 없다.

loi n.f. 법

faire la loi ~을 지배하다.
C'est le père qui fait la loi dans leur famille.
그 집에서는 아버지가 가정을 지배한다.soo

loin 먼

① **au loin** 멀리서

Je l'ai aperçu au loin, qui courait vers moi.
나는 내 쪽으로 달려오는 그를 멀리서 보았다.

② **de loin** 멀리서부터, 훨씬, 단연

Il criait fort pour se faire entendre de loin.
그는 멀리서도 듣도록 크게 소리쳤다.
C'est de loin l'offre la plus intéressante que nous avons reçue.
우리가 받은 제안 중에 단연 제일 흥미있는 것이었다.

③ **de loin en loin** 긴 간격을 두고, 드문드문

Mon oncle d'Amérique vient nous voir de loin en loin.
미국에 사는 아저씨는 이따금 우리를 보러 온다.

④ **du plus loin que** ~하는 한, ~하자마자

Du plus loin que je me souviens, ils ont toujours habité là.
내가 기억하는 한 그들은 늘 그곳에 살았다.

⑤ **loin du compte** 계산이 틀린

Si vous croyez qu'ils accepteront, vous êtes loin du compte.
그들이 수락할 것으로 생각한다면 잘못 생각하는 것입니다.

▌▌ long 긴

① **à la longue** 시간이 경과함에 따라, 결국

Patientez; vous vous y habituerez à la longue.
참으세요. 시간이 지나면서 익숙해질 것입니다.

② **de longue date** 오래된

Il y a une rivalité de longue date entre eux.
그들간에는 오랜 경쟁 관계가 있다.

③ **de longue haleine (main)** 장기간의

La restauration de ce quartier est un travail de longue haleine.
이 구역 재개발은 오랜 시일이 걸리는 공사이다.

④ **faire long feu (ne pas faire long feu)** 일을 질질 끌다.

Leur projet a fait long feu faute de crédits suffisants.
그들의 계획은 예산부족으로 진척이 되지 않고 있다.

⑤ **long comme un jour sans pain** 아주 지루한

Le sermon semblait long comme un jour sans pain.
그 설교는 아주 지루했다.

▌▌ long n.m. 길이

① **de long en large** 종횡으로, 이리저리

Il se promenait de long en large, sans arrêt.
그는 끊임없이 이리저리 돌아다녔다.

② **(tout) le long de** ~옆을 따라서

Il y avait des voitures garées le long du trottoir.
보도를 따라 승용차들이 주차되어 있었다.

▌▌ longtemps 오래

de longtemps 오랫동안

On ne reverra plus cela de longtemps.
우리는 그것을 오랫동안 다시 보지 못할 것이다.

longueur n.f. 길이

à longueur de temps (de journée) 늘, 온종일
Ils se disputent à longueur de temps.
그들은 늘 다툰다.

lors 그 때

① **dès lors que** ~이니까, ~인 이상
Dès lors que c'est vous qui le dites, je le crois.
당신이 그것을 말한 만큼 나는 믿는다.

② **lors même que** ~일지라도
Lors même que vous ne le voudriez pas, il faudrait accepter.
당신이 원치 안더라도 그것을 수락해야 할 것이다.

③ **lourd** 무거운
Il fait lourd. 습하고 무더운 날씨다.

④ **pas lourd** 별로 많지 않다.
Il n'en reste pas lourd maintenant.
지금 남은 것이 별로 없다.

lumière n.f. 빛

avoir des lumières 잘 알다.
Demandez à Jean; il a des lumières sur ce sujet.
장에게 물어보세요. 그는 이 주제에 대해 잘 알고 있습니다.

lune n.f. 달(月)

Il est dans la lune.
그는 멍하니 생각에 잠겨 있다.

lutter 싸우다.

lutter bec et ongle 필사적으로 싸우고
Après avoir lutté bec et ongle, ils ont fini par faire la paix.
그들은 맹렬히 싸우고 나서 끝내 화해를 했다.

프랑스어
관용어

프랑스어 관용어

■ mâcher 씹다. 깨물다.

① **mâcher le travail (la besogne) à quelqu'un** ~에게 일을 쉽게 할 수 있게 해주다.

Etant donné son expérience, on ne devrait pas avoir besoin de lui mâcher le travail.
그의 경험에 비추어 보아 그에게 일을 쉽게 할 수 있도록
준비해 줄 필요는 없을 것이다.

② **ne pas mâcher ses mots** ~을 노골적으로 말하다.

Je lui ai dit le fond de ma pensée, et je n'ai pas mâché mes mots.
나는 감추지 않고 내 마음 속의 말을 그에게 했다.

■ maigre 마른, 야윈

① **faire maigre** 육식을 피하다.

Sa famille fait encore maigre le vendredi.
그의 가족은 아직도 금요일에는 육식을 하지 않는다.

② **maigre comme un clou (un coucou, un hareng saur)** 바짝 마르다.

Grâce à son régime, elle réussit à rester maigre comme un clou.
다이어트 덕분에 그녀는 바짝 마르게 하는데 성공했다.

③ **une maigre consolation** 반갑지 않은 위안

L'échec de son rival était une maigre consolation pour lui,
자신의 라이벌의 실패는 그에게 그다지 반가운 일이 아니었다.

■ maille n.f. 그물의 코, 동전

maille à partir avec ~와 사이가 틀어지다.
Il a eu maille à partir avec son patron.

그는 사장과 사이가 좋지 않게 되었다.

▌▌ main n.f. 손

① **à main armée 무장하고**

Ils ont été condammés pour vol à main armée.
그들은 강도 혐의로 유죄 판결을 받았다.

② **avoir en main ~를 손에 넣다, ~와 협력하다.**

Nous gagnerons si vous continuez à avoir votre frère en main.
당신이 당신 형을 계속 협력시킬 수 있다면 우리는 이길 것이다.

③ **avoir la main heureuse 운이 좋다.**

Il a eu la main heureuse dans ses placements.
그는 자신의 투자에 운이 따랐다.

④ **de main de maître 거장의 기술로**

Cette table a été finie de main de maître
이 테이블은 거장의 기술로 완성되었다.

⑤ **des mains de beurre 부주의한 사람**

Ne le laisse pas porter cela; il a des mains de beurre.
그는 무척 부주의한 사람이니 그것을 나르게 하지 마라.

⑥ **en sous-main 비밀리에**

Les deux puissances ont négocié en sous-main.
두 강대국은 비밀리에 협상했다.

⑦ **faire main basse sur ~을 약탈하다. 손을 대다.**

Le notaire a fait main basse sur les fonds de ses clients.
공증인은 고객들의 재산에 손을 댔다.

⑧ **la main dans le sac 피투성이의 손을 한, 현행범인**

On l'a pris la main dans le sac.
그는 현장에서 체포되었다.

⑨ **la main sur la conscience 가슴에 손을 얹고, 솔직하게**

La main sur la conscience, ce que j'ai dit est vrai.
가슴에 손을 얹고, 내가 말하는 것은 사실이다.

⑩ **sous la main 손이 닿는 곳에**

Je n'ai pas son dossier sous la main.
나는 서류를 갖고 있지 않다.

mais 그러나

mais oui 물론
Tu lui as répondu quand il a dit ces choses? mais oui!
그가 이 일에 관해 말했을 때 대답했니? 물론!

maison n.f. 집

① **C'est la maison du bon Dieu.** 누구에게나 열려 있다. 환대하는 집이다.
② **C'est la maison qui paie.** 회사부담이다. 공짜다.
③ **la maison mère** 본점, 본사
　　La maison mère de cette banque est située à Lille.
　　이 은행의 본점은 릴에 있다.

maître n.m. 주인, 선생님

être maître de ~이 자유로운
Je suis maître de faire ce que je veux.
나는 원하는 것을 자유로이 할 수 있다.

mal n.m. 악, 고통

① **avoir du mal à** ~에 어려움을 겪다.
　　Avec son accent, j'ai eu du mal à le comprendre.
　　그의 말투를 나는 알아 듣기 힘들었다.
② **avoir le mal de mer** 배멀미를 하다.
　　En traversant la Manche, nous avons tous eu le mal de mer.
　　영불해협을 건너며 우리 모두는 배멀미를 했다.
③ **avoir le mal du pays** 향수병에 걸리다.
　　Depuis son arrivée en Europe, elle a le mal du pays.
　　유럽에 도착한 이후 그녀는 향수병에 걸렸다.
④ **avoir mal à** ~가 아프다.
　　Si tu as mal à la tête, prends de l'aspirine.
　　머리가 아프면 아스피린을 먹어라.
⑤ **avoir mal au cœur** 멀미를 하다.
　　Pendant toute la traversée elle a eu mal au cœur.
　　항해 내내, 그녀는 멀미를 했다.

⑥ **avoir mal aux cheveux 과음으로 머리가 아프다.**

    Le lendemain de la fête, ils avaient affreusement mal aux cheveux.
    축제 다음날, 그들은 과음으로 몹시 고통 받았다.

⑦ **en mal de ~이 부족한**

    C'est un journaliste en mal de sujet.
    그는 다룰 주제가 부족한 기자이다.

⑧ **faire mal 아프게 하다.**

    Arrête, tu me fais mal!
    그만해. 너는 나를 괴롭히고 있어.
    Mon pied me fait très mal. 내 발이 몹시 아프다.

⑨ **Il n'y a pas de mal à cela. 그렇게 해도 지장없다.**

mal 나쁘게

① **mal avec ~와 사이가 나쁘다.**

    Elle était mal avec tous ses voisins.
    그녀는 모든 이웃과 사이가 나빴다.

② **mal en point (mal en train) 나쁜 상태에**

    Excusez-moi, je suis mal en point ce matin.
    죄송합니다. 저는 오늘 아침에 컨디션이 좋지 않습니다.

③ **Mal lui en a pris! 그에게 나쁘게 되었다.**

④ **pas mal de 상당한, 꽤 많은**

    Il y avait mal de gens à la réunion.
    모임에 꽤 많은 사람이 모였다.

maladie n.f. 질병, 탈

faire une maladie de 고통받다.
Ne lui dis pas la mauvaise nouvelle; il en ferait une maladie.
그가 고통받을테니 그에게 나쁜 소식을 전하지 마라.

malheur n.m. 불행

faire un malheur ① 불상사를 일으키다 ② 대성공을 거두다.
Arrêtez ce fou! Il va faire un malheur.
이 미친 녀석을 붙잡아라. 말썽을 일으키려 한다.

Le nouveau chanteur a fait un malheur au festival.
신인가수는 페스티발에서 성공을 거두었다.

malheureux 불행한

Ce n'est pas malheureux!
다행이다!

malin 약은, 간악한

① **Ce n'est pas plus malin que ca!** 그런 짓을 할 만큼 어리석지 않다.
② **C'est malin!** 그런 바보짓을 하다니 (반어적)
③ **faire le malin** 허세를 부리다, 똑똑한 척하다.
　　Cesse de faire le malin et écoute-moi.
　　똑똑한 체 그만하고 내 말을 들어라.
④ **malin come un singe** 원숭이처럼 약삭빠르다.
　　Malgré son air rustre il est malin comme un singe.
　　그는 촌스럽지만 매우 약은 사람이다.

manche n.f. 소매

avoir (tenir) quelqu'un dans sa manche ~를 마음대로 할 수 있다.
Il a obtenu ce poste parce qu'il avait le ministre dans sa manche.
그는 장관의 힘을 이용해 이 자리를 얻었다.

manche n.m. 자루, 손잡이

de côté du manche 우세한 쪽 편이다.
Il avait le talent de se trouver toujours du côté du manche.
그는 늘 힘센 쪽에 붙는 재능이 있다.

manchot 한 손이 불구인

ne pas être manchot 손재주가 있다.
Quand il s'agissait de fendre du bois, il n'y était pas manchot.
나무를 쪼개는 일에 그는 손재주가 있다.

manger 먹다.

Je ne mange pas de ce pain-là!
그런 방식은 내 마음에 들지 않는다.

① **manger à deux (à plusieurs, à tous les) râteliers** 두(여러) 가지의
직업을 겸하다. 온갖 상황을 이용해 이익을 얻다.
Pour subvenir à ses besoins croissants, il devait manger à deux râteliers.
늘어나는 생활비를 충족하게 위해 그는 두 가지 일을 해야했다.

② **manger comme un moineau** 새처럼 조금 먹다.
Elle mangeait toujours comme un moineau pour garder la ligne.
그녀는 몸매 유지를 위해 늘 조금만 먹는다.

③ **manger comme un ogre (comme quatre)** 엄청나게 먹다.
En rentrant du pensionnat, leur fils mange toujours comme un ogre.
기숙학교에서 돌아오면서 그들의 아들은 늘 엄청나게 먹는다.

④ **manger de la vache enragée** 몹시 고생하다.
En attendant l'héritage, ils ont mangé de la vache enragée.
유산상속을 기다리며 그들은 몹시 힘들게 지냈다.

⑤ **manger du bout des dents** 조금씩 먹다.
Elle mangeait du bout des dents parce qu'elle n'avait pas du tout faim.
그녀는 전혀 시장하지 않아서 조금씩 먹었다.

⑥ **manger la consigne** 잊어버리다.
Il devait nous remettre une lettre, mais il a mangé la consigne.
그는 우리에게 편지를 건네 주어야했으나 잊어버렸다.

⑦ **manger le morceau** 자백하다.
Le prisonnier a fini par manger le morceau et donner ses camarades.
죄수는 모든 것을 털어놓고 동료들의 이름을 밝혔다.

⑧ **manger son blé en herbe** 돈을 써버리다.
Son oncle lui avait laissé une somme assez ronde, mais il a mangé son blé en herbe.
그의 삼촌은 그에게 상당한 돈을 물려주었지만 그는 돈을 낭비했다.

⑨ **manger son pain blanc le premier** 우선 쉬운 부분의 일을 하다.
Ce travail ne te semble pas difficile, mais c'est parce que tu manges ton pain blanc le premier.
너는 우선 쉬운 부분의 일을 하기 때문에 이 일이 어려워 보이지 않는 것이다.

⑩ **manger sur le pouce** 앉지도 않은 채 급히 먹다.

Faute de temps, nous avons mangé sur le pouce.
시간이 없어서 우리는 급히 먹었다.

⑪ **se manger le nez** 서로 지독하게 싸우다.

Les deux associés passent leur temps à se manger le nez.
두 동업자는 늘 서로 싸우는데 시간을 보낸다.

▍▍ **manière** n.f. 방법, 방식

① **de manière a** ~하도록

Elle l'a dit de manière à les blesser.
그녀는 그들에게 상처를 주려고 그 말을 했다.

② **de toute manière** 어쨌든

De toute manière, on ne les verra plus.
어쨌든 우리는 그들을 더 이상 보지 않을 것이다.

③ **En voila des manières!** 꽤 버릇이 없군요!

④ **faire des manières** 아니꼽게 굴다.

Les Dupont font toujours des manières quand ils invitent.
뒤퐁 씨 부부는 그들이 초대할 때 늘 아니꼽게 군다.

▍▍ **manquer** ~이 부족하다.

① **Il ne manquait plus que ça!** 설상가상이다.

② **manquer à quelqu'un** ~를 그리워하다.

Mon amie me manque beaucoup en ce moment.
나는 지금 내 여자친구가 그립다.

③ **manquer à sa parole** 약속을 지키지 않다.

Papa a manqué à sa parole; il ne nous a pas emmenés.
아빠는 우리를 데려간다는 약속을 지키지 않았다.

④ **manquer (de) faire** ~할 뻔하다.

J'ai manqué tomber dans l'escalier.
나는 계단에서 떨어질 뻔했다.

⑤ **ne pas manquer de** 확실하게 하다.

Ne manquez pas de nous écrire. 우리에게 꼭 편지해라.

⑥ **N'y manquez pas!** 잊지 마세요.

⑦ **Tu as manqué le coche!** 너는 좋은 기회를 놓쳤다.

manteau n.m. 외투

sous le manteau 비밀리에
Il préparait son départ sous le manteau.
그는 비밀리에 떠날 준비를 했다.

marchand n.m. 장사, 상인

① **Le marchand de sable est passé.**
졸음이 오는구나 (어린이에게 하는 말)
② **un marchand des quatre saisons 청과물상**
Elle a acheté ces belles pêches à un marchand des quatre saisons.
그녀는 청과물상에게서 좋은 복숭아들을 샀다.

marche n.m. 발걸음

① **en marche 작동하는**
Dès que le moteur sera en marche il faudra partir.com
모터가 작동하자마자 떠나야 한다.
② **faire marche arrière 후진하다.**
Nous avons fait marche arrière dans un sentier pour faire demi-tour.
우리는 좁은 길에서 돌아나오려고 후진했다.

marché n.m. 시장, 매매

① **bon (meilleur) marché 값싼**
Les pommes de terre sont bon marché cette semaine.
이번 주에 감자 값이 싸다.
② **un marché de dupes 속임수, 시비**
Je n'accepte pas son offre parce que c'est un marché de dupes.
그것은 속임수라서 나는 그의 제안을 받아들일 수 없다.

marcher 걷다. 작동하다.

① **faire marcher quelque chose 조종하다 운영하다.**
Cela fait marcher le commerce.
그것이 비즈니스를 움직인다.
Je ne sais pas faire marcher cette machine.

나는 이 기계를 다룰 줄 모른다.

② **faire marcher quelqu'un ①화나게 하다 ②속이다.**

Malgré tous mes efforts, je n'ai pas pu le faire marcher.
나는 애썼지만 그를 화나게 하고 말았다.

Je vois maintenant qu'il me fait marcher avec son histoire bizarre.
그는 이상한 이야기로 지금 나를 속이려는 것을 나는 알고 있다.

③ **Je ne marche pas! 나는 싫다. 나는 속지 않는다.**

④ **marcher comme sur des roulettes 일이 순조롭게 진척되다.**

L'opération a marché comme sur des roulettes.
수술은 순조롭게 되었다.

⑤ **marcher sur des œufs 신중하게 행동하다.**

En lui parlant de cette affaire, j'avais l'impression de marcher sur des œufs.
그에게 이 일에 관해 말하며 나는 무척 조심했다.

⑥ **marcher sur les brisées (les plates-bandes) de quelqu'un**
~와 경쟁하다, ~의 영역을 침범하다.

Le jeune chercheur doit prendre garde à ne pas marcher sur les brisées de son patron.
젊은 연구원은 자신의 상사의 영역을 침범하지 않도록 주의해야 한다.

mariée n.f. 신부(新婦)

La mariée est trop belle! 지나치게 좋은 조건이라 경계하다.

mariner 소금이나 소스에 절이다.

faire (laisser) mariner quelqu'un 오래 기다리게 하다.
Ses amis ont décidé de le faire mariner en prison.
그의 친구들은 그를 감옥 안에 내버려 두기로 했다.

marquer 표시하다.

① **marqué d'une pierre blanche 어떤 날을 영구히 기념하다.**

L'anniversaire de cette découverte sera toujours marqué d'une pierre.
발견기념일은 영원히 기념될 것이다.

② **marquer le coup ① 기념하여 축하하다 ② 묵인할 수 없다는 표시를 하다.**

Elle a eu le bac, donc elle nous a invités à marquer le coup.
그녀는 대학입학 자격시험 통과 기념으로 우리를 초대했다.

Il a entendu le commentaire, mais il n'a pas marqué le coup.
그는 언급한 것을 들었지만 반응하지 않았다.

③ **marquer le pas 제자리 걸음하다, 멈추다.**

En attendant l'arrivée du directeur, nous marquions le pas.
기관장의 도착소리를 들으며 우리는 하던 일을 멈추었다.

mars 3월

arriver (tomber) comme mars en carême 어김없이 오다.
Leur commentaires sur nos déboires sont arrivés comme mars en carême.
우리들의 실패에 대한 그들의 논평이 어김없이 뒤따랐다.

marteau n.m. 망치

avoir eu un coup de marteau (être marteau) 약간 정신이 이상하다.
Tu as payé ça cinq cents euros? Tu as eu un coup de marteau.
너 그걸 500유로에 샀다고? 약간 돌았구나.

masse n.f. 덩어리

① **comme une masse 털썩 쓰러지다.**

Quand il a été frappé par la grosse brute, il est tombé comme une masse.
난폭한 큰 녀석에게 맞고 그는 털썩 쓰러졌다.

② **des masses 많은 양의**

Il n'a pas des masses d'argent. 그는 많은 돈이 없다.

match n.m. 시합, 경기

faire match nul 비기다.
Au bout de quatre sets, ils faisaient match nul.
4세트까지 그들은 무승부였다.

mauvaise 나쁜

① **dans une mauvaise passe 순조롭지 않은 상황인**

Les négociations semblent être dans une mauvaise passe.
협상은 순조롭지 않아 보인다.
Je me rends; vous m'avez dans une mauvaise passe.

당신이 나를 불리한 상황으로 몰아서 나는 항복한다.

② **faire contre mauvaise fortune bon coeur 불운에 굴하지 않다.**

Puisqu'on n'y peut rien, fasons contre mauvaise fortune bon coeur.
그것에 있어서 우리는 할 수 있는 것이 없으니 불운에 굴하지는 말도록 하자.

③ **le mauvais ange 악마**

Le secrétaire du président était son mauvais ange.
사장의 비서는 그에게 악마같은 존재였다.

④ **mauvais comme la gale 악질이다**

On dit que son mari est mauvais comme la gale.
그의 남편은 못된 인간인 것 같다.

⑤ **un mauvais coucheur 잠버릇이 나쁜 사람**

N'emmenons pas Robert; c'est un mauvais coucheur.
로베르는 잠버릇이 나쁘니 데리고 가지 말자

⑥ **un mauvais pas 난관, 궁지**

Elle nous a aidés à sortir d'un mauvais pas.
그녀는 우리를 궁지에서 빠져 나오도록 도와주었다.

▌mèche n.f. 심지, 도화선

① **de mèche ~와 한통속이다**

Les deux employés étaient de mèche pour voler les clients.
두 직원은 고객을 터는 한통속이었다.iogl 199

② **éventer (vendre) la mèche 비밀을 누설하다**

La surprise allait réussir quand Lionel a éventé la mèche.
리오넬이 비밀을 누설했을 때 놀라운 일은 성공하려 하고 있었다.

▌mêler 섞다. 혼합하다

① **se mêler de 참견하다**

Ne vous mêlez pas de leurs querelles. 그들 싸움에 끼지 마시오.

② **se mêler de ses affaires (oignons) ~에 참견하다**

Ce que je fais ne vous regarde pas; mêlez-vous de vos affaires
내가 하는 일은 당신과 상관없으니 참견하지 마시오

■ même 같은, ~자신의, 바로

① **à même** 직접

Il boit la bière à même la bouteille.
그는 병으로 직접 맥주를 마신다.

② **à même de** ~할 수 있게, ~상태인

Il n'est pas à même de vous voir aujourd'hui parce qu'il est souffrant.
그는 아파서 오늘 당신을 만날 수 없다.

③ **de la même farine (du même acabit, du méme tabac, duméme tonneau)**
같은 부류이다

Les deux candidats sont de la même farine.
두 후보자는 같은 부류이다.

■ mémoire n.f. 기억력

① **de mémoire de** ~를 기억하는 한

"De mémoire de rose, on n'a jamais vu mourir de jardinier."
장미의 기억에서는 정원사의 죽음을 전혀 보지 못했다.

② **pour mémoire** 참고로

Je vous envoie cette facture pour mémoire.
참고로 계산서를 보내드립니다.

③ **une mémoire de lièvre** 나쁜 기억력

Les débiteurs ont souvent une mémoire de lièvre.
채무자들은 흔히 기억력이 나쁘다.

■ ménager 절약하다. 마련해 주다

① **ménager la chèvre et le chou**
어느 편에나 좋게 행동하다. 화를 입지 않도록 조심하다

Il veut ménager la chèvre et le chou, plutôt que de donner son avis.
그는 자신의 의견을 내세우기 보다 양측 모두에게 좋게 하려고 한다.

② **ménager quelque chose à** ~에게 ~을 마련해 두다

Je lui ménage une surprise.
나는 그에게 놀라운 일을 마련해 둔다.

③ **se ménager une porte de sortie** 미리 도피구를 만들어 놓다

Il a offert son soutien, mais en se ménageant une porte de sortie.

그는 도피구를 만들어 놓으며 그를 후원했다.

mener 이끌다

① **mener a bien (à bonne fin)** ~를 잘해내다

Ils ont réussi à mener l'affaire à bien. 그들은 그 일을 성공적으로 해냈다.

② **mener à la baguette** ~을 마음대로 부리다

Sa femme le mène à la baguette.
그의 아내는 그를 마음대로 부린다.

③ **mener de front** 여러 가지 일을 동시에 하다

Il n'aurait pas dû essayer de mener de front ses études et son travail.
그는 학업과 일의 병행을 시도하지 말았어야 한다.

④ **mener en bateau** ~을 속여 넘기다

Tu nous a menés en bateau avec tes promesses!
너는 너의 약속으로 우리를 속였다.

⑤ **mener grand train** 호화롭게 살다

Depuis que leurs affaires marchent bien, ils mènent grand train.
그들은 일이 잘되면서 호화롭게 살고 있다.

⑥ **mener la vie de château** 화려하고 안락한 생활

Son héritage lui a permis de mener la vie de château.
그는 물려받은 유산으로 호화롭게 살고 있다.

⑦ **mener par le bout du nez** ~을 마음대로 부리다

Cette femme mène son mari par le bout du nez.
그의 아내는 남편을 자기 마음대로 부린다.

⑧ **mener tambour battant** ~을 심하게 다루다

Ce directeur mène ses associés tambour battant.
이 사장은 동업자들을 심하게 다룬다.

⑨ **mener une vie de bâton de chaise**

Cette vie de bâton de chaise que tu mènes finira par te lasser.
너의 방탕한 생활은 너를 지치게 하고 말 것이다.

⑩ **ne pas en mener large** 전전긍긍 하다. 난처한 처지에 있다

Une fois devant les agents il n'en menait pas large.
경찰관들 앞에 가자 그는 전전긍긍 했다

▌▌ mentir 거짓말 하다

① **mentir comme un arracheur de dents**
   (comme une itaphe, comme on respire)
   태연하게 거짓말 하다
   Ne l'écoutez pas;il ment comme un arracheur de dents.
   그는 태연하게 거짓말을 하는 사람이니 그의 말을 듣지 마시오

② **sans mentir 정말은, 사실로**
   Sans mentir, cette veste vous va parfaitement.
   정말 이 자켓이 잘 어울립니다.

▌▌ menu 자그마한

par le menu 상세히
Il a fallu tout lui expliquer par le menu.
그에게 자세하게 설명해야 했다.

▌▌ mer n.f. 바다

Ce n'est pas la mer à boire. 그리 힘든 일은 아니다.

▌▌ merveille n.f. 경탄할 만함

① **àmerveille 놀랍도록, 썩 잘**
   Elle a joué cette sonate à merveille.
   그녀는 소나타를 훌륭하게 연주했다.

② **faire merveille 경탄할 만한 일을 하다**
   Le nouveau médicament a fait merveille.
   새 약은 효력이 대단했다.

▌▌ mesure n.f. 측량, 조치

① **à la mesure de 에 따라**
   Ils cherchaient un associé à la mesure de l'entreprise.
   그들은 사업진척에 따라 파트너를 찾고 있었다.

② **à mesure que (au fur et à mesure que) ~에 따라**
   Le salaire minimum croît à mesure que le coût de la vie augmente.
   생활비 상승에 따라 최소 임금이 인상된다.

③ **au fur et à mesure** 점차적으로
   Ils enlevaient leurs vêtements inutiles au fur et à mesure.
   그들은 필요없어진 옷들을 점차적으로 벗었다.

④ **au fur et à mesure de** ~에 따라
   Elle nous envoie de l'argent au fur et à mesure de nos besoins.
   그녀는 우리의 필요에 따라 돈을 보낸다.

⑤ **dans la mesure de** 가능한 한
   Nous ferons ce que vous dites dans la mesure du possible.
   우리는 가능한 한 당신이 말한 것을 할 것이다.

⑥ **dans la mesure ou** ~의 범위에서
   Je vous aiderai dans la mesure où je le pourrai.
   내가 할 수 있는 범위에서 당신을 돕겠다.

⑦ **en mesure de** ~를 할 수 있는
   Il est malade; il n'est pas en mesure de vous recevoir.
   그는 아파서 당신을 맞을 수가 없다.

⑧ **sur mesure** 경우에 합당하게, 치수에 맞게 지은
   J'ai fait faire ces rideaux sur mesure.
   나는 커튼을 치수에 맞게 만들게 했다.

métier n.m. 직업, 생업

① **avoir du métier** 솜씨가 좋다
   On voit par ce beau travail qu'il a du métier.
   사람들은 이 멋진 일을 통해 그가 솜씨가 좋다는 것을 알게 된다.

② **Il n'y a pas de sot métier.** 직업에는 귀천이 없다.

mettre 놓다, 넣다

① **bien mis** 옷을 잘 입은
   Elle était pauvre, mais toujours bien mise.
   그녀는 가난하지만 늘 옷을 잘 입었다.

② **en mettre sa main au feu** 맹세하다
   Il est coupable; j'en mettrais ma main au feu.
   맹세코 그는 유죄라고 말할 수 있다.

③ **en mettre un (sacré) coup** 열심히 일하다

Il faudra en mettre un coup si nous voulons finir à temps.
제 시간에 일을 끝내려면 정말 열심히 일해야 할 것이다.

④ **mettons que 가정하자면**

Mettons qu'il ait menti; qu'est-ce qu'on fait alors?
그가 거짓말을 했다면 어떻게 하지?

⑤ **mettre à contribution ~의 도움을 청하다, ~에게 분담시키다**

Ils ont mis tous leurs amis à contribution.
그들은 그들의 모든 친구들에게 도움을 청했다.

⑥ **mettre à gauche 저금하다**

Il a réussi à mettre un peu d'argent à gauche.
그는 약간의 돈을 모으는데 성공했다.

⑦ **mettre à la mode 유행이 되게하다**

La crise du pétrole mit les bicyclettes à la mode.
석유파동은 자전거를 유행시켰다.

⑧ **mettre à la porte (à pied) 해고하다, 쫓아내다**

Son patron l'a mis à la porte parce qu'il volait.
사장은 그가 도둑질을 해서 해고 했다.

⑨ **mettre à la raison ~을 사리에 따르게 하다, 잘 알아듣게 하다**

La colère de mes amis m'a mis à la raison.
내 친구들의 분노는 나로 하여금 사리를 깨닫게 했다.

⑩ **mettre à la voile 돛을 올리다**

Allez, allez, Michel. Il fait du vent, mettez à la voile.
자, 미셸, 바람이 부니, 돛을 올려요.

⑪ **mettre à nu 노출하다, 드러내다**

En grattant le mur ils ont mis une fresque à nu.
벽을 긁으며 그들은 벽화를 드러냈다.

⑫ **mettre au clou ~을 저당잡히다**

Il a dû mettre sa montre au clou pour payer le loyer.
그는 월세를 내려고 시계를 저당잡혀야 했다.

⑬ **mettre au défi de faire ~에게 "~을 할 수 있겠는가" 하고 말하다**

Je vous mets au défi d'en trouver un meilleur.
당신이 더 나은 것을 찾을 수 있겠습니까?

⑭ **mettre au monde ~을 낳다**

Elle mit au monde de beaux jumeaux.
그녀는 잘 생긴 쌍둥이를 낳았다.

⑮ **mettre au pas** 명령에 복종하게 하다

Le juge a juré de mettre les fauteurs de troubles au pas.
재판관은 말썽을 일으킨 사람들을 명령에 따르게 했다.

⑯ **mettre bas** ①새끼를 낳다 ②항복하다

La chatte a mis bas pendant la nuit.
암코양이가 밤새 새끼를 낳았다.
Les soldats mirent bas leurs armes et se rendirent.
사병들은 무기를 버리고 항복했다.

⑰ **mettre dans le mille (dans le noir)** 적중하다

Sans le savoir, le détective a mis dans le mille avec sa supposition.
탐정은 그것을 몰랐지만 자신의 추측으로 적중시켰다.

⑱ **mettre dans le même sac (panier)** 같은 부류에 포함시키다

Il ne faut pas mettre dans le même sac toutes les espèces de délinquants.
모든 종류의 경범자를 같은 부류로 다루어서는 안된다.

⑲ **mettre debout (sur pied)** 훌륭하게 성취하다

Nous avons mis l'affaire debout en peu de temps.
우리는 짧은 시간 동안 그 일을 해냈다.

⑳ **mettre dedans** ~을 속이다.

L'escroc l'a mis dedans sans difficulté.
사기꾼은 그를 쉽게 속였다.

㉑ **mettre de l'eau dans son vin** 포도주에 물을 타다, 비용을 줄이다. 부드러워지다

Etant donné nos problèmes financiers, nous devrons mettre de l'eau dans notre vin.
재정문제로 인해 우리는 비용을 줄여야 할 것이다.

㉒ **mettre des bâtons dans les roues** 성공하지 못하도록 방해하다

Si nous n'avons pas réussi, c'est parce qu'il mettait toujours des bâtons dans les roues.
그가 늘 방해해서 우리는 성공하지 못한 것이다.

㉓ **mettre du beurre dans les épinards** 형편이 나아지게 하다

Avec les heures supplémentaires il commence à mettre du beurre dans les épinards.
초과근무로 그는 형편이 나아지기 시작한다.

㉔ **mettre du temps à faire quelque chose** ~하는데 시간이 오래 걸리다

Ils ont mis du temps à lire l'article.

그들은 그 기사를 읽는데 오래 걸렸다.

㉕ **mettre en boîte** ~을 놀리다

Elle n'arrêtait pas de mettre le nouveau venu en boîte.
그녀는 끊임없이 신입사원을 놀렸다.

㉖ **mettre en cause** 문제를 삼다

Cette seule erreur ne doit pas mettre en cause dix ans de travail!
10년 근무 동안 단 한번의 실수는 문제가 안된다.

㉗ **mettre en demeure** ~하도록 독촉하다

Je l'ai mis en demeure de répondre à notre question.
나는 그에게 우리 질문에 답하라고 독촉했다.

㉘ **mettre en pièce** ~을 산산조각내다

Les critiques ont mis son livre en pièces.
비평가들은 그의 책을 조각조각 찢어발겼다.

㉙ **mettre en route** 길을 나서다, 출발하다

J'ai mis ce projet en route il y a un mois.
나는 이 계획을 한 달 전에 시작했다.

㉚ **mettre en train** ~을 시작하다, ~을 흥겹게 하다

C'est elle qui a mis la nouvelle revue en train.
새 잡지를 시작한 것은 그 여자이다.

㉛ **mettre en valeur** 개척하다, 강조하다

Tâchez de mettre en valeur l'importance de leur coopération.
그들 협력의 중요함을 강조하도록 애쓰시오.
Ils ont décidé de mettre leur terrain en valeur.
그들은 자신들의 땅을 개발하기로 결정했다.

㉜ **mettre en veilleuse** 심지를 낮추다, 소규모로 만들다.

Pendant la guerre, on a mis l'industrie de luxe en veilleuse.
전쟁동안 호화제품 산업은 위축되었다.

㉝ **mettre une maison en vente** 집을 팔려고 내놓다.

C'est l'heure de mettre notre maison en vente.
우리집을 팔려고 내놓을 시간이다.

㉞ **mettre la barre à** 키를 잡다, 조종하다

Le timonier a mis la barre à gauche.
조타수는 키를 왼쪽으로 돌렸다.

㉟ **mettre la charrue devant (avant) les boeufs** 앞뒤가 뒤바뀌다. 본말이 전도되다
   Ne commencez pas là; vous mettez la charrue devant les boeufs.
   거기서 시작하지 마시오. 일의 앞뒤가 바뀐것입니다.

㊱ **mettre la clef sous la porte** 문밑에 열쇠를 두다, 몰래 사라지다
   Quand on l'a cherché, il avait mis la clef sous la porte.
   사람들이 그를 찾을 때 그는 이미 달아났다.

㊲ **mettre la main à la pâte** 스스로 일을 하다
   Le travail sera vite terminé si tout le monde met la main à la pâte.
   모든 사람이 스스로 일을하면 일이 일찍 끝날 것이다.

㊳ **mettre la puce à l'oreille à quelqu'un** ~로 하여금 의심을 품게하다
   Les absences fréquentes de son employé lui ont mis la puce à l'oreille.
   직원의 잦은 부재는 그에게 의심을 품게했다.

㊴ **mettre le cap sur** 뱃머리를 ~로 돌리다
   Leur bateau a mis le cap ensuite sur Panama.
   그들의 배는 기수를 파나마로 돌렸다.

㊵ **mettre le feu aux poudres** 화약을 폭발시키다. 화근이 되다.
   C'est l'assassinat de l'archiduc qui a mis le feu aux poudres.
   대공의 암살은 화약을 폭발시킨 일이 되었다.

㊶ **mettre le hold** 싸움을 중재하다. 멈추게 하다
   Il y avait tant de corruption que le gouvernement a dû enfin mettre le holà.
   너무도 많은 부정부패가 있어서 정부가 제지해야 했다.

㊷ **mettre le marché en main aquelugun**
   ~에게 계약을 맺거나 폐기 하거나 선택하게 하다
   Après une heure de discussions, je lui ai mis le marché en main.
   한 시간의 토의 끝에 나는 그에게 계약체결 여부를 선택하게 했다.

㊸ **mettre l'épée dans les reins à** ~을 몹시 재촉하다
   Nous avons dû lui mettre l'épée dans les reins pour qu'il fasse quelque chose.
   우리는 그가 무언가를 하도록 재촉했다.

㊹ **mettre le réveil** 자명종을 맞추어 두다
   Ne t'inquiète pas, je mettrai le réveil mettrai le réveil pour huit heures.
   자명종을 8시에 맞춰 둘테니 걱정 마라.

㊺ **mettre les bouchées doubles** 급히 먹다. 급하게 일하다
   Ils ont dû mettre les bouchées doubles pour finir la commande.

그들은 주문을 맞추려고 서둘러 일해야 했다.

㊻ **mettre les petits plats dans les grands** 극진히 대접하다

En l'honneur de sa visite, ils avaient mis les petits plats dans les grands.
그의 방문을 기념하여 그들은 극진히 대접했다.

㊼ **mettre les pieds dans le plat** 무례한 언동을 하다

Ne sachant pas que c'était l'amie du patron, il a mis les pieds dans le plat.
사장의 여자친구라는 것을 모르고 그는 무례하게 행동했다.

㊽ **mettre les points sur les i** i자 위에 점을 빼놓지 않다. 상세히 설명하다

Je veux mettre les points sur les i avant que nous annoncions cet accord.
나는 우리의 합의 발표 전에 상세히 설명하고 싶다.

㊾ **mettre les pouces** 손을 들다. 항복하다

Après une courte lutte inégale, il a mis les pouces.
불공평한, 짧은 싸움 끝에 그는 항복했다.

㊿ **mettre quelqu'un au pied du mur** ~을 궁지에 빠뜨리다, 결단을 내리게 하다

Je suis fatigué d'attendre sa décision; il faut le mettre au pied du mur.
나는 그의 결정을 기다리는데 지쳤다. 결단을 내리게 해야한다.

㊀ **se mettre à** 시작하다

Mettons-nous au travail tout de suite.
바로 일을 시작하자.

㊁ **se mettre à table** ①식사하러 식탁에 앉다 ②솔직히 고백하다

Mettons-nous à table; le repas sest prêt.
식사가 준비되었으니 식사합시다.

Après plusieurs heures d'interrogatoire, le suspect s'est mis à table.
몇 시간에 걸친 심문 끝에 용의자는 자백했다.

㊂ **se mettre au beau** 날씨가 개다

Quel bonheur! Le temps semble se mettre au beau.
좋았어. 날씨가 개는구나.

㊃ **se mettre au vert** 시골에 휴양하러 가다

on ou inuns

Après cette longue année d'étude, vous devriez vous mettre au vert.
당신은 오랫동안 공부했으니 시골로 쉬러 가야할 것 같다.

㊄ **se mettre en quatre** 전력을 기울이다.

Je me suis mis en quatre pour lui trouver ce qu'elle voulait.

나는 그녀가 바라는 것을 찾아주기 위해 전력을 다했다.

(56) **se mettre en tête de ~할 생각을 품다.**

Mon fils s'est mis en tête de devenir acteur.

내 아들은 배우가 될 생각을 갖고 있다.

(57) **se mettre le doigt dans l'œil 심한 착오를 하다**

Si tu crois vraiment ces sottises, tu te mets le doigt dans l'œil.

네가 정말로 이 바보짓을 믿는다면 크게 잘못 생각하는 것이다.

(58) **se mettre martel en tête 근심걱정하다**

Ne te mets pas martel en tête ainsi; tout s'arrangera.

모든 일이 잘 될테니 걱정하지 마라.

(59) **se mettre quelque chose (quelqu'un) à dos ~와 등지다, ~를 적으로 만들다**

Le ministre veut obtenir un accord, mais sans se mettre l'opinion publique à dos.

장관은 여론을 거스르지 않으며 합의를 얻으려 한다.

(60) **y mettre du sien 성의를 다하다, 기여하다**

Si chacun y met du sien, nous aurons bientôt fini le travail.

각자 자신의 성의를 다하면 우리는 일찍 일을 끝낼 것이다.

(61) **y mettre le paquet 있는 힘을 다하다, 큰 돈을 쏟아넣다**

Le coureur cycliste y a mis le paquet et il a gagné.

사이클 선수는 전력을 다해, 우승했다.

Maintenant que nous pouvons nous payer de beaux vêtements, je veux y mettre le paquet.

우리는 멋진 옷을 살 수 있기 때문에 나는 큰 돈을 쓸 용의가 있다.

(62) **y mettre son grain de sel 남의 대화에 끼어들다**

Il n'en sait rien; pourquoi y met-il toujour son grain de sel?

그는 아무것도 모르면서 왜 대화에 끼어들지?

mi 반(半), 중간의

① **à mi-voix 작은 소리로**

Je n'ai pas pu les comprendre parce qu'ils parlaient à mi-voix.

그들은 조그맣게 이야기해서 나는 알아들을 수 없었다.

② **la mi-janvier 1월 중순에**

Nous allons nous revoir à la mi-juillet.

우리는 7월 중순에 다시 만나게 됩니다.

M

③ **mi-figue, mi-raisin 애매한, 어느 편도 아닌**

Il m'a regardé d'un air mi-figue, mi-raisin.
그는 아주 애매한 태도로 나를 보았다.

▋ mieux 더 나은

① **à qui mieux mieux 서로 앞을 다투어**

Les enfants faisaient du bruit à qui mieux mieux.
어린이들은 앞을 다투어 시끄럽게 했다.

② **au mieux avec ~와 사이가 아주 좋다.**

Il est au mieux avec ses voisins.
그는 이웃들과 사이가 아주 좋다.

③ **C'est on ne peut mieux. 그것은 완전무결하다.**

en mieux 더 낫게
C'est sa sœur, en mieux. 그의 누이가 더 낫다.

▋ mijoter 약한 불로 익히다

Qu'est-ce que tu mijotes? 무슨 일을 꾸미고 있니?

▋ mine n.f. 얼굴, 용모

① **faire la mine 얼굴을 찡그리다**

Pourquoi me fais-tu la mine ce matin?
오늘 아침, 왜 내게 얼굴을 찌푸리나?

② **faire des mines 아양부리다, 애교를 떨다**

En recevant ses invités, elle faisait des mines.
손님들을 맞으며 그녀는 애교를 떨었다.

③ **faire mine de ~인체 하다**

Pour les dépister, il a fait mine de sortir.
그들의 눈을 속이기 위해 그는 나가는 척 했다.

④ **mine de rien 아무렇지 않은 듯이, 표나지 않게**

Mine de rien, elle a amassé une fortune.
표나지 않게 그녀는 재산을 모았다.

misère n.f. 비참, 불행

① **faire des misères à** ~을 못살게 굴다

Mon petit frère me fait toujours des misères.
내 동생은 늘 나를 못살게 군다.

② **pour une misère** 사소한 일로

Les deux sœurs se sont disputées pour une misère.
두 자매는 사소한 일로 다투었다.

mode n.m. 방법

le mode d'emploi 사용 설명서
Ils n'auraient pas dû envoyer cette machine sans mode d'emploi.
그들이 사용설명서 없이 이 기계를 보내서는 안되는 것이었다.

moi 나(강세형)

à moi 도와주세요!
A moi! On me vole! 도와주세요. 도둑이야!

moins 더 적은

① **à moins** ①더 싸게 ②더 작은 일로

On s'en fâcherait à moins!
이 보다 더 작은 일에도 화를 냈을 것이다.

② **au moins** 적어도

Sa famille a au moins trois voitures. 그의 가족은 최소한 3대의 차가 있다.

③ **du moins** 적어도, 그러나 어쨌든

Jean est sorti; du moins je le crois. 쟝은 떠났다. 적어도 나는 그렇게 생각한다.

④ **en moins de deux (de rien)** 순식간에

meTu pourras le faire en moins de deux.
너는 순식간에 그것을 할 수 있다.

⑤ **Il était moins une (moins cinqg)!** 시간이 거의 다 되었었다.

⑥ **pas le moins du monde** 조금도, 추호도

Elle n'est pas sotte, pas le moins du monde.
그녀는 절대로 바보가 아니다.

moitié n.f. 절반

① **à moitié** 반쯤

Ce type me semblait a moitié fou.
이 인간은 반쯤 돈 것 같다.

② **de moitié dans** 반반으로 ~를 함께하다

Il était de moitié dans leurs combinaisons.
그는 그를 사업에 절반 정도 참여하고 있다.

③ **pour moitié dans** ~에 적지 않은 책임이 있다

Je savais qu'elle était moitié dans cette affaire.
나는 그녀가 이 일에 상당한 책임이 있다고 알고 있었다.

moment n.m. 순간, 시기

① **à ce moment-là** 그때 그 경우에

Nous étions très occupés à ce moment-là.
우리는 그때 아주 바빴다.

A ce moment-là, il vaut mieux que je refasse le travail.
그 경우에는 내가 일을 다시하는 편이 더 낫다.

② **au moment de (où)** ~할 때에

Au moment de partir (Au moment où ils partaient), ils ont vu arriver leur ami.
그들은 떠날 때 그들의 친구가 오는 것을 보았다.

③ **du moment que** ~인 이상

Du moment que vous le prenez comme ça, je m'en vais.
당신이 그것을 그렇게 하니 나는 가겠다.

④ **d'un moment à l'autre** 이제나 저제나

Nous attendons son arrivée d'un moment à l'autre.
이제나 저제나 우리는 그의 도착을 기다리고 있다.

⑤ **en ce moment** 지금

En ce moment de l'année, les bureaux sont débordés.
한 해의 이때, 사무실은 정신 못차리게 바쁘다.

⑥ **par moments** 때때로, 이따금

Par moments votre ami a l'air vraiment malheureux.
이따금 당신 친구는 정말로 불행해 보인다.

⑦ **pour le moment** 잠시 동안, 한동안

Oublions notre différend pour le moment.
한동안 우리들간의 이견을 잊읍시다.

⑧ **sur le moment 즉석에서**

Sur le moment je n'ai pas su trouver de réponse.
나는 그 자리에서 답할 수는 없었다.

▌▌ monde n.m, 사람들, 세계

① **de ce monde 살고 있는**

Le pauvre homme n'est plus de ce monde.
그 불쌍한 사람은 더 이상 살고 있지 않다.

② **depuis que le monde est monde 천지개벽 이래**

Depuis que le monde est monde, les enfants se croient plus malins que leurs parents.
천지개벽 이래 자식들은 자기들이 부모들보다 약다고 생각해 왔다.

③ **un monde fou 엄청난 인파**

Il y aura un monde fou aux courses.
레이스에 많은 사람들이 몰려올 것이다.

▌▌ monnaie n.m, 화폐, 동전

monnaie courante 흔한 일

Ce genre de raisonnement, bien que faux, est monnaie courante.
이같은 추리방법은 비록 잘못되었더라도 흔한 일이다.

▌▌ mont n.m. 산

par monts et par vaux 방방곡곡으로
A cause de son travial, elle est toujours par monts et par vaux.
그녀는 일 때문에 방방곡곡 돌아다닌다.

▌▌ monter 올라가다

① **monté contre quelqu'un 에 대해 화가 나 있다**

Je ne sais pas pourquoi ils sont montés contre moi.
나는 그들이 왜 내게 화를 내는지 모르겠다.

② **monter à cheval (à bicyclette) 말(자전거)을 타다**

Elle a appris à monter au manège.

그녀는 승마연습장에서 말타기를 배웠다.

③ **monter à l'échelle** 농담을 진담으로 듣다. 괜한 일에 화를 내다

　　Mon frère m'a fait monter à l'échelle.
　　형은 내게 괜한 일에 화를 내게 했다.

④ **monter au cerveau** 흥분하다. 자만해하다

　　Le succès lui est monté au cerveau; on ne peut plus lui parler.
　　성공은 그를 흥분시켜서 아무도 말도 못 걸게 한다.

⑤ **monter dans une auto (un avion, un bateau, un train)** 차(비행기, 배, 열차)에 오르다

　　Nous sommes montés tout de suite dans l'avion de New York.
　　우리는 바로 뉴욕행 비행기를 탔다.

⑥ **monter en épingle** ~을 부각시키다, 과장하다

　　Ils ont monté l'incident en épingle.
　　그들은 그 사고를 과장했다.

⑦ **monter en flèche** 급상승하다. 급등하다

　　Les actions pétrolières sont montées en flèche.
　　석유 관련 주가가 급등했다.

⑧ **monter en graine** 한창 때가 지나다. 빨리 자라다

　　Leur jardin est monté en graine pendant leur absence.
　　정원은 그들이 없는 사이에 황폐해졌다.

⑨ **monter la tête à quelqu'un** ~을 화나게 하다

　　Je vois par votre attitude qu'il vous a monté la tête contre moi.
　　당신의 태도에서 그가 나에 대한 화를 당신께 냈다는 것을 알겠습니다.

⑩ **monter sur les planches** 무대에 오른다

　　Depuis son enfance elle désirait monter sur les planches.
　　그녀는 어린시절부터 무대에 오르고 싶어 했다.

⑪ **monter sur ses grands chevaux** 기세가 등등하다. 발끈하다

　　Quand on critique ses activités, il monte toujours sur ses omgrands chevaux.
　　사람들이 그의 행동을 비판하면 그는 늘 화를 냈다.

⑫ **monter un bateau à quelqu'un** 이야기를 꾸며 속이다

　　Je vois maintenant qu'il nous a monté un bateau en offrant de nous acheter le terrain.
　　나는 그가 우리에게서 땅을 사겠다며 우리를 속였다는 것을 이제 알았다.

⑬ **se monter à** 값이 ~에 이르다

　　A combien se monte la facture?

계산서에 얼마나 나왔나요?

■ montre n.f. ①손목시계 ②과시

faire montre de ~을 과시하다
Il fait montre de son érudition. 그는 자신의 박식함을 과시한다.

■ montrer 보여주다

montrer patte blanche 식별표지를 내보이다. 암호를 말하다
Pour entrer dans ce club il faut montrer patte blanche.
이 클럽에 들어가기 위해서는 식별표지를 보여야 한다.

■ (se) moquer ~을 무시하다. 비웃다

① **Il se moque du tiers comme du quart. Il s'en moque**
(comme de l'an 40; comme de sa première chemise). 어떤 것도 안중에 없다

② **se moquer de 놀리다. 우롱하다**
C'est un homme impétueux qui se moque du danger.
그는 위험을 아랑곳 않는 격렬한 사람이다.
Cesse de te moquer de nous tout le temps.
너는 늘 우리를 비웃는 짓을 그만해라.

■ morale n.f. 도덕, 훈계

faire la morale à ~을 훈계하다
Elle m'a fait la morale parce que j'étais rentré trop tard.
그녀는 내가 너무 늦게 돌아와 내게 훈계했다.

■ mordre 물다

① **mordre à 걸려들다, 말려들다**
Elle a mordu admirablement au français.
그녀는 놀랍게도 프랑스어에 빠져들었다.

② **mordre sur 파고들다. ~에 걸리다**
Sa voiture a mordu sur le bord du trottoir.
그의 차는 보도 가장자리를 넘어섰다.

③ **s'en mordre les doigts 몹시 후회하다**

Je n'ai pas écouté son avertissement et je m'en mords les doigts.
나는 그의 주의를 듣지 않은 것을 크게 후회한다.

▌▌ mort 죽은

① **mort de fatigue 몹시 지친**

Après un tel effort, j'étais mort de fatigue
그렇게 노력하고 나서 나는 죽을 것처럼 피곤했다.

② **mort de peur 무서워 죽을 듯한**

En entendant grincer les chaînes, elle était morte de peur.
체인의 삐걱거리는 소리를 들으며 그녀는 무서워 죽을 것 같았다.

▌▌ mort n.f. 죽음

la mort dans l'âme 큰 슬픔을 안고
Il dit adieu à sa patrie, la mort dans l'âme.
그는 커다란 슬픔을 안고 조국에 작별을 고한다.

▌▌ mot n.m. 단어

avoir le mot pour rire 조크가 준비된
Malgré sa dignité il a toujours le mot pour rire.
그의 권위에도 불구하고 그는 늘 조크가 준비되어 있다.

▌▌ mouche n.f. 파리

① **faire mouche 과녁 한 복판을 맞히다**

C'est cela: votre réponse a fait mouche.
바로 그거야 너의 답이 정답이다.

② **faire la mouche coche 돕지 못하면서 공연히 법석대다**

Pendant que nous nous fatiguions à terminer le travail,
Jean faisait la mouche du coche.
우리가 피곤하게 일을 끝내고 있을 때, 쟝은 돕지는 못하면서 난리만 떨었다.

③ **Quelle mouche te pique? 왜 갑자기 화를 내느냐?**

▌▌ (se) moucher 코를 풀다

① Il ne se mouche pas du pied (du coude).

그는 자신만만하다.

② **moucher quelqu'un 책망하다. 냉대하다**

Voyant ce prétentieux à la fête, elle l'a mouché.
이 아니꼬운 인간을 파티에서 보고 그녀는 그를 거들떠 보지 않았다.

▮▮ mouchoir n.m. 손수건

arriver dans un mouchoir 한꺼번에 들어오다
Les coureurs sont arrivés dans un mouchoir.
경주의 선수들이 한꺼번에 들어왔다.

▮▮ moulin n.m. 방아, 풍차

un moulin à paroles 수다장이
C'est un moulin à paroles; on n'arrive pas à placer un mot.
그는 수다장이라서 사람들은 한마디도 끼어들지 못한다.

▮▮ mourir 죽다

① **C'est à mourir de rire! 우스워 죽을 일이다.**

② **mourir à la tâche (debout) 격무에 시달려 죽다.**

Il a travaillé jusqu'à la fin et il est mort à la tâche.ard.
그는 끝까지 일하고 순직했다.

③ **mourir de faim 배고파 죽겠다**

Allons dîner; je meurs de faim.
저녁식사하러 가자. 배고파 죽겠다.

④ **mourir d'ennui 지루해 죽겠다.**

Ne regardons plus ce programme; je meurs d'ennui.
이 프로그램은 그만 보자. 재미없어 죽겠다.

⑤ **mourir d'envie de ~하고 싶어 죽겠다.**

Elle meurt d'envie de se faire inviter chez eux.
그녀는 그들 집에 초대되기를 간절히 원하고 있다.

⑥ **mourir de sa belle mort 노년에 수를 다하고 사망하다**

Malgré toutes ses maladies, il mourut de sa belle mort à l'âge de quatre vingt-dix ans.
자신의 질병에도 불구하고 그는 수를 다해 90세에 사망했다.

▌▌ **mouron** n.m. **별봄맞이 꽃**

se faire du mouron 근심하다
Je te dis que tu te fais du mouron pour rien!
너는 공연히 걱정하고 있다는 것을 말해주마.

▌▌ **moutarde** n.f. **겨자**

La moutarde lui monte au nez. 그는 골을 내기 시작한다.

▌▌ **mouton** n.m. **양**

① **comme les moutons de Panurge 부화뇌동하다**
En dépit du bon sens, ils l'ont suivi comme les moutons de Panurge.
상식과는 달리 그들은 부화뇌동하며 그를 따랐다.

② **Revenons à nos moutons! 본론으로 돌아가자**

▌▌ **mouvement** n.m. **운동**

dans le mouvement 시대에 뒤떨어지지 않는
Elle lisait toutes les revues pour rester dans le mouvement.
그녀는 시대에 뒤떨어지지 않으려고 모든 잡지를 읽었다.

▌▌ **muet 소리없는, 무성의**

muet comme une carpe 말없이 입을 다문
Devant toutes nos questions il est resté muet comme une carpe.
우리의 모든 질문에 그는 입을 다물고 있었다.

▌▌ **mûr 익은, 숙성한**

après mûre réflexion 심사숙고 끝에
Après mûre réflexion, je dois refuser votre offre.
심사숙고 끝에 나는 당신의 제안을 거절하기로 한다.

▌▌ **mur** n.m. **벽**

faire le mur 탈주하다
La nuit il faisait le mur pour rejoindre ses camarades.
밤중에 그는 동료들과 합류하기 위해 달아났다.

Locution française

프랑스어
관용어

프랑스어 관용어

▌▌ nage n.f. 헤엄, 수영

ennage 땀에 흠뻑젖은
A la fin de la course, l'athlète était en nage.
경기의 끝무렵에 선수는 땀에 흠뻑 젖어 있었다.

▌▌ nager 헤엄치다

① **nager dans ~에 잠겨 있다.**

  Grâce à leurs placements, ils nageaient maintenant dans l'abondance.
  그들은 투자 덕분에 지금 풍요롭게 지내고 있다.

② **nager entre deux eaux 양측의 비위를 모두 맞추다**

  Ce député nage entre deux eaux pour éviter de se faire des ennemis,
  이 국회의원은 적을 만들지 않으려고 양측의 비위를 모두 맞춘다.

▌▌ nature n.f. 자연, 본성

① **C'est une bonne (une petite, une riche) nature.**

  그는 착한 사람이다.

② **dans la nature 어디론가, 벌판으로**

  Elle a disparu dans la nature.
  그는 온데간데 없다.

③ **en nature 현물로 지불하다**

  Puisque le fermier n'avait pas d'argent liquide, il nous a payés en nature.
  농부는 돈이 없기 때문에 우리에게 현물로 지불했다.

④ **la nature morte 정물화**

Ce peintre est connu surtout pour ses natures mortes.
이 화가는 특히 정물화로 유명하다.

■ né 태어난

① **né coiffé 부유하게 태어난**

Elle est née coiffée, mais elle sait travailler aussi.
그녀는 부유하게 태어났지만 일할 줄도 안다.

② **né sous une bonne étoile 팔자 좋게 태어나다**

Tout lui sourit; il est né sous une bonne étoile.
모든 상황은 그에게 미소를 보냈고, 그는 팔자 좋게 태어났다.

■ nécessité n.f. 필요

de toute nécessité 꼭 필요한, 반드시
Il est de toute nécessité que vous lui parliez immédiatement.
반드시 당신은 그에게 즉각 말해야 합니다.

■ nerf n.m. 신경

① **avoir du nerf 기력이 있다**

Il faudra avoir du nerf si nous voulons gagner cette partie.
우리가 이 게임을 이기려면 기운을 내야한다.

② **avoir les nerfs à fleur de peau 대단히 예민하다**

Attention à ce que tu lui dis: il a les nerfs à fleur de peau.
그는 매우 예민하니 그에게 말하는 것에 주의해라.

③ **avoir les nerfs à vif (en boule) 신경이 날카로와져 있다**

En attendant le résultat de l'examen, elle a naturellement les nerfs à vif.
시험결과를 기다리며 그녀는 신경이 날카로와져 있다.

④ **porter (taper) sur les nerfs à quelqu'un 신경을 건드리다**

Cesse de faire ce bruit; il me porte sur les nerfs!
내 신경을 건드리니 그 소리 좀 그만내!

nez n.m. 코

① **qu nez et à la barbe de quelqu'un** ~의 면전에서

L'impudent faisait de la contrebande au nez et à la barbe des douaniers.
파렴치한 사람은 세관원들 바로 앞에서 밀수를 했다.

② **avoir quelqu'un dans le nez** ~를 싫어하다

Je ne peux pas demander ce service à mon collègue; il m'a on dans le nez.
나는 이 일을 동료에게 시킬 수 없다. 그는 나를 싫어한다.

③ **avoir le nez creux** 눈치가 빠르다

On ne peut pas tromper ce type-là; il a le nez creux.
저 사람은 눈치가 빨라서 사람들이 속일 수 없다.

nid n.m. 보금자리

un nid de poule 길바닥의 구멍

J'ai dû casser un ressort en passant sur un nid de poule.
나는 길바닥의 구멍 위를 지나며 스프링을 파손하게 되었다.

noce n.f. 혼인 잔치

① **faire la noce** 난봉부리다, 방탕한 생활을 하다.

Il avait fait la noce la veille et il avait mal aux cheveux.
그는 지난 밤에 질펀하게 놀아 과음으로 머리가 아팠다.

② **Je n'étais pas à la noce!** 나는 난처했다

noir 검은

faire noir 날이 어두워지다

Il faisait déjà noir et on n'y voyait plus rien.
벌써 어두워져서 아무 것도 보이지 않았다.

noix n.f. 호두, 견과

à la noix 쓸데없는

Je trouve que c'est une idée à la noix.
나는 그것이 쓸데없는 생각이라고 여긴다.

▌ **nom** n.m. 이름
① **sans nom (qui n'a pas de nom)** 말할 수 없는, 형용할 수 없는
Torturer les prisonniers est un crime sans nom.
죄수를 고문하는 것은 말로 표현할 수 없는 범죄다.
② **Nom d'un chien (de nom, d'une pipe, d'un petit bonhomme)!**
제기랄! 빌어먹을!

▌ **nombre** n.m. 수
au (du) nombre de ~에 들어있는
Je les compte au (du) nombre de mes amis. 그들은 내 친구들에 속한다.

▌ **note** n.f. 노트, 메모
dans la note 적절한, 스타일에 맞는
Sans suivre aveuglément la mode, elle savait rester dans la note.
유행을 맹목적으로 쫓지 않으면서도 그녀는 적절한 자신의 스타일을 유지할 줄 알았다.
Je trouvais que cette façon de parler n'était plus dans la note.
나는 이처럼 말하는 것이 더 이상 적절하지 않다고 생각한다.

▌ **nouvelle** n.f. 소식
① **Première nouvelle!** 처음 듣는 소리다.
② **Vous aurez de mes nouvelles!** 어디 두고 보자.
③ **Vous m'en direz des nouvelles!**
틀림없이 마음에 들겁니다, 정말 놀랄 것입니다.

▌ **noyer** 물에 빠뜨리다
se noyer dans un verre d'eau 사소한 일에도 실패하다
Ce fonctionnaire inepte se noie dans un verre d'eau.
이 무능한 공무원은 사소한 일도 제대로 못한다.

▌ **nu** 벗은
nu comme la main (un ver) 알몸뚱이의
Quand j'ai ouvert la porte, il était nu comme la main.

내가 문을 열었을 때 그는 알몸이었다.

nuit n.f. 밤

① **dans la nuit des temps** 아득한 옛날의

Les origines de cette tradition se perdent dans la nuit des temps.
이 전통의 기원은 아득한 옛날 일이라 찾을 수 없다.

② **faire nuit (noire)** 어두워지다

Il faisait nuit quand elle est rentrée.
그녀가 귀가했을때 어두워져 있었다.

③ **La nuit porte conseille.**

하룻밤 자고 나면 좋은 생각이 떠오르는 법이다.

④ **une nuit blanche** 뜬눈으로 지새는 밤.

J'ai passé une nuit blanche à penser à ce que vous m'avez dit.
나는 당신이 내게 한 말을 생각하며 밤을 샜다.

nul 없는 존재하지 않는

nul en 형편없는
Je suis nul en maths.
나는 수학실력이 형편없다.

numéro n.m. 번호

C'est un drôle de numéro.
그 사람은 괴짜다.

프랑스어
관용어

프랑스어 관용어

▌▌ objet n.m. 물건, 대상

① **les objets trouvés 습득물 보관소**

　Votre manteau est peut-être aux objets trouvés.
　당신 외투는 아마 습득물 보관소에 있을 것이다.

② **sans objet 목적없이 근거없이**

　Ce règlement est désormais sans objet.
　이 규칙은 지금부터 적용되지 않는다.
　Il faut oublier ces craintes sans objet.
　이같이 근거없는 우려는 잊어야 한다.

▌▌ occasion n.f. 기회, 경우

d'occcasion 중고품인

Nous avons acheté une auto d'occasion, n'ayant pas l'argent pour une neuve.
우리는 새 차를 살 돈이 없어서 중고를 샀다.

▌▌ occuper 점거하다 차지하다

Occupe-toi de tes affaires (de tes, vos oignons).
상관말고 네 일에나 신경써라.

① **s'occuper à ~에 종사하다, 일하다**

　A ses heures perdues, il s'occupe à peindre.
　여가 시간에 그는 그림을 그린다.

② **s'occuper de ~에 전념하다**

　Ne vous inquiétez pas; je vais m'occuper de ce problème.

내가 이 문제는 맡아서 할테니 걱정하지 마세요.

▌▌ odeur n.f. 냄새, 향기

ne pas être en odeur de sainteté auprès de quelqu'un ~의 신임을 받지 못하다
Va le voir toi: je ne suis pas en odeur de sainteté auprès de lui.
네가 그를 만나 보아라. 나는 그의 신임을 받지 못하고 있다.

▌▌ œil n.m. 눈

① **à l'œil 무료로**
Je n'avais pas d'argent, mais j'ai réussi à avoir un verre à l'œil.
나는 돈이 없었지만 공짜로 한잔 마시는 데 성공했다.

② **avoir à l'œil 엄중히 감시하다**
Ne faites pas de bêtises; je vous ai à l'œil.
엉뚱한 짓 마시오. 나는 당신을 엄중히 감시하고 있소.

③ **avoir les yeux plus gros que le ventre**
능력보다 야심이 크다, 먹는 양보다 많이 접시에 담다
En voulant occuper le pays d'à côté, ils avaient les yeux plus gros que le ventre.
이웃한 나라를 차지하려고 그들은 큰 야심을 품었다.

④ **ne pas avoir les yeux dans sa poche 집요하게 바라보다**
Cet enfant remarque tout; il n'a pas les yeux dans sa poche.
이 아이는 모든 것을 간파한다. 그는 집요하게 바라본다.

⑤ **ne pas avoir les yeux en face des trous 반쯤 잠들어 있는**
C'est trop tôt pour en parler; je n'ai pas les yeux en face destrous.
그 일을 이야기하기에는 너무 이르다. 나는 아직 완전히 깨지도 않았다.

⑥ **un œil au beurre noir 눈 언저리에 멍들다**
Il a eu un œil au beurre noir dans la bagarre.
그는 싸움에서 눈에 멍이 들었다.

▌▌ œuf n.m. 알, 계란

écraser (étouffer, tuer) dans l'œuf 초기에 막다
La police secrète a écrasé le complot dans l'œuf.
비밀경찰은 음모를 초기에 막았다.

office n.m. 직무, 사무소

① **d'office** 직무로, 자동적으로

Le secrétaire envoie cet imprimé d'office à tous les candidats.
비서는 모든 지원자에게 인쇄물을 자신의 직무로 보냈다.

② **faire office de** ~의 역할을 하다

Pendant son absence, vous ferez office de vice-président.
그의 부재시에 당신은 부회장 역할을 하게 된다.

oignon n.m. 양파

① **aux petits oignons** 아주 훌륭한

Elle a préparé un programme aux petits oignons.
그녀는 매우 훌륭한 프로그램을 준비했다.

② **Ce n'est pas mes oignons.**
그것은 내가 관여할 일이 아니다.

oiseau n.m. 새

comme l'oiseau sur la branche 지위가 안정되지 않은
Dans ce poste il était comme l'oiseau sur la branche.
그는 지위가 안정되지 않았다.

ombre n.f. 그늘

① **à l'ombre** 투옥된

Le chef des gangsters a été mis à l'ombre.
갱두목은 수감되었다.

② **une ombre au tableau** 난처한 일

La seule ombre au tableau, c'est la mévente du blé.
유일한 어려움은 밀을 밑지고 파는 것이다.

opérer 작동하다, 수술하다

① **opérer à chaud** 위급한 때에 수술하다

Il n'y avait pas de temps à perdre: il fallait opérer à chaud.
허비할 시간이 없었다. 다급하게 수술해야 했다.

② **opérer à froid** 흥분을 가라앉히고 행동하다, 열이 내린 후에 수술하다

프랑스어 관용어 ··· 261

Heureusement rien ne pressait, et ils pouvaient opérer à froid.
다행히 다급해할 상황이 아니어서, 그들은 흥분을 가라 앉히고 행동했다.

▌ optique n.f. 관점, 전망

dans l'optique de ~의 관점에서
Dans l'optique des jeunes, cette morale est périmée.
젊은이들의 시각으로 볼 때 이같은 도덕은 시대에 떨어진 것이다.

▌ ordinaire 보통의

à l'ordinaire (d'ordinaire) 일상적으로
Il rentre à midi et demi à l'ordinaire.
그는 일반적으로 낮 12시반에 돌아온다.

▌ ordre n.m. 명령, 질서

① **dans cet ordre de** ~와 동조하는, 같은 선(線)의

Il vaut mieux ne pas aller plus loin dans cet ordre d'idées.
이같은 생각을 너무 발전시키지 않는 것이 좋을 것 같다.

② **être (rentrer) dans l'ordre** ~의 통제를 받는

Rassurez-vous; tout est dans l'ordre maintenant.
안심하세요. 모든 것은 지금 통제되고 있습니다.

③ **l'ordre du jour** 의사일정, 오늘의 의제

Après cette discussion générale, nous allons passer à l'ordre du jour.
일반 토론이 끝나고, 우리는 오늘의 의제를 다루게 된다.

▌ oreille n.f. 귀

① **avoir de l'oreille** 음감이 정확하다

Puisque l'enfant a de l'oreille, on va lui faire prendre des leçons de chant,
어린이는 음감이 뛰어나서 노래공부를 하게 될 것이다.

② **casser (rebattre) les oreilles à** 잔소리를 퍼붓다

Cesse de me casser les oreilles avec tes questions incessantes.
내게 끊임없이 질문하며 잔소리하는 것을 좀 그만두어라.

où 어디에

par où 어디로
Nous n'avons pas vu par où ils sont partis.
그들이 어디로 떠났는지 우리는 보지 못했다.

ours n.m. 곰

un ours mal léché 세련되지 못한 사람
C'est un ours mal léché, mais il a bon cœur.
그는 세련되지는 못했지만 착한 마음을 갖고 있다.

ouvrir 열다

① **ouvrir le bal** 댄스를 시작하다, 말을 시작하다
Je vais faire une offre pour ouvrir le bal.
나는 대화를 시작하기 위해 제안을 하겠다.

② **s'ouvrir à** ~에게 관심을 갖다
Je regrette de m'être ouvert à ce bavard.
나는 이 수다장이에게 관심을 가진 것을 후회한다.

프랑스어
관용어

프랑스어 관용어

page n.f. 페이지
à la page 사정에 정통한 시대에 뒤떨어지지 않은
Malgré son isolement, elle réussissait à rester à la page.
그녀는 고립되어 있지만 시대에 뒤떨어지지 않고 있었다.

paille n.f. 짚, 밀짚
sur la paille 몹시 가난한
Autrefois cette famille était très riche, mais maintenant elle est sur la paille.
옛날에 이 가족은 부유했지만 지금은 몹시 가난하다.

pain n.m. 빵
① **au pain sec** 빵과 물만 주다, 벌을 주다
Pour punir l'enfant on l'a mis au pain sec.
어린이를 벌하려고 빵과 물만 주었다.
② **avoir du pain sur la planche** 해야할 일이 많다.
Je n'ai plus de temps libre en ce moment; j'ai du pain sur la planche.
나는 지금 해야할 일이 많아서 시간이 없다.
③ **C'est pain bénit!** 절호의 기회다.

paire n.f. 켤레, 쌍
C'est une autre paire de manches! 그건 전혀 다른 문제다.

■ **paix** n.f. 평화
Fiche-moi la paix! 나를 좀 내버려둬!

■ **panier** n.m. 바구니, 광주리
① **un panier de crabes** 서로 미워하며 헐뜯는 사람들
Le département d'histoire est un vrai panier de crabes, les professeurs sont toujours en train de se disputer.
역사학과는 교수들이 늘 싸우는, 서로 미워하는 집단이다.
② **un panier percé** 낭비가 심한 사람
Sa fille achère tout ce qu'elle voit; c'est un panier percé.
그의 딸은 보는 모든 것을 사는 낭비벽이 있다.

■ **panne** n.f. 고장
① **en panne** 고장이 난, ~이 부족한
L'ascenseur est en panne; prenez l'escalier.
승강기는 고장이 났으니 계단을 이용하세요.
J'ai remarqué que j'étais en panne de tabac.
나는 담배가 다 떨어졌다는 것을 알게 되었다.
② **en panne sèche** 연료부족에 따른 기관의 정지
Notre voiture est tombée en panne sèche en pleine campagne.
우리 차는 시골 한 가운데서 연료가 떨어졌다.

■ **papa** n.m. 아빠
à la papa 한가로이
Ils roulaient à la papa.
그들은 한가로이 차를 타고 다녔다.

■ **papier** n.m. 종이
① **Enlevez (ôtez, rayez) cela de vos papiers.**
그것은 기대하지 마시오.
② **de papier-mâché** 딱딱한 종이, 창백한 얼굴
Nous lui trouvions une mine de papier-mâché.
우리는 그의 얼굴이 창백한 것을 보곤했다.

par ~에 의해

① **par à-coups** 이따금 생각난 듯이, 발작적으로
   Le nonveau programme marche par à-coups.
   새 프로그램은 이따금 가동된다.

② **par ailleurs** 게다가, 달리
   Je le trouve très fatigué, mais par ailleurs agacé par notre sollicitude.
   나는 그가 매우 피곤하지만 우리의 걱정에 짜증이 나기도 했다고 생각한다.

③ **par-ci, par-là** 여기저기
   On voyait des feuilles mortes répandues par-ci, par-là.
   우리는 여기저기 흩어진 낙엽을 볼 수 있었다.

④ **par là même** 같은 이유로
   Ils sont pauvres, mais par là même ils n'ont rien à perdre.
   그들은 가난하고, 그렇기 때문에 잃을 것도 없다.

paraître 보이다, 나타나다

Il n'y paraît plus. 그것의 흔적이 없다.

par-dessus ~위에, ~를 넘어서

① **en avoir par-dessus la tête** ~이 지긋지긋하다
   J'en ai par-dessus la tête de cette publicité idiote.
   나는 이 멍청한 광고가 지긋지긋하다.

② **par-dessus le marché** 게다가, 더구나
   Il m'injurie et puis par-dessus le marché il veut que je m'excuse!
   그는 나를 모독한데다가 나의 사과까지 요구한다.

pareil 비슷한

C'est du pareil au méme. 마찬가지 이다.

parer 꾸미다, 장식하다

① **Parons au plus pressé.** 첫 번째 일을 우선하자.

② **se parer de** ~을 과시하다
   Il se pare du titre de comte.
   그는 백작이라는 지위를 과시한다.

parfum n.m. 향수

au parfum ~의 냄새를 맡고있다. 감을 잡다.
Je me demande si le chancelier est au parfum.
나는 혹시 대사관 관리는 감을 잡고 있는지 곰곰이 생각해 본다.

parler 말하다

① **parler chiffons 옷 이야기를 하다. 평범한 이야기를 주고 받다.**
Elles passent leur temps à parler chiffons.
그 여자들은 평범한 이야기로 시간을 보낸다.

② **parler de la pluie et du beau temps 이런저런 이야기를 하다**
En attendant son arrivée, nous avons parlé de la pluie et du beau temps.
그의 도착을 기다리며 우리는 이런저런 이야기를 했다.

③ **parler d'or 명언을 하다**
Après tant de discours creux, le sénateur a parlé d'or.
숱한 공허한 연설 뒤에 그 상원의원은 명언을 했다.

④ **parler français comme une vache espagnole. 프랑스어를 엉터리로 하다**
Malgré un long séjour, vous parlez toujours français comme une vache espagnole.
오랫동안 살았지만, 당신은 엉터리 프랑스어를 구사한다.

⑤ **Tu parles! 그걸 말이라고!**

⑥ **Voila qui est parlé! 말 잘했다.**

part n.f. 몫

① **à part 별도로, 다른 것과 떼어놓고**
A part sa famille, elle ne connaît personne ici.
그의 가족외에 그녀는 여기 아무도 모른다.

② **à part soi 마음속으로, 은밀히**
J'ai voté pour le projet de loi, mais a part moi je m'en défiais.
나는 그 법률안에지지 투표를 했지만, 속으로는 의심했다.

③ **avoir part au gâteau 이익을 보다**
Votre associé veut toujours avoir part au gâteau.
당신의 파트너는 늘 이익을 보기 원한다.

④ **C'est de la part de qui? (전화에서) 누구세요?**

⑤ **de la part de ~로 부터의, 대리로**

Voici un cadeau de la part du Marquis de Carabas.
여기 카라바 후작 (「장화신은 고양이」의 고양이 주인)으로 부터의 선물입니다.

⑥ **de part en part 통해서, 이쪽에서 저쪽으로 가로질러**

Le pauvre jeune homme tomba transpercé de part en part par l'épée de son adversaire.
가엾은 젊은이는 상대방의 칼에 찔려 쓰러졌다.

⑦ **faire la part du feu**

손실을 막다, 불길을 막기위해 구해낼 수 없는 것은 단념 하다.
Plutôt que de se plaindre, ils ont décidé de faire la part du feu.
불평하는 대신에 그들은 손실을 막기로 결정했다.

⑧ **faire part de ~을 알리다**

Nous voulons faire part du mariage de notre fils.
우리는 우리 아들의 결혼을 알리고자 합니다.

▌ parti n.m. 당파, 편견

le parti pris 편견
Je vous le dis sans parti pris; ils ne sont pas dignes de confiance.
당신께 편견없이 말씀드리는 것인데 그들은 믿을만한 사람들이 아닙니다.

▌ partie n.f. 부분, 게임, 파티

① **avoir partie liée avec ~와 밀접한 관계이다**

Le maire a partie liée avec le député.
시장은 그 국회의원과 가까운 사이다.

② **Ce n'est pas une partie de plaisir.**

그것은 놀이가 아니다. 힘든 일이다.

③ **Ce n'est que partie remise.**

연기되었을 뿐이다. 가까운 시일에 다시 하자.

④ **C'est ma partie. 그것은 내 전문분야이다.**

partir 떠나다

① **à partir de ~부터**

A partir d'aujourd'hui, je ne fume plus.
오늘부터 나는 담배를 피우지 않는다.
Cela part d'un bon cœur.
그 의도는 좋다.

② **(re) partir à zéro 처음부터 다시 시작하다.**

Après les élections, nous partirons à zéro.
선거 후에 우리는 처음부터 다시 시작하게 된다.

pas n.m. 발걸음

① **à pas comptés 느린 걸음으로**

Le cortège approchait lentement, à pas comptés.
행렬은 느린 걸음으로 천천히 다가왔다.

② **à pas de loup 살금살금**

Le cambrioleur s'approchait de la maison à pas de loup.
도둑은 살금살금 집으로 다가갔다.

③ **avoir le pas sur ~보다 상위에 서다**

Ce n'est pas la peine de briguer ce poste: elle a le pas sur vous.
이 자리를 차지하려고 술책을 쓸 필요없습니다. 그 여자가 당신보다 낫습니다.

④ **de ce pas ①이 속도로 ②즉시로, 곧**

De ce pas il nous faudra trois jours pour y arriver.
우리가 이 속도로 가면 거기 도착하기까지 사흘 걸릴 것이다.
Attends-moi; j'y vais de ce pas.
곧 갈테니 기다려라.

⑤ **un pas de clerc 큰 실수, 실책**

Voulant remédier à la situation, il fit plutôt un pas de clerc.
그는 상황을 개선하려다가 오히려 큰 실수를 했다.

passage n.m. 통로

① **au passage 지나는 길에**

Au passage, il nous a souhaité le bonjour.
지나는 길에 그는 우리에게 인사했다.

② **de passage** 지나가는, 일시 체제하는

Ils nous ont dit qu'ils n'étaient que de passage.
그들은 단지 지나가는 길이라고 우리에게 말했다.

▌ passe n.f. 통과

① **dans une bonne (mauvaise) passe** 영화를 누리고 있는 (역경에 빠진)

Vous devrez m'excuser pour l'instant; je suis dans une mauvaise passe.
당신은 지금 내게 사과해야 할 것입니다. 나는 난처한 상황에 처해 있습니다.

② **étre en passe de** ~할만한 상태에 있다. ~하려고 한다

Le syndicat est en passe de perdre tous les avantages qu'il a obtenus.
노조는 얻어온 모든 이점을 잃게 되었다.

▌ passer 지나가다

① **en passer par la (y passer)** ~을 감수하다

Résignez-vous; il faudra en passer par là.
체념하세요. 그것을 감수해야 합니다.

② **faire passer le goût du pain à** ~을 죽이다

Les complices du criminel lui ont fait passer le goût du pain.
범죄 공모자들이 그를 죽였다.

③ **Il faudra d'abord me passer sur le corps!**
나를 희생시키고 목적을 달성해라.

④ **J'en passe, et des meilleurs.**
가장 중요한 것들은 언급할 필요도 없다.

⑤ **passe encore (de)** ~하기만 해도 괜찮다

Passe encore d'être en retard, mais ne pas m'avoir même prévenu!
늦은 것은 괜찮은데 내게 알리지도 않다니!

⑥ **passer à tabac** 마구 때리다

La police l'a passé à tabac pour le faire parler.
경찰은 그를 말하게 하려고 마구 때렸다.

⑦ **passer au crible** 을 체로 치다

L'éditeur a passé le manuscrit au crible.
편집자는 원고를 선별했다.

⑧ **passer au fil de l'épée** ~을 학살하다

Pour ne pas avoir à les garder, ils ont passé tous les prisonniers au fil de l'épée.
그들은 포로들을 남겨두지 않기위해 모두 학살했다.

⑨ **passer comme une lettre à la poste 척척 진행되다**

Notre proposition a passé comme une lettre à la poste.
우리의 제안은 쉽게 받아들여졌다.

⑩ **passer de la pommade à ~에게 아첨하다.**

Pour se faire bien voir, il essaie de me passer de la pommade tout le temps.
그는 내게 잘 보이려고 늘 아부한다.

⑪ **passer en jugement 재판에 회부되다**

Vous devrez passer en jugement devant un jury.
당신은 재판에 회부되어야 할 것이다.

⑫ **passer la main 주도권을 포기하다**

Le vieil acteur a décidé enfin de passer la main.
나이든 배우는 마침내 주도권을 포기하기로 결정했다.

⑬ **passer la rampe 공전의 히트를 하다**

La nouvelle pièce, malgré ses défauts, passait la rampe.
새 연극은 결함에도 불구하고 크게 성공했다.

⑭ **passer l'arme à gauche 전사하다, 죽다**

Après une longue maladie, le père Michel a passé l'arme à gauche.
긴 투병생활 끝에 미셸 신부는 사망했다.

⑮ **passer par les armes 군법회의를 통해 총살당하다**

Le général a fait passer le traître par les armes.
장군은 배신자를 총살형에 처했다.

⑯ **passer une commande 주문을 하다**

Son gouvernement avait passé une importante commande d'avions militaires.
그의 정부는 상당량의 전투기를 주문했다.

⑰ **passer une faute (un caprice, etc.) 실수(변덕)을 용납하다**

Sa mère lui passe tous ses caprices.
그의 어머니는 그의 모든 변덕부리기를 용납한다.

⑱ **passer un film 영화를 상영하다**

Quel film passe-t-on au cinéma ce soir?
오늘저녁 영화관에서는 무슨 영화를 하니?

⑲ **passer un vêtement 옷을 급히 입다!**

Avant de sortir, elle a passé un pull.
외출하기 전에 그녀는 스웨터를 급히 입었다.

⑳ **se passer** ①지나가다 ②일이 발생하다

Les vacances se sont vite passées. 휴가는 빨리 지나갔다.
Qu'est-ce qui s'est passé ici? 여기, 무슨 일이니?

㉑ **se passer de ~없이 지내다**

Avec le temps, tu apprendras à te passer de mon aide.
시간을 갖고, 나의 도움없이 지내는 것을 배우도록 해라.

▌ patte n.f. 짐승의 발

faire patte de velours 고양이가 발톱을 감추다
Afin de calmer les craintes des employés, le directeur a fait patte de velours.
직원들의 우려를 진정시키려고 사장은 발톱을 감추었다.

▌ pavé 도로가 포장된

① **C'est le pavé de l'ours.** 호의는 고맙지만 오히려 난처하다.
② **sur le pavé** 거리를 헤메는, 실업자인

Pendant la Dépression, beaucoup de gens se sont trouvés sur le pavé du jour au lendemain.
경제 공황때 많은 사람들이 하루하루 거리를 헤맸다.

▌ pavois n.m. 뱃전의 갑판위로 내민 현장

élever (hisser) sur le pavois 크게 칭찬하다. 높은 지위를 갖게 하다
Les révolutionnaires élevaient Robespierre sur le pavois alors.
혁명가담자들은 로베스 피에르에게 높은 지위를 부여했다.

▌ payer 지불하다.

① **être payé pour le savoir** 쓰라린 경험을 통해 알게되다.

La concurrence est acharnée, je suis payé pour le savoir.
경쟁이 치열했고, 나는 힘들게 그것을 알게 되었다.
pencher 기울다

② **ne pas payer de mine** 외모가 눈에 띄지않다

Le restaurant ne payait pas de mine, mais les repas y étaient excellents.

레스토랑은 외관이 뛰어나지는 않지만 음식은 훌륭했다.

③ **payer de sa personne 위험을 무릅쓰다, 직분을 다하다**

Quant à notre succès, je l'ai payé de ma personne.
우리의 성공에 있어서 나는 모든 노력을 경주했다.

④ **payer en monnaie de singe 말로만 얼렁뚱땅 때우다**

Il m'a payé tous mes services en monnaie de singe.
그는 내 모든 서비스에 대해 말로만 때웠다.

⑤ **payer les pots cassés 손해를 보상하다**

Ce sont toujours les innocents qui payent les pots cassés.
항상 무고한 사람들이 손해배상을 한다.

⑥ **payer les violons 유흥비를 부담하다**

Ton ami s'est bien amusé, maintenant c'est toi qui dois payer les violons.
네 친구가 잘 놀았으니, 이제 네가 돈을 내야한다.

⑦ **payer rubis sur l'ongle 즉석에서 지불하다**

Ce client n'aime pas avoir des dettes; il paie toujours rubis sur l'ongle.
이 고객은 빚지는 것을 싫어해서 늘 즉석에서 지불한다.

⑧ **se payer ~에 돈을 쓰다**

Nous ne pouvons pas nous payer le luxe d'une seconde voiture.
우리는 두 번째 차를 사는 사치를 할 수가 없다. hogang and
Si on se payait un bon repas?
우리 좋은 식사를 하는 것은 어떨까?

⑨ **se payer de 말로 회유당하다**

Il ne voulait plus se payer de belles paroles; il voulait des actes.
그는 행동을 원하는 것이었지 더 이상 말로 속기를 원하지 않았다.

⑩ **se payer la tête de ~을 놀리다**

Est-ce que tu te paies ma tête avec ces histoires stupides?
너는 그 멍청한 이야기로 나를 놀리니?

🇧🇪 **pays** n.m. **나라, 지방**

en pays de connaissance 친근한 분야
Quand je fais des maths je me sens en pays de connaissance.
수학을 할 때 나는 친근한 영역이라고 느낀다. illomposibneg

peau n.f. 가죽, 피부

faire peau neuve 허물을 벗다, 새 사람이 되다
En sortant de prison, il a résolu de faire peau neuve.
감옥을 나서며 그는 새 사람이 되기로 했다.

peine n.f. 수고, 노력

① **à peine** 겨우, 막
　Cette famille a à peine de quoi vivre depuis la mort du père.
　이 가족은 아버지의 죽음 이후 가까스로 살고 있다.

② **de la peine perdue sur** 쓸데없는
　Votre effort d'être gentil, c'est de la peine perdue sur ces gens-la.
　친절하게 대하려는 당신의 노력은 저 사람들에게는 쓸데없는 일이다.

③ **faire de la peine à quelqu'un** ~을 가슴 아프게 하다
　Cela m'a fait de la peine de la voir partir si tôt.
　그녀가 그렇게 일찍 떠나는 것을 보고 나는 가슴이 아팠다.

pencher 기울다

① **faire pencher la balance** ~을 유리하게 하다
　Son allocution a fait pencher la balance en notre faveur.
　그의 연설은 우리 쪽을 유리하게 했다.

② **se pencher sur** ~에 각별한 관심을 기울이다
　Le gouvernement va se pencher sur ce problème.
　정부는 이 문제에 각별한 관심을 기울이게 된다.

pendre 걸다. 매달다

① **Ça lui pendait au nez.** 불행이 코앞에 닥쳤다.
② **pendre la crémaillère** 집들이 하다
　Une fois emménagés, ils ont invité tous leurs amis à pendre la crémaillère.
　이사하고, 그들은 집들이에 친구들을 모두 초대했다.

penser 생각하다

Penses-tu! (Pensez-vous!) 전혀! 천만에
Tu penses! (Vous pensez!) 물론!

■ **pente** n.f. 경사

① **Il est sur la pente savonneuse.**
어쩔 수 없이 나쁜 일에 끌려들어가다.

② **sur la bonne (la mauvaise) pente** 바른길로 가다
Je crois que si vous faites ainsi, vous êtes sur la bonne pente.
당신이 그렇게 하신다면 나는 당신이 바른 길로 가고 있다고 생각합니다.

■ **perdre** 잃다.

① **à ses heures (moments) perdu(e)s** 여가 시간에
Cet homme politique est peintre à ses heures perdues.
이 정치인은 여가 시간에 그림을 그린다.

② **J'y perds mon latin.** 나는 전혀 못알아 듣겠다. artbnagatiol

③ **perdre la boule (le nord, pied)** 0217 C
Il se conduit de façon bizarre; je crois qu'il a perdu la boule.
그는 이상한 행동을 한다. 나는 그가 돌았다고 생각한다.

④ **perdre la main (le coup de main)** 솜씨가 떨어지다
Le vieil artisan semblait avoir perdu la main.
나이든 장인은 전보다 솜씨가 떨어진 것 같다.

⑤ **perdre de vue** 못보게 되다, 교제가 끊기다
Essayez de ne pas perdre de vue vos vieux amis.
당신의 옛 친구들과 교제가 끊기지 않도록 하세요.

⑥ **perdre sa salive** 쓸데없이 수다떨다
N'essaie pas de discuter avec eux; tu y perds ta salive.
너는 쓸데없이 수다만 떨게되니 그들과 토론하려 하지 마라.

⑦ **se perdre** 길을 잃다
Nous nous sommes perdus dans la forêt.
우리는 숲에서 길을 잃었다.

⑧ **s'y perdre** 뭐가 뭔지 알 수 없게 되다
L'intrigue de ce roman est si compliquée qu'on s'y perd.
이 소설의 줄거리는 너무 복잡해서 사람들은 뭐가 뭔지 알지 못한다.

⑨ **une balle perdue** 오발탄, 유탄
L'enfant a été frappé par une balle perdue.

어린이가 유탄에 맞았다.
⑩ **un pays perdu** 외진 고장, 벽지
Leur maison d'été se trouvait dans un pays perdu.
그들의 여름철 별장은 벽지에 있었다.

▌ péril n.m. 위험
Il n'y a pas péril en la demeure. 조금이라도 지체하면 위험하다.

▌ Pérou n.m. 페루
Ce n'est pas le Pérou. 그것은 대단한 것이 아니다.

▌ perspective n.f. 전망, 예상
en perspective 장래에
Il a une belle situation en perspective.
그는 좋은 직위를 갖게 될 것으로 예측된다.

▌ perte n.f. 손실.
① **à perte de vue** 까마득히, 끝없이
La vaste plaine s'étendait à perte de vue..
광활한 평원이 끝없이 펼쳐졌다.
② **avec perte et fracas** 난폭하게
On l'a mis à la porte avec perte et fracas.
그는 거칠게 쫓겨났다.
③ **en pure perte** 무익하게
Nous avons discuté avec eux tout ce temps en pure perte.
우리는 아무것도 얻을 것 없이 그들과 여지껏 토론만 했다.
④ **en perte de vitesse** 저조한 상태의
La carrière de cet auteur semble être en perte de vitesse.
이 배우의 경력은 지금 저조해 진 것 같다.
⑤ **une perte sèche** 보상될 길 없는 손해
Dans l'incendie de son magasin il a subi une perte sèche.
자기 집 화재로 그는 보상도 못받는 손해를 보았다.

▊▋ peser 무게가 나가다

① **peser le pour et le contre** 찬반 양론을 비교 검토하다

Avant d'agir, il faut peser le pour et le contre de la question.
행동하기 전에 그 문제의 찬반양론을 비교 검토해 보아야 한다.

② **tout bien pesé** 심사숙고한 후에

Tout bien pesé, je préfère rester ici.
나는 심사숙고 끝에 여기 머물기로 한다.

▊▋ petit 작은

① **à la petite semaine** 잠정적으로

Le gouvernement actuel pratique une politique à la petite semaine.
현 정부는 단기적인 미봉책을 실시한다.

② **à petit feu** 차츰차츰, 약한 불로

Tu me fais mourir à petit feu avec ton indécision.
너의 우유부단함이 조금씩 나를 죽이는구나.

Il faut faire cuire ce plat à petit feu.
이 요리는 약한 불로 익혀야 한다.

③ **au petit bonheur** 되는대로, 닥치는 대로

Il répondait aux questions du professeur au petit bonheur.
그는 선생님의 질문에 되는대로 대답했다.

④ **au petit jour** 해가 뜰 무렵에

Les ouvriers partent à la mine au petit jour.
노동자들은 해뜰 무렵에 광산으로 출발한다.

⑤ **au petit pied** 소규모로, 소형의

Son château était un Versailles au petit pied.
그의 저택은 소규모 베르사이유이다.

⑥ **Ce n'est pas de la petite bière!** 그것은 하찮은 일이 아니다.

⑦ **dans les petits papiers de** ~로 부터 존경을 받는, 호감을 사는

Il était évident que cet étudiant n'était pas dans les petits papiers du professeur.
이 학생이 선생님의 호감을 사지 못한 것은 분명했다.

⑧ **être aux petits soins pour** ~을 위해 세심한 배려를 하다

L'hôtesse était aux petits soins pour le ministre.
여주인은 장관에게 세심하게 배려했다.

⑨ **être dans ses petits souliers** 곤경에 빠진, 거북한

En écoutant leurs récriminations il était dans ses petits souliers.
그들의 비난을 들으며 그는 거북해했다.

⑩ **faire la petite bouche** 조금밖에 먹지 않다. 입맛이 까다롭다

Si tu as assez faim, tu ne feras pas la petite bouche devant ces tripes.
네가 시장하다면 트리프(소의 위장으로 만든 요리)를 앞에 두고 조금만 먹지는 않을 것이다.

⑪ **le petit coin** ①시골의 한적한 곳 ②화장실

Où est le petit coin? 화장실이 어디죠?

⑫ **le petit monde** 하류 사회, 아이들아.

Taisez-vous, le petit monde!
애들아 조용히 해라.

⑬ **Mon petit doigt me l'a dit.** 다 알고있어 (어른이 애에게 하는 말)

pétrin n.m. 밀가루 반죽통

dans le pétrin 난처한
Grâce à ta bêtise, nous voilà dans le pétrin!
너의 멍청한 짓 때문에 우리는 난처해졌다. 보았다

peu 조금, 거의 ~않게

① **à peu (de chose) près** 거의, 약

Nous avons mille dollars, à peu près.
우리는 약 천 달러 정도 있다.

② **d'ici peu (sous peu)** 머지않아

Vous recevrez ma réponse d'ici peu.
당신은 머지않아 나의 답을 받게 됩니다.

③ **peu après** 조금 후에

Peu après sa lettre d'adieu, il a disparu.
그의 작별편지 조금 뒤에 그는 사라졌다.

④ **peu importe** 거의 중요하지 않다.

Nous avons perdu leur adresse, mais peu importe.
우리는 그들의 주소를 잃어버렸지만 중요한 것은 아니다.

⑤ **peu s'en faut** 거의 ~이다. 자칫하면 ~할 뻔하다

Ils ont travaillé trente heures, ou peu s'en faut.
그들은 거의 30시간 동안 일했다.

⑥ **pour peu que 약간이라도 ~하면**

Pour peu que nous ayons un rayon de soleil, nous ferons notre pique-nique.
조금이라도 햇빛이 비치면 우리는 피크닉을 할 것이다.

⑦ **pour un peu 자칫하면**

Pour un peu je serais parti en claquant la porte.
자칫하면 나는 문을 쾅 닫고 떠날 뻔 했다. simmon

▌ peur n.f. 두려움

① **avoir peur de ~을 겁내다**

Le Petit Chaperon Rouge n'avait pas peur du loup.
빨간 모자 꼬마는 늑대를 두려워하지 않았다.

② **avoir une peur bleue 몹시 놀라다**

Il a eu une peur bleue en voyant le monstre devant lui.
그는 눈앞의 괴물을 보고 크게 놀랐다.

③ **faire peur à ~을 겁나게 하다**

Ce gros coup de tonnerre nous a fait peur.
큰 천둥소리는 우리를 겁나게 했다.

▌ phrase n.f. 문장

faire des phrases 미사여구를 쓰다
Au lieu de faire des phrases, tu devrais faire quelque chose.
화려하게 말하는 대신에 너는 무언가 해야할 것이다.

▌ pic n.m. 산봉우리

à pic ①수직으로 ②때마침
La falaise tombait à pic sur la mer.
낭떠러지는 바다로 수직으로 떨어지고 있었다.
Son offre d'aide tombait à pic.
그의 원조 제안이 때마침 있었다.

■ **pièce** n.f. 단편, 조각

faire pièce à 궁지에 몰아넣다, 방해하다
Il a demandé une interview à la télé pour faire pièce aux critiques de son adversaire.
그는 자신의 적을 궁지에 몰려고 TV인터뷰를 요청했다.

■ **pied** n.m. 발

① **à pied d'oeuvre** 일을 착수할 준비가 된, 공사현장에 있는
   Nous sommes à pied d'œuvre et le travail sera vite fait.
   우리는 일을 시작할 준비가 되어 있고 일은 빨리 끝날 것이다.
② **au pied levé** 준비없이, 즉석에서
   Le chanteur a pu remplacer son collègue au pied levé.
   그 가수는 준비없이 동료의 일을 대신해야 했다.
③ **Ça lui fera les pieds.**
   좋은 경험이 될 것이다. 따끔한 맛을 봤겠지.
④ **C'est le pied!** 대단하다!
⑤ **comme un pied** 바보처럼
   Ce garçon est gentil, mais il conduit comme un pied.
   이 소년은 착하지만 바보같이 행동한다.
⑥ **de pied ferme** 단단히 각오하고, 발을 굳게 버티고
   Les soldats attendaient l'ennemi de pied ferme.
   군인들은 각오를 단단히 하고 적을 기다렸다.
⑦ **faire des pieds et des mains** 모든 수단을 다하다
   Il a fait des pieds et des mains pour garder son poste.
   그는 자신의 지위를 유지하려고 모든 수단을 다 썼다.
⑧ **faire du pied à** ~의 발을 살짝 밟다 (비밀신호)
   Il lui faisait du pied sous la table.
   그는 탁자밑으로 그녀 발을 살짝 밟았다.
⑨ **faire le pied de grue** 꼼짝않고 오래 서서 기다리다
   Au lieu de nous rejoindre, il nous a laissé faire le pied de grue.
   우리와 합류하는 대신에 그는 우리를 오래 기다리게 했다.
⑩ **faire un pied de nez à** ~을 비웃다
   Le coquin s'est sauvé en me faisant un pied de nez.

그 망나니는 나를 비웃으며 달아났다.

⑪ **le pied marin**

흔들리는 배에서 자유로이 걷다, 난관에 처해도 침착함을 잃지 않다.

Il est Breton, fils de pêcheurs; il a le pied marin.

그는 어부의 아들인 브르타뉴 사람이라 흔들리는 배에서도 자유로이 걷는다.

⑫ **sur pied 일어서서, 준비를 갖춘**

Sa mère est sur pied dès le petit matin.

그의 어머니는 이른 아침부터 일어나 준비를 한다.

⑬ **sur un pied d'égalité 공평하게, 동등하게**

Elle peut lui parler sur un pied d'égalité,

그녀는 평등하게 그에게 말할 수 있다.

⑭ **un pied dans la place 문안에 발을 들여 놓다**

Maintenant que j'ai un pied dans la place, le reste sera facile.

이미 그 일에 발을 들여놓은 만큼 나머지는 쉬울 것이다.

▌▌ **pierre** n.f. **돌**

① **C'est une pierre dans mon jardin.**

나에 대한 간접적인 공격이다.

② **faire d'une pierre deux coups 일석이조(一石二鳥)**

Ce nouveau plan a l'avantage de faire d'une pierre deux coups.

새 계획은 일석이조의 이득이 있다.

③ **la pierre d'achoppement 뜻하지 않은 장애물**

L'accord des socialistes sera la pierre d'achoppement pour le passage du projet de loi.

사회주의자들의 합의가 법률안 통과에 있어서 장애물이 될 것이다.

④ **la pierre de touche 시금석(試金石)**

Le taux d'inflation sera la pierre de touche du succès de leur plan.

인플레 비율은 그들 계획의 시금석이 될 것이다.

▌▌ **pignon** n.m. **건물의 박공, 합각머리**

avoir pignon sur rue 제 집을 갖고 있다

Ils disent que la CIA a pignon sur rue en Pologne.

CIA는 폴란드에서 왕성한 활동을 하고 있다고 한다.

pile n.f. 화폐의 이면

① **à pile ou face** 앞이냐 뒤냐

Nous avons joué les consommations à pile ou face.
우리는 누가 술을 살지 정하는 게임을 했다.

② **Il est midi pile.** 지금은 낮 12시 정각이다.

piquer 찌르다, 찍다

① **faire piquer** 안락사시키다.

Nous avons dû faire piquer notre vieux chien.
우리는 우리의 늙은 개를 안락사 시켜야만 했다.

② **piquer du nez** ①곤두박질하다 ②몰두하다

L'avion a piqué du nez et s'est écrasé au sol.
비행기는 곤두박질해 땅에서 깨졌다.
Le vieillard piquait du nez sur son journal.
노인은 신문에 몰두해 있었다.

③ **piquer une colère** 갑자기 분노를 터뜨리다,

En apprenant qu'on l'avait trompé, il a piqué une colère monstre.
그는 속았다는 것을 알고는 엄청나게 화를 냈다.

④ **piquer un fard (un soleil)** 얼굴이 붉어지다

Il a piqué un fard en parlant à la belle fille.
그는 예쁜 아가씨에게 이야기하며 얼굴이 붉어졌다.

⑤ **piquer un roupillon (un somme)** 잠깐 졸다, 한숨 자다

Je vais piquer un roupillon avant dîner.
나는 저녁 먹기전에 한숨 자겠다.

⑥ **se piquer de** ~를 자부하다, 뽐내다

Il se piquait d'être un connaisseur de vins.
그는 포도주에 대한 지식을 과시했다.

place n.f. 위치, 자리

① **les gens en place** 영향력있는 사람들

Tu ne pourras jamais faire cela sans l'aide des gens en place.
너는 영향력이 있는 사람들의 도움이 없이는 절대로 그 일을 할 수 없을 것이다.

② **sur place** 그 자리에서
Nous lui avons demandé de faire la réparation sur place.
우리는 그에게 그 자리에서 바로 수리해 달라고 했다.

plaire ~의 마음에 들다

① **A Dieu ne plaise!**
설마 그럴리가! 당치않은 일이다.
② **Plaît-il?** 뭐라고 하셨습니까? 다시 한번 말씀해 주십시오.
③ **se plaire (dans un endroit)** (어느 곳에) 만족해하다
Nous nous plaisons beaucoup à Paris.
우리는 파리에서 몹시 만족해 하고 있다.
④ **se plaire à** ~하기를 좋아하다
Elle se plaît tout critiquer.
그녀는 모든 것을 비판하기를 좋아한다.

plaisanterie n.f. 농담

① **comprendre (entendre) la plaisanterie** 농담을 알아 듣다.
Attention à ce que vous dites; ce gros type ne comprend pas la plaisanterie.
이 뚱뚱한 친구는 농담을 알아듣지 못하니 하는 말에 주의하세요.
② **une plaisanterie de corps de garde** 음큼한 농담을 하다
Il avait le toupet de dire des plaisanterie de corps de garde au pasteur.
그는 뻔뻔스럽게도 음큼한 농담을 목사에게 했다.

plaisir n.m. 기쁨

à plaisir 재미로, 과장되게, 짐짓
Elle se tourmente à plaisir.
그녀는 지나치게 고민한다.

plan n.m. 평면, 계획

en plan 그 자리에 버려둔
Malgré ses promesses, il nous a laissés en plan.
그의 약속과 달리 그는 우리를 버려두었다.

planche n.f, 판자

faire la planche 누운 자세로 몸을 띄우다
Pour se reposer en nageant, elle faisait la planche de temps en temps.
수영하면서 쉬려고 그녀는 이따금 누운 자세로 몸을 띄웠다.

plancher 마루 바닥

le plancher des vaches 육지
Les marins avaient perdu l'espoir de retrouver le plancher des vaches.
선원들은 육지를 되찾을 희망을 잃어버렸었다.

planter 나무를 심다

planter la 버리고 가다
Fatiguée de ses caprices, elle l'a planté là.
그의 변덕에 지쳐서 그녀는 그를 버리고 떠났다.

plat 평평한 오다

① **à plat** 기진맥진한

   Je n'en peux plus; je suis à plat.
   나는 기진맥진해서 더 이상은 못하겠다.

② **à plat ventre** 넙죽 엎드려

   Les enfants étaient couchés à plat ventre.
   어린이들은 바닥에 엎드려 있었다.

③ **faire du plat** ~에게 아부하다

   Le garçon à du café faisait du plat à une dame.
   카페의 웨이터는 어느 부인에게 아첨을 했다.

plat n.m. 접시

faire (tout) un plat de ~에 대해 지루하게 늘어놓다
Elle a fait un plat du prix de sa chambre.
그녀는 방값에 대해 지루하게 늘어 놓았다. 우

▌▎plein 가득 찬

① **à plein 완전히 가득**

   Il respirait à plein l'air de la campagne.
   그는 시골의 공기를 충만하게 호흡했다.

② **à pleins bords 철철 넘치도록, 가득히**

   Elle goûtait son bonheur à pleins bords.
   그녀는 자신의 행복을 넘치도록 만끽했다.

③ **de plein fouet 수직으로**

   Leur voiture a été frappée de plein fouet.
   그들의 차는 수직으로 떨어졌다.

④ **Donnez pleins gaz! 급히 서두르시오.**

⑤ **en plein ~의 한복판에**

   Nous mangeons des tomates maintenant en plein hiver.
   우리는 지금 한 겨울에 토마토를 먹는다.

⑥ **en plein air (vent, soleil) 야외에서**

   Ils ont monté le spectacle en plein air.
   그들은 야외에서 공연을 했다.

⑦ **en pleine forme 컨디션이 좋은**

   Elle se sent en pleine forme maintenant.
   그녀는 지금 컨디션이 아주 좋다고 스스로 느낀다.

⑧ **en pleine mer 외양(外), 공해(公海)**

   Elle s'est aventurée en pleine mer dans une petite barque.
   그녀는 작은 배로 먼 바다까지 모험에 나섰다
   La bataille a eu lieu en pleine mer. 전투는 공해에서 일어났다.

⑨ **plein à craquer 터질 듯이 가득찬**

   Prenez un autre sac; celui-ci est plein à craquer.
   이 가방은 터질 듯하니 다른 것을 쓰시오.

⑩ **plein de ~가 많은**

   Demande-lui; il a plein d'argent.
   그가 돈이 많으니 그에게 부탁해라.

⑪ **faire le plein 가득 채우다**

   On s'est arrêtés à une station service pour faire le plein.
   우리는 연료를 채우려고 주유소에 섰다.

pleurer 울다

pleurer comme un veau (comme une vache, comme une Madeleine, à chaudes larmes)
목을 놓아 엉엉 울다
En voyant ce film, j'ai pleuré comme un veau
이 영화를 보며 나는 엉엉 울었다.

pleuvoir 비가 오다

① **Il pleut à seaux (à verse, à flots).**
비가 억수로 쏟아지다.

② **qu'il pleuve ou qu'il vente 날씨에 상관없이**
Nous irons au match qu'il pleuve ou qu'il vente.
우리는 날씨에 상관없이 경기장에 간다.

pli n.m. 주름, 기복

Cela ne fait pas un pli. 그 일은 아주 쉽게 될 것이다.

plier 접다, 포개다

① **plier bagage 짐을 싸다**
Plions bagage avant que le propriétaire arrive.
주인이 오기 전에 짐을 싸서 떠나자.

② **se plier à ~에게 복종하다**
Il s'est vite plié à la discipline militaire.
그는 군대의 규율에 빨리 순응했다.

plomb n.m. 납

① **à plomb 수직으로**
Le soleil tombait à plomb sur le désert.
사막에 햇빛이 수직으로 내리쬐고 있었다.

② **avoir du plomb dans l'aile 새가 날개를 다치다, 중태에 빠지다**
Il continue à travailler, mais on sent bien qu'il a du plomb dans l'aile.
그는 일을 계속하기는 하지만 사람들은 그의 상태가 좋지 않다고 느끼고 있다.

③ **n'avoir pas de plomb dans la cervelle (la téte) 몹시 경솔하다**
Cette actrice est jolie mais elle n'a pas de plomb dans la cervelle.

이 배우는 예쁘지만 경솔하게 군다.mai

▋ pluie n.f. 비

faire la pluie et le beau temps 제 마음대로 하다
C'est lui qui fait la pluie et le beau temps dans l'entreprise.
그 사람이 기업을 마음대로 움직인다.

▋ plus 더 많이

① **avoir plus d'un tour dans son sac** 여러 가지 수를 갖고 있다. 능수능란 하다
Vous croyez l'avoir pris, mais il a plus d'un tour dans son sac.
당신은 그를 장악했다고 생각하지만 그는 능란한 사람입니다.

② **de plus** 게다가
Un mot de plus et je sors.
한마디만 더 하면 나는 간다.
Elle a pris tout notre argent; de plus, elle a emporté une bonne partie de nos meubles.
그녀는 우리 돈을 전부 차지하고 게다가 우리들 가구의 대부분도 가져갔다.

③ **en plus de** ~외에도
En plus de son travail, elle garde des enfants.
자신의 일외에 그녀는 아이들도 본다.

④ **de plus en plus** 점점 더
Nous gagnons de plus en plus d'argent.
우리는 점점 더 많은 돈을 번다.

⑤ **Il n'y en a pas plus que de beurre en broche.**
정말 희한한 일이다.

⑥ **sans plus** 단지 그뿐
Il a été correct sans plus.g
그는 단지 예의 바를 뿐이었다.

▋ pocher 달걀을 깨넣다

pocher l'oeilà quelqu'un ~의 눈을 때려 멍들게 하다.
Quand il m'a insulté je lui ai poché l'oeil.
그가 내게 모욕을 하자 나는 그를 때려서 눈에 멍이 들게 했다.

■ **poids** n.m. **무게**

faire le poids 역량을 지니다. 부족량을 보태다

Le nouveau directeur ne faisait pas le poids dans ces circonstances difficiles,
새 사장은 어려운 상황을 타개할 능력이 없었다.

■ **poil** n.m. **털**

① **à poil 벌거숭이로**

Trouvant un coin isolé, ils se sont baignés à poil.
외딴 곳을 찾아 그들은 발가벗고 수영을 했다. Joraulg

② **à un poil près 아슬아슬하게**

Il a été reçu à l'examen à un poil près.
그는 아슬아슬하게 시험에 합격했다.

A un poil près, on avait un accident.
자칫했으면 우리는 사고가 날 뻔했다.

③ **au poil 훌륭한, 꼭 알맞은**

On a mangé un repas au poil dans ce bistrot.
우리는 이 카페에서 멋진 식사를 했다.

④ **avoir un poil dans la main 아주 게으르다**

Ton neveu ne fait rien; il a un poil dans la main.
너의 조카는 아주 게을러서 아무 것도 하지 않는다.

⑤ **de bon (mauvais) poil 기분이 좋은 (나쁜)**

Ne lui parle même pas; il est de mauvais poil ce matin.
그는 오늘 아침에 기분이 좋지 않으니 그에게 말하지 마라.

■ **point** n.m. **점, 포인트**

① **à point 반쯤 익힌(bien cuit와 saignant의 중간)**

J'ai commandé un steak à point.
나는 반쯤 익힌 스테이크를 주문했다.

② **à point (nommé) 때마침**

Son chèque est arrivé à point.
그의 수표가 때마침 도착했다.

③ **au point 좋은 상태인**

Sa nouvelle machine est au point maintenant.

그의 새 기계는 지금 상태가 좋다.

④ **au point du jour 새벽에**

Les chasseurs se sont levés au point du jour.
사냥꾼들은 새벽에 일어났다.

⑤ **au point mort 중립위치에, 정지된**

Laissez la voiture au point mort.
차를 중립 상태로 놓아 두세요.
Le commerce était au point mort. 사업은 정지된 상태였다.

⑥ **faire le point 현상을 명확히 하다**

La commission a fait le point de la situation.
위원회는 상황을 명확히 파악했다.

⑦ **sur le point de ~하려는 참인**

J'étais sur le point de partir quand il est arrivé.
그가 도착했을 때 나는 떠나려 하고 있었다.

▌▎ pointe n.f. 첨단, 피크

① **à la pointe 첨단을 걷는**

Cet institut est à la pointe des recherches sur le cancer.
이 연구소는 암 연구에 있어서 첨단을 걷고 있다.

② **de pointe 최첨단의**

Cet appareil utilise une technologie de pointe.
이 기계는 최첨단 기술을 이용한다.

③ **sur la pointe des pieds**

Sa mère est entrée dans sa chambre sur la pointe des pieds.
그의 어머니는 발끝으로 그의 방에 들어섰다.

▌▎ poire n.f. 배(과일)

entre la poire et le fromage 식사가 끝날 무렵에
Les deux avocats se sont mis d'accord entre la poire et le fromage.
두 변호사는 식사가 끝날 때쯤에 합의에 이르렀다.

▌▎ poission n.m. 물고기

Poission d'avril! 만우절에 속는 사람

pomme n.f. 사과

la pomme de discorde 불화의 씨

Le salaire est la pomme de discorde dans leurs négociations.
임금은 그들의 협상에서 불화의 씨이다.

pont n.m. 교량

① **faire le pont** 연휴를 만들다

Ils ont fait le pont du jeudi premier mai jusqu'au weekend.
그들은 5월 1일 목요일부터 연휴로 했다.

② **faire un pont d'or à** ~에게 임무수행을 위한 큰 돈을 주다

La société lui a fait un pont d'or pour qu'il accepte le poste.
회사는 그가 그 직위를 수락하도록 큰 돈을 주었다.

portée n.f. 사정거리, 힘이 미치는 범위

① **à la portée de** ~이 미치는 곳에

Ne mettez pas ces produits chimiques à la portée des enfants.
이 화학제품을 아이들 손이 닿는 곳에 두지 마세요.

② **à portée de la main** 손이 닿는 곳에

Je n'ai pas votre livre à portée de la main.
나는 손이 닿는 곳에 당신 책을 갖고 있지 않습니다.

porter 갖고 가다

① **être porté à** 당연히 ~하게 되다

Nous ne sommes pas portés à croire tout ce pu'il dit.
우리는 그가 한 말을 자연히 다 믿게 되지는 않았다.

② **il n'est pas bien porté de** 적당하다고 여겨지지 않다

Il n'est pas bien porté de se moucher sur sa manche.
소매에 코를 푸는 것은 적절하지 않다.

③ **porter atteinte à** ~에 미치다

Cette nouvelle loi porte atteinte à la liberté de la presse.
새 법은 언론자유에 영향을 끼친다.

④ **porter aux nues** 격찬하다

Ils ont porté aux nues la cuisine du nouveau chef.
그들은 새 주방장의 요리에 격찬을 했다.

⑤ **porter de l'eau à la rivière** 헛된 일을 하다

Ouvrir un autre restaurant ici, c'est porter de l'eau à la rivière.
여기에 또다른 식당을 여는 것은 헛된 일이다.

⑥ **porter la main sur** ~을 때리다

Vous n'oseriez pas porter la main sur votre père!
당신은 당신 아버지를 때릴 수는 없을 것이다.

⑦ **porter le chapeau de** 책임을 지다

On lui a fait porter le chapeau de la défaite.
그는 패배의 책임을 져야했다.

⑧ **porter plainte** ~을 상대로 소송을 제기하다

Je vais porter plainte contre cet escroc.
나는 이 사기꾼을 제소하겠다.

⑨ **porter sur** 압력을 가하다

Ils ont fait porter tous leurs efforts sur la reconstrucion.
그들은 그들의 모든 노력을 재건을 위해 경주하게 했다.

⑩ **se faire porter pale** 병이 낫다고 신고하다, 꾀병부리다

Ce soldat se fait souvent porter pâle. 이 사병은 자주 병고(故)로 신고한다.

⑪ **se porter acquéreur (candidat, etc.)** 구매자(후보자)로 나서다

Il s'est porté acquéreur du tableau. 그는 이 그림의 구매자로 나섰다.

⑫ **se porter bien (mal)** 건강상태가 좋다(나쁘다)

Depuis son accident il ne se porte plus aussi bien.
사고 이후 그는 건강상태가 그다지 좋지 않다.

⑬ **se porter comme un charme (comme le Pont-neuf)** 마법에 걸린 듯이 건강하다

Depuis son opération elle se porte comme un charme.
수술 이후, 그녀는 마법에 걸린 듯이 건강하다.

portion n.f. 부분, 몫

à la portion congrue 간신히 먹고 살만한 수입으로
Ils ont été réduits à la portion congrue.
그들은 극히 빈약한 수준으로 축소되었다.

portrait n.m. 초상화

le portrait craché (tout le portrait) de ~를 빼닮은

Cet enfant est le portrait craché de sa mère.
이 아이는 자기 어머니를 빼닮았다.

poser 놓다

① **poser pour la galerie** 갈채를 받으려 하다

Ce qu'il dit n'est pas sincère; il pose pour la galerie.
그가 하는 말은 갈채를 받으려는 것이지 진실된 것이 아니다.

② **poser un lapin à quelqu'un** 바람맞히다

Je t'ai attendu longtemps, mais il m'a posé un lapin.
나는 그를 오래 기다렸지만 그는 바람을 맞혔다.

③ **se poser** 착륙하다

L'avion endommagé s'est posé sans incident.
손상이 간 비행기는 무사히 착륙했다.

④ **se poser en** ~를 자처하다

Pour attirer la pitié, il se pose toujours en victime.
동정심을 끌어내려고 그는 늘 피해자임을 내세운다.

possible 가능한

① **au possible** 무척, 극도로

Il est gentil au possible.
그는 매우 사람이 좋다.

② **faire (tout) son possible** 최선을 다하다

Elle a fait son possible pour arriver à l'heure.
그는 시간을 맞추려고 최선을 다했다.

③ **Pas possible!** 설마 그럴 리가!

pot n.m. 단지, 항아리

① **avoir du pot** 운이 좋다

J'ai raté l'épreuve de conduite; je n'ai pas eu de pot.
운전면허 시험에 떨어졌다. 나는 운이 없다.

② **boire (prendre) un pot** 술을 마시다

Allons prendre un pot ensemble au café.
카페에 가서 술 한잔 하자.

③ **un pot de vin** 뇌물

Tout le monde savait que ce fonctionnaire acceptait des pots de vin.
이 공무원이 뇌물수수한 것은 모두가 알고 있다.

▊▊ pouce n.m. 엄지 손가락

① **(Dis) pouce!** (놀이를) 그만두자! 휴전!

② **et le pouce** 그밖에 약간

Il pèse cent kilos et le pouce!
그는 100킬로 하고 약간 더 무게가 나간다.

▊▊ poule n.f. 암탉

① **C'est une poule mouillée.** 그는 겁쟁이다.

② **quand les poules auront des dents** 해가 서쪽에서 뜰 때

Il me rendra mon argent quand les poules auront des dents.
그는 해가 서쪽에서 뜰 때에나 내 돈을 돌려줄 것이다.

▊▊ pour ~를 위하여

① **en avoir pour** 시간이 ~걸리다

Nous en avons pour une demi-heure à faire ce travail.
우리가 이 일을 하는데 30분 걸린다.

② **en avoir pour son argent** 돈의 가치만큼 얻다

Je ne regrette pas d'y être allé; j'en ai eu pour mon argent.
나는 거기 간 것을 후회하지 않는다. 들인 비용만큼의 가치가 있었다.

③ **en être pour** ~만 허비하고 말다

Ils m'ont trompé et j'en suis pour mon argent.
그들은 나를 속였고 나는 돈만 날렸다.

④ **pour ainsi dire** 말하자면

Il n'a pour ainsi dire rien fait de ce qu'on lui avait demandeé.
말하자면 그는 부탁받은 것을 전혀 하지 않았다.

⑤ **pour de bon** 정말로

Est-ce que vous nous quittez pour de bon, alors?
정말로 우리를 떠나시는 건가요?

⑥ **pour en finir** 간단히 말해
   Pour en finir, nous n'avons pas eu de succès.
   간단히 말해 우리는 성공하지 못했다.

⑦ **pour~que** 아무리 ~해도
   Pour important qu'il soit, on le traitera comme les autres.
   그가 아무리 중요해도 우리는 그를 남들처럼 취급할 것이다.

⑧ **pour un oui, pour un non** 사소한 일로, 공연히
   Ils sont toujours prêts à se battre pour un oui, pour un non.
   그들은 늘 사소한 일로 싸우려 한다.

▌ pousser 밀다

① **faire pousser (des plantes, etc.)** 식물을 자라게 하다
   Je fais pousser des haricots dans mon jardin cette année.
   나는 금년에 정원에 강낭콩을 키운다.

② **pousser à la roue** 바퀴를 밀어주다, 도와주다
   Quand nous avons besoin d'aide, il sait pousser à la roue.
   우리가 도움이 필요할 때 그는 도와줄 줄 알았다.

③ **pousser dans ses derniers retranchements** ~를 찍소리 못하게 하다
   Ses concurrents ont réussi à le pousser dans ses derniers retranchements.
   그의 경쟁자들은 그를 궁지에 몰아 넣는데 성공했다.

④ **pousser quelqu'un about** ~의 인내력의 한계까지 몰고 가다
   Il a fini par me pousser à bout par son insistance.
   그는 자신의 주장으로 나를 인내의 한계까지 몰고 갔다.

⑤ **se pousser** 진출하다, 출세하다
   Ce jeune homme ambitieux se pousser dans le monde.
   이 야심찬 젊은이는 출세하고 있다.
   Pousse-toi; je veux m'asseoir.
   좀 비켜라 나는 앉고 싶다.

▌ poussière n.f. 먼지

et des poussières 그리고 약간 더
Cela vous coûtera mille francs et des poussières.
그것은 값이 1천 프랑하고 약간 더 되는 정도일 것입니다.

▮ pouvoir 가능하다

① **il se peut que ~일 것 같다(+접속법)**

Il se peut qu'ils soient déjà partis.
그들은 이미 떠난 것 같다.

② **n'en pouvoir mais 어찌할 도리가 없다**

J'aurais voulu l'aider, mais j'avoue que je n'en peux mais.
나는 그를 돕고 싶었지만 어쩔 도리가 없었다.

③ **n'en pouvoir plus 기진 맥진하다**

J'y renonce; je n'en peux plus. 나는 너무 지쳐서 그만두겠다.

④ **ne pas pouvoir sentir (souffrir) quelqu'un,**
  ne pouvoir voir quelqu'un en peinture~
  ~를 참고 볼 수 없다

Je n'ai pas vu ce film parce que je ne peux pas sentir l'acteur principal.
나는 그 영화의 주연배우를 참고 보아줄 수 없어서 그 영화를 보지 않았다.

⑤ **on ne peut plus 더할 바 없이 ~한**

Cette méthode est on ne peut plus simple.
이 방법은 더할 바 없이 단순하다.

▮ prêcher 훈계하다

① **prêcher dans le désert 반응없는 설교를 하다**

Parler raison à ces adolescents, c'est prêcher le désert.
이 청소년들을 타이르는 것은 반응없는 설교이다.

② **prêcher d'exemple 솔선수범하다**

Pour prêcher d'exemple, l'offcier s'élança vers les lignes ennemies.
솔선수범하여 장교는 적진으로 돌진했다.

③ **prêcher pour son saint 자신의 이익을 도모하다**

Dans cette commission, chaque député prêche pour son saint.
이 위원회에서 국회의원 각자는 자신의 이익을 도모한다.

▮ premier 첫 번째의

① **à la première heure 아침 일찍**

Je le ferai demain à la première heure.

나는 그것을 내일 아침 일찍 하겠다.

② **au premier abord** 첫눈에

Au premier abord la maison paraissait trop petite.
첫 눈에 그 집은 너무 작아 보였다.

③ **au premier chef** 제일, 가장

Ce projet s'impose au premier chef.
이 계획이 최우선적으로 필요하다.

④ **de premier ordre** 일류의

Son nouveau secrétaire est de premier ordre.
그의 새 비서는 톱 클래스이다.

⑤ **du premier jet** 단번에, 첫눈에

Il a réussi son poème du premier jet, contre toute attente.
그는 모든 예상과 달리 자신의 첫 번째 시에서 성공했다.

⑥ **faire ses premières armes** 첫 출전하다, 데뷔하다

Il faisait ses premières armes dans le commerce. 그는 업계에 처음으로 진출했다.

⑦ **le premier venu** 첫 번째 만나는 일, 사랑

Elle a accepté la première situation venue.
그는 처음 만난 일자리를 수락했다.

prendre 잡다. 취하다

① **à tout prendre** 모든 것을 따져보면, 결국

A tout prendre, nous l'avons échappé belle dans cette affaire.
결국 우리는 이 일에서 간신히 빠져나온 것이다.

② **en prendre à son aise** 자기가 좋은 대로하다

Quoi qu'on lui dise, il n'en prend qu'à son aise.
사람들이 뭐라고 하든지 그는 자기가 좋은대로 한다.

③ **en prendre de la graine** 누군가의 예를 따르다

Votre sœur a réussi; prenez-en de la graine.
당신의 누이는 성공했으니 그 본을 받으세요.

④ **en prendre pour son grade** 호되게 질책당하다

L'élève qui avait triché en a pris pour son grade.
부정행위를 한 학생은 호되게 야단맞았다.

⑤ **être pris** 스케줄이 있다

Je ne peux pas déjeuner avec vous; je suis pris.
나는 약속이 있어서 당신과 같이 식사할 수 없습니다.

⑥ **faire prendre des vessies pour des lanternes** 엉뚱한 착오를 하다

Ne le croyez pas; il veut nous faire prendre des vessies pour des lanternes.
그를 믿지 마세요. 그는 우리가 어리석은 실수 하기를 바랍니다.

⑦ **le prendre de haut** 거만하게 굴다

Si vous allez le prendre de haut, je ne vais plus rien dire.
당신이 거만하게 나오면 나는 더 이상 말하지 않겠소

⑧ **ne pas prendre de gants** 세심한 주의를 하지 않다

Il n'a pas pris de gants pour leur dire ce qu'il pensait.
그는 그들에게 생각한 바를 바로 이야기했다.

⑨ **prendre à partie** ~의 책임을 묻다, ~를 공격하다

Les directeurs l'ont pris à partie pour le mauvais rendement de son départment.
간부들은 그의 부서의 나쁜 실적에 대한 책임을 그에게 물었다.
Au cours du débat, le candidat a été pris a partie par l'opposition.
토론회에서 후보자는 야당의 공격을 받았다.

⑩ **prendre à tâche de** ~의 의무를 수행하다

Il a pris à tâche d'achever l'œuvre de son père.
그는 자기 아버지의 과업을 완수했다.

⑪ **prendre au sérieux (à la légère, etc.)** 심각하게(가볍게) 여기다

Vous ne prenez pas cette histoire au sérieux!
이 이야기를 진지하게 생각하지 마세요.

⑫ **prendre de court** ~에게 갑자기 들이닥치다

Leur décision inattendue nous a pris de court.
예기치 않은 그들의 결정이 우리에게 들이닥쳤다.

⑬ **prendre du bon côté** 좋은 쪽으로 파악하다

Il a pris notre plaisanterie du bon côté, heureusement.
다행히도 그는 우리의 농담을 좋은 쪽으로 받아들였다.

⑭ **prendre du poids** 무게가 늘다

J'ai pris cinq kilos pendant les vacances.
나는 방학동안 5kg 늘었다.

⑮ **prendre du ventre** 배가 나오다

Avec l'âge il prend du ventre.

나이가 들면서 그는 배가 나온다.

⑯ **prendre en bonne part** 좋게 해석하다

Elle a pris en bonne part ce que vous lui avez dit.
그녀는 당신이 그녀에게 한 말을 좋게 해석했다.

⑰ **prendre en écharpe** 비스듬히 충돌하다

Les deux voitures se sont prises en écharpe.
차 두 대는 서로 비스듬히 충돌했다.

⑱ **prendre en grippe** ~에게 반감을 품다

Je sens que notre directeur m'a pris en grippe dès le départ.
사장은 처음 내게 반감을 가진 것 같다.

⑲ **prendre en main** ~을 맡다, 담당하다

Je commence à prendre cette nouvelle voiture en main.
나는 이 새 차를 맡게 되었다.
Elle a tout de suite pris l'opération en main.
그녀는 곧 수술을 맡아 하게 되었다.

⑳ **prendre fait et cause pour** ~편을 들다

Je ne peux pas oubiler qu'il a pris fait et cause pour moi autrefois.
나는 전에 그가 내 편을 들었던 것을 잊을 수 없다.

㉑ **prendre fin** 끝나다

Le spectacle prendra fin vers trois heures. 공연은 3시쯤 끝날 것이다.

㉒ **prendre garde** 조심하다, 유의하다

"Et si je t'aime, prends garde à toi!"
너를 사랑할 지도 모르니, 너의 행동에 유의해라.

㉓ **prendre goût à** ~에 취미를 갖게 되다

J'ai pris goût à la cuisine vietnamienne.
나는 베트남요리에 대한 취향을 갖게 되었다.

㉔ **prendre la clé des champs** 달아나다

Au lieu de rentrer au pensionnat, l'enfant a pris la clé des champs.
기숙사에 머무는 대신에 그 어린이는 달아났다.

㉕ **prendre la mer** 출항하다

Le bateau a pris la mer au coucher du soleil.
그 배는 해질 무렵에 출항했다.

㉖ **prendre la mouche** 벌컥 화를 내다

Si vous prenez la mouche à chaque instant, nous ne nous entendrons jamais.
당신이 매번 그렇게 화를 내면 우리는 절대로 합의에 이르지 못합니다.

㉗ **prendre la parole** 발언권을 갖다

Le délégué chinois a pris la parole pour protester.
중국대표가 항의하기 위한 발언권을 가졌다.

㉘ **prendre la poudre d'escampette** 달아나다

Pendant l'absence des gardiens, le prisonnier a pris la poudre d'escampette.
간수들이 없는틈에 죄수가 달아났다.

㉙ **prendre le frais** 신선한 공기를 마시다

J'ai la tête lourde; allons prendre le frais.
머리가 무겁다. 신선한 공기를 마시다.

㉚ **prendre le large** 먼 바다로 나가다, 달아나다

Quand on l'a recherché, le bandit avait pris le large.
사람들이 찾을 때, 강도는 이미 달아났다.

㉛ **prendre le pli de** 습관을 들이다

Elle avait pris le pli d'y aller très tôt tous les matins.
그녀는 매일 아침 일찍 그리 가는 습관을 들였다.

㉜ **prendre parti pour** ~편이다

Il prenait toujours parti pour le plus faibles.
그는 늘 약한 사람들 편이었다.

㉝ **prendre pied** 확실한 기반을 얻다, 뿌리를 내리다

Sa société n'arrivait pas à prendre pied en France.
그의 회사는 프랑스에서 기반을 구축하지 못했다.

㉞ **prendre pour argent comptant** 곧이 곧대로 받아들이다

Ne prenez pas tout ce qu'il dit pour argent comptant.
그의 모든 말을 액면 그대로 받아들이지 마세요.

㉟ **prendre sans vert** 불시에 엄습하다

Ils ne m'attendaient pas et je les ai pris sans vert.
그들은 나를 기다리지 않았고 내가 그들을 불시에 찾아갔다.

㊱ **prendre sa retraite** 은퇴하다

Quand comptez-vous prendre votre retraite? 언제쯤 은퇴하실 건가요?

㊲ **prendre ses jambes à son cou** 부리나케 달아나다

A l'approche du propriétaire, les vandales ont pris leurs jambes à leur cou.

영주가 다가오자 게르만의 반달인들은 정신없이 달아났다.

㊳ **prendre son parti de** 단념하다

L'inégalité existera toujours; il faut en prendre son parti.
불평등은 계속될 것이고 당신은 그것을 단념해야 합니다.

㊴ **prendre sous son bonnet** ~을 떠맡다, 혼자 생각하다

Il a pris sous son bonnet de réorganiser l'entreprise.
그는 기업을 다시 짜는 역할을 맡았다.

㊵ **prendre sur le fait** ~의 진상을 파악하다

La police a pris le cambrioleur sur le fait.
경찰은 가택침입 절도범의 진상을 파악했다.

㊶ **prendre une culotte** 도박에서 큰 돈을 잃다, 진탕 먹고 마시다

Ce soir-là il a pris une culotte au casino.
그는 그날 저녁 카지노에서 큰 돈을 잃었다.

㊷ **s'en prendre à** ~를 탓하다, 나무라다

Ce n'est pas de ma faute; pourquoi vous en prenez-vous à moi?
내 잘못이 아닌데 왜 나를 탓하시나요?

㊸ **se prendre d'amitié pour** ~를 친구로 사귀다

Il s'est pris d'amitié pour le fils des voisins. 그는 이웃집 아들을 사귀게 되었다.

㊹ **s'y prendre bien** 일을 제대로 하다

Il s'y est mal pris pour gagner notre confiance.
그는 우리들의 신뢰를 제대로 얻지 못했다.

près 가까이

① **à cela près que** ~를 제외하고는

Ils se ressemblent à cela près que l'un a les yeux bleus.
한 사람이 파란 눈이란 것을 제외하고 그들은 서로 닮았다.

② **à peu près** 대략, 거의

Il y a à peu près mille habitants dans cette ville.
이 도시에는 약 1천명의 주민이 있다.

③ **à ~ près** ~의 차이로, ~오차로

Cela fait le poids, à trois grammes près.
3그램 차이로 무게가 는다.

④ **pas près de** ~하려면 아직 먼

Je ne suis pas près de recommencer.
나는 아직 다시 시작하려는 상태가 아니다.

⑤ **près de ses sous 인색한**

Malgré sa fortune, elle est près de ses sous.
많은 재산이 있지만 그녀는 인색하다.

▋ présenter 내보이다. 소개하다

① **présenter (se présenter à) un concours (un examen) 시험을 치르다**

Il a présenté le concours (il s'est présenté au concours) de Polytechnique.
그는 폴리테크니크에 응시했다.

② **se présenter 출마하다, 출두하다**

Le sénateur se présente aux élections.
상원의원은 선거에 출마한다.

Vous devrez vous présenter au commissariat de police demain.
당신은 내일 경찰서에 출두해야 합니다.

▋ presse n.f. 언론

avoir bonne presse 세평이 좋다
Une fois établies, les fortunes ont bonne presse.
일단 조성만 되면 재산은 좋은 평을 받는다.

▋ presser 압박하다, 누르다

Cela ne presse pas (Rien ne presse).
서두를 필요는 없다.

① **presser comme un citron 착취하다, 이용할대로 이용하다**

Ils l'ont pressé comme un citron et puis l'ont abandonné.
그들은 그를 착취하고는 내버렸다.

② **se presser 밀려들다**

La foule se pressait aux portes du théâtre.
군중들은 극장 입구로 몰려들었다.

③ **Si on lui pressait le nez, il en sortirait du lait.**

그는 아직도 젖비린내 나는 주제에 건방지다.

prêter 빌려주다

① **prêter à ~를 초래하다**

Ces règlements compliqués prêtent à des abus.
이 복잡한 규칙들은 남용 될 수 있다.

② **prêter attention à 주의를 기울이다**

Sur le moment je n'ai pas prêté attention à ce qu'elle disait.
그때 나는 그녀의 말에 주의를 기울이지 않았다.

③ **prêter le flanc à 허점을 보이다, 비난거리를 주다**

Le gouverneur a prêté le flanc à la critique par ses actes irréfléchis.
총재는 그의 경솔한 행동으로 스스로 비난의 대상이 되었다.

④ **prêter main-forte à ~을 지원하다**

Ils ont demandé à leurs amis de leur prêter main-forte.
그들은 친구들에게 지원을 요청했다.

⑤ **prêter serment 선서하다**

Le chef exigeait que ses alliés lui prêtent serment.
대표자는 동맹을 맺은 사람들이 자신에게 선서할 것을 요구했다.

⑥ **se prêter à ~에 동의하다, 참가하다**

Je refuse de me prêter à cette intrigue.
나는 그 음모에 가담하기를 거부한다.

preuve n.f. 증거

faire preuve de ~을 나타내다
Il a fait preuve d'un grand courage dans ces circonstances.
그는 이 상황에서 큰 용기를 보여주었다.

prier 부탁하다, 기원하다

Je vous en prie.
부탁합니다, 천만의 말씀입니다.
se faire prier 쉽사리 응하지 않다
Elle s'est fait prier avant de jouer du piano.
그녀는 쉽게 응하지 않은 다음에야 피아노 연주를 했다.

prise n.f. 잡기, 취하기

① **aux prises avec** ~와 싸우는

Il était aux prises avec des difficultés insurmmontables.
그는 극복하기 힘든 어려움과 싸우고 있었다.

② **une prise de bec** 말다툼, 승강이

Il a eu une prise de bec avec son surveillant.
그는 자신의 감독관과 언쟁을 벌였다.

prix n.m. 값, 가격

① **à prix d'or** 대단히 비싼 값으로

Ils ont acheté leur maison à prix d'or.
그들은 아주 비싼 값에 집을 샀다.

② **au prix coûtant** 원가로

Il a accepté de me vendre la calculatrice au prix coûtant.
그는 내게 계산기를 원가에 팔기로 했다.

③ **au prix de** ~댓가로

Il a réussi au prix d'un immense effort.
그는 엄청난 노력의 댓가로 성공했다.

④ **de prix** 비싼

Ce sont des meubles de prix.
이것들은 비싼 가구다.

procès n.m. 소송

faire le procès de 비난을 퍼붓다

L'opposition a fait le procès du nouveau projet de loi.
야당은 새 법률안에 대해 비난을 퍼부었다.

proche 가까운

de proche en proche 점점, 차츰

L'épidémie se répand de proche en proche.
전염병이 점차 확산되고 있다.

promenade n.f. 산책, 산책로

① **faire une promenade (à pied)** 산책하다

Nous avons décidé de faire une promenade après dîner.
우리는 저녁식사 후에 산책하기로 했다.

② **faire une promenade (en voiture, à bicyclette, en bateau, etc.)**
드라이브, 자전거, 배타기 등을 하다
Le dimanche la famille fait souvent une promenade en voiture.
일요일에 가족은 자주 드라이브를 한다.

promener 산책시키다

① **envoyer promener 쫓아내다**
Il nous agace; envoyons-le promener!
그는 우리를 화나게 한다. 쫓아내자

② **promener son regard sur 두루 살펴보다**
L'orateur promena son regard sur la foule à ses pieds.
연설자는 자신의 발 아래로 군중을 두루 살펴보았다.

③ **se promener (à cheval, en voiture, etc.) 산책하다(말타고, 승용차로)**
Nous nous sommes promenés dans le parc.
우리는 공원에서 산책했다.

promettre 약속하다

① **Ça promet! 예감이 좋구나(반어적)**
Il gèle en septembre? Ça promet!
9월에 벌써 얼어붙는다고? 앞으로 알만하다.

② **promettre monts et merveilles 불가능한 일을 약속하다ong)**
Le candidat promettait monts et merveilles à ses électeurs.
그 후보는 선거에서 실행불가능한 약속을 했다.

prononcer 발음하다

se prononcer 의사를 표명하다
Le jury n'a pas pu se prononcer après de longues délibérations.
배심원단은 긴 논의 끝에도 의견을 표명하지 못했다.

propos 말, 발언

① **à ce propos 그 점에 관해**

Je dois dire, à ce propos, qu'il s'est trompé.
그 점에 관해서 나는 그가 틀렸다고 말해야 한다.

② **à propos** ①그런데 ②때마침, 적절한

Son offre d'aide tombe à propos.
그의 원조 제의가 마침 있었다.

A propos, avez-vous vu ce nouveau film?
그런데, 이 새 영화는 보셨나요?

Ce que vous avez dit était vraiment à propos.
당신이 한 말은 정말 적절했습니다.

③ **à propos de bottes** 공연히, 까닭없이

Ils se disputaient à propos de bottes.
그들은 공연히 싸웠다.

▌ propre 교육의, 적절한, 깨끗한

① **C'est du propre (et du joli)!** 너무 하는데, 말도 안돼.

② **de son propre chef** 독자적인 판단으로

Il a pris la décision de partir de son propre chef.
그는 독자적으로 떠날 것을 결정했다.

③ **Me voilà propre!** 이제 나는 손들었다.

④ **propre à rien** 무능한 사람

Ne l'écoutez pas; c'est un propre à rien.
그의 말은 듣지 마세요. 쓸데없는 사람입니다.

⑤ **propre comme un sou neuf** 몹시 깔끔하다

Sa voiture est toujours propre comme un sou neuf.
그의 차는 항상 대단히 깨끗하다.

▌ prouver 증명하다, 입증하다

prouver par a plus b ~를 수학적으로 엄밀하게 증명하다
Il a prouvé par a plus b que la direction avait raison.
그는 경영방향이 옳다는 것을 엄밀하게 증명했다.

▌ prune n.f. 자두

pour des prunes 쓸데없이

Ce n'est pas pour des prunes qu'il a été choisi.
그가 선택된 것이 헛된 일이 아니다.

■ **prunelle** n.f. **눈동자**

la prunelle de ses yeux 매우 소중한 것
Elle leur est chère comme la prunelle de leurs yeux.
그녀는 그들에게 매우 소중하다.

■ **puissance** n.f. **힘, 역량**

en puissance 잠재적인
C'est un grand artiste en puissance.
그는 훌륭한 예술가가 될 잠재력이 있다.

■ **puits** n.m. **우물**

un puits de science 매우 박식한 사람
Le professeur Dupont est un puits de science; demandez-lui.
뒤퐁 교수는 매우 박식한 사람이니, 그에게 물어보세요.

■ **punir 처벌하다**

Il est puni par où il a péché. 자업자득이다.

■ **purée** n.f. **퓨레(야채를 익혀 으깬 음식)**

dans la purée 경제적으로 쪼들린
Il faudra que tu nous aides; nous sommes dans la purée.
우리는 무척 곤궁하니 네가 우리를 도와야 한다.

프랑스어 관용어 ··· 309

프랑스어
관용어

프랑스어 관용어

▌ qualité n.f. 품질, 특성

① **avoir qualité pour** ~하는 자격

　　Avez-vous qualité pour signer ce document?
　　당신은 이 서류에 서명할 자격이 있습니까?

② **en qualité de** ~의 자격으로, ~로서

　　En qualité de médecin, il vous a interdit de sortir.
　　의사의 자격으로 그는 당신의 외출을 금지시킨다.

▌ quand ~할 때

quand même 그렇지만, 그래도
Si vous ne voulez pas y aller, j'irai quand même.
당신이 거기 가기 싫더라도 나는 가겠다.

▌ quartier n.m. 구역, 일대

quartier libre 외출허가증
Le samedi après-midi les soldats auront quartier libre.
토요일 오후에 사병들은 외출할 수 있을 것이다.

▌ quatre n.m. 4

① **à quatre pattes** 엉금엉금 기어서

　　Les enfants s'amusaient à marcher à quatre pattes.
　　어린이들은 기어다니며 놀았다.

② **faire les quatre cents coups** 비행을 일삼다

Malgré sa dignité actuelle, il a fait les quatre cents coups pendant sa jeunesse.
지금은 지위가 있는 사람이지만 그는 젊을 때 방탕한 생활을 했다.

③ **faire les quatre volontés de quelqu'un** ~의 마음대로 하다

Elle est très docile et fait toujours les quatre volontés de son père.
그녀는 매우 온순하며 늘 아버지의 뜻을 따른다.

④ **Il n'y avait que quatre pelés et un tondu.** 모인 사람이 아주 적었다.

⑤ **les quatre fers en l'air** 뒤로 나자빠지는

J'ai perdu l'équilibre et je suis tombé les quatre fers en l'air.
나는 중심을 잃고 뒤로 나자빠졌다.

⑥ **un de ces quatre matins** 가까운 장래에

Un de ces quatre matins, elle va vous quitter.
가까운 장래에 그녀는 당신을 떠날 것이다.

▌ quelque 어느, 어떤 (복수는 '몇몇의, 약간의')

① **... et quelques** ~조금 넘은

Il y avait cinquante et quelques personnes à la réunion.
50명 조금 넘는 사람이 모임에 있었다.

② **quelque peu** 어느 정도, 꽤

On dit que le nouveau président est quelque peu conservateur.
새 사장은 어느 정도 보수적이라고 한다.

▌ question n.f. 문제, 질문

Pas question! 생각할 수 없는 일이다!

▌ queue n.f. 꼬리

① **à la queue de** ~의 끝에

Il était toujours à la queue de sa classe.
그는 늘 반에서 꼴찌였다.

② **à la queue leu leu** 한 줄로 늘어서서

Les enfants sont partis à la queue leu leu.
어린이들은 한 줄로 늘어서서 떠났다.

③ **faire la queue** 줄을 서다

Une centaine de personnes faisaient la queue au guichet.

창구에 백 명쯤의 사람이 줄을 서서 기다리고 있었다.

④ **faire une queue de poission** 차를 추월해 그 앞으로 끼어들다

Un chauffard m'a fait une queue de poisson.
한 운전자가 내 앞으로 끼어들었다.

⑤ **(histoire, propos) sans queue ni tête** 지리멸렬한, 일관성이 없는(이야기, 말)

Comment croire cette histoire sans queue ni tête?
어떻게 이런 일관성이 없는 이야기를 믿을 수 있나?

▮ quitte 벗어난, 면제된

① **en être quitte à bon compte** 별다른 일이 없이 끝난

Vue la gravité de l'affaire, ils en ont été quittes à bon compte.
사안의 중대함에 비추어 볼 때, 그들은 그 일을 별일 없이 끝낸 것이다.

② **en être quitte pour** ~만 겪고 별일없이 끝나다

Heureusement, j'en ai été quitte pour un avertissement.
다행히도 나는 경고만 받았을 뿐이다.

③ **quitte à** ~할 것을 무릅쓰고

Nous partirons très tôt, quitte à les attendre à l'arrivée.
도착해서 기다리더라도 우리는 일찍 출발하겠다.

④ **quitte ou double** 이기면 2배를 받고 지면 모두 잃는 내기

Il a joué derniers sous à quitte ou double, et il a tout perdu.
그는 마지막 가진 돈을 모두 걸었지만 다 잃고 말았다.

▮ quitter 떠나다

① **ne pas quitter d'une semelle** ~의 뒤를 따라 다니다

Son enfant ne veut pas la quitter d'une semelle.
그녀의 아이는 그녀를 졸졸 따라 다닌다.

② **Ne quittez pas!** 기다리세요(전화에서)

▮ quoi (전치사와 함께) 무엇

① **A quoi bon?** 뭐라고?

② **de quoi** ~에 필요한 수단, 도구, 재료

Il a de quoi bien vivre.

그는 먹고 살 수단이 있다.

Il n'y a pas de quoi.

천만에요.

Il n'y a pas de quoi fouetter un chat.

별일 아니다.

③ **quoi que (qui)** ~에도 불구하고

Quoi qui arrive, vous pouvez compter sur moi.

어떤 일이 있더라도, 당신은 나를 믿을 수 있습니다.

Locution française

프랑스어
관용어

프랑스어 관용어

rabattre 깎다, 할인하다

① **en rabattre** 누그러뜨리다, 타협하다
  Attends un peu; tu verras qu'il en rabattra malgré ses menaces.
  조금만 기다려봐. 지금은 협박하지만 그가 곧 타협하게 된다.

② **rabattre le caquet à** ~의 입을 다물게 하다
  Ma réponse a rabattu le caquet à ce prétentieux.
  나의 대답은 그 거만한 인간의 입을 다물게 했다.

③ **se rabattre sur** ~에 의지하다
  Le président du parti étant malade, on s'est rabattu sur le secretaire.
  그 당은 총재가 와병중이라서 총무에 의존해야 했다.

rade n.f. 정박지

en rade ①정박중인 ②버려진
Nos projets sont restés en rade.
우리 계획들은 그대로 내버려져 있다.

rage n.f. 격분

faire rage 미쳐 날뛰다, 맹위를 떨치다
Les robes décolletées font rage cette année.
금년에는 넓게 파인 드레스가 크게 유행이다.
La tempête faisait rage dehors.
밖에는 폭풍우가 기승을 부리고 있다.

raide 뻣뻣한, 억센

Ça, c'est raide! (Elle est raide, celle-là!)
그건 좀 심하다.

raison n.f. 이유

① **à raison de** ~의 비율로

Les lettres arrivaient à raison de cinquante par semaine.
편지는 한 주일에 50통씩 온다.

② **avoir raison** 옳다

Je sais que j'ai raison dans cette histoire.
나는 이 일에서 내가 옳다고 생각한다.

③ **avoir raison de** ~을 이기다, 극복하다

Elle a fini par avoir raison de sa résistance.
그녀는 마침내 그의 저항을 극복했다.

④ **en raison de** 때문에

En raison des grèves, les trains seront retardés aujourd'hui.
파업으로 인해 오늘 열차들은 연착할 것이다.

⑤ **se faire une raison** 체념하고 받아들이다

Il aurait voulu vivre à Paris, mais il s'est fait une raison et le voilà à Nantes.
그는 파리에 살기를 원했지만 체념하고 남뜨에 살고 있다.

ramasser 끌어 모으다

① **à ramasser à la petite cuiller** 녹초가 되다

Après l'examen, les étudiants étaient à ramasser à la petite cuiller.
시험이 끝나고 학생들은 기진맥진해 했다.

② **ramasser une gamelle (une poêle)** 떨어지다, 실패하다

La piste était si glacée qu'elle a ramassé une gamelle.
활주로가 너무 얼어있어서 그녀는 미끄러졌다.

rang n.m. 줄, 열

① **au rang de** ~가운데에

Je le compte au rang de mes meilleurs amis.
나는 그를 가장 친한 친구 가운데 하나로 꼽는다.

② **en rang d'oignons** 한줄로, 일열로

　　Les enfants attendaient à la porte en rang d'oignons.
　　어린이들은 문앞에 일열로 기다리고 있었다.

ranger 정리하다

se ranger ①정렬하다 ②안정된 생활을 하다 ③비켜서다
Il s'est marié pour se ranger.
그는 안정된 생활을 하려고 결혼했다.
Je me suis rangé pour laisser passer les autres.
나는 다른 사람들이 지나가도록 비켜섰다.

rapport n.m. 관계, 보고서

① **en rapport avec** ~와 접촉하는, 연결하는

　　Mettez-vous tout de suite en rapport avec votre ambassade.
　　즉각 당신의 대사관과 접촉하시오.
　　Cherchez un poste en rapport avec vos qualifications.
　　당신의 자질과 관련된 일자리를 찾으세요.

② **par rapport à** ~와 관련하여, ~에 비하여

　　Il faut regarder leurs bénéfices par rapport à leur production globale.
　　그들의 전체적인 생산량에 따른 이익을 살펴보아야 한다.

rapporter 다시 가져오다

s'en rapporter ~에 의지하다
Je m'en rapporte à vous pour les invitations.
나는 초청건에 대해 당신의 뜻을 따르기로 합니다.

ras 짧게 깎은

① **à ras bord** 가장자리까지 찬

　　Elle a rempli son verre à ras bord.
　　그녀는 컵을 완전히 채웠다.

② **à (au) ras de** ~의 표면 가까이에

　　Les hirondelles volaient à ras du sol.
　　제비들은 땅위를 스치듯이 날았다.

■ **rat** n.m. 쥐

fait comme un rat 함정에 빠지다
Je pensais les prendre, mais me voilà fait comme un rat.
나는 그들을 속이려다가 오히려 내가 함정에 빠졌다.

■ **rate** n.f. 신체의 비장

désopiler (dilater, épanouir) la rate de 폭소하게 하다
Cette histoire va vous désopiler la rate.
이 이야기를 들으면 당신은 폭소할 겁니다.

■ **rater** 실패하다

① **Il n'en rate pas une! 그는 연달아 실수만 한다.**
② **rater le coche 좋은 기회를 놓치다**
　　C'était une belle occasion mais vous avez raté le coche.
　　좋은 기회였는데 당신은 놓치고 말았다.

■ **rayon** n.m. ①빛 ②선반 ③매장, 코너

C'est mon rayon. 그것은 내 소관이다.

■ **rebrousser** 결의 반대 방향으로 쓸어올리다

rebrousser chemin 가던 길을 되돌아오다
C'était un cul de sac et nous avons dû rebrousser chemin.
그곳은 막다른 길이어서 우리는 되돌아와야 했다.

■ **recette** n.f. 수입, 수금

faire recette 크게 성공하다
Son idée a fait recette. 그의 생각은 아주 좋았다.
Son livre a fait recette. 그의 책은 큰 성공을 거두었다.

■ **recevoir** 받아들이다

① **être resu (à un examen, etc.) (시험에) 합격하다**
　　Il a été reçu docteur l'année dernière.
　　그는 작년에 의사 시험에 합격했다.

② **J'ai été requ comme un chien dans un jeu de quilles.**
나는 아주 냉대를 받았다.

▮ réclame n.f. 광고
en réclame 특별 세일중인
Ces articles sont en réclame pendant toute la semaine.
이 상품들은 한 주일 내내 할인판매중이다.

▮ réclamer 요구하다, 청구하다
se réclamer de ~를 내세우다
Je me suis réclamé de vous pour avoir le poste.
나는 그 자리에 당신을 적극 추천했다.

▮ reconnaître 알아보다. 확인하다
ne pas s'y reconnaître 어찌할 바를 모르다
Je ne m'y reconnais pas dans cette partie de la ville.
나는 이 도시의 이 부근에서 뭐가 뭔지 모르겠다.

▮ recueillir 거두어들이다
se recueillir 생각을 가다듬다. 명상하다
Il se recueillit un moment avant de donner sa réponse.
그는 대답하기 전에 생각을 가다듬었다.

▮ reculer 후퇴시키다
① **reculer devant 주춤거리다**
ré Il ne reculera devant rien pour avoir ce qu'il veut.
그는 원하는 것을 얻으려고 어떤 일에도 머뭇거리지 않을 것이다.
② **reculer pour mieux sauter 2보 전진을 위한 1보 후퇴**
Attendre demain pour commencer ce travail, c'est seulement reculer pour mieux sauter.
이 일의 시작을 내일로 미루는 것은 2보 전진을 위한 1보 후퇴다.

redorer 다시 도금하다

redorer son blason 가난한 귀족이 돈 많은 평민의 딸과 결혼하다
Le comte espérait redorer son blason en épousant une riche Américaine.
그 백작은 부유한 미국여인과 결혼해 집의 재산을 다시 늘리고자했다.

refus n.m. 거절

Ce n'est pas de refus. 기꺼이 받겠습니다.

refuser 거절하다

① **refuser de marcher** 동의하지 않다
Quand ils ont suggéré la trahison, nous avons refusé de marcher.
그들이 반란을 제의했을 때 우리는 동의하지 않았다.

② **refuser sa porte à** ~의 면회를 사절하다
Outré de sa conduite, je lui ai refusé ma porte.
그의 행동에 화가 나서 나는 그를 내 집에 들이지 않았다.

③ **se refuser** ~을 거부하다
Il ne refuse jamais rien.
그는 아무 것도 마다하지 않는다.

regard n.m. 눈길, 시선

① **au regard de** ~의 관점에서 보아
Au regard des Européens, la politique américaine ne se comprend pas.
유럽인들의 관점에서 미국 정치는 이해되지 않는다.

② **en regard** 맞은편에
Notre maison se trouvait dans la rue principale, et la leur était en regard.
우리 집은 큰길에 있었고 그들의 집은 맞은편에 있었다.

③ **en regard de** ~에 비교하면
En regard de la conjoncture économique en Europe,
l'économie américaine marche très bien.
유럽 경제동향과 비교해 볼 때 미국 경제는 호황을 누리고 있다.

regarder 쳐다보다

① Cela ne vous regarde pas. 당신과 상관없는 일이다.

② **regarder à** ~에 세심한 주의를 하다

L'avare regardait toujours à la dépense.
구두쇠는 늘 돈을 아껴 쓴다.

③ **regarder de travers** ~을 흘겨보다

Quand j'ai dit cela, il m'a regardé de travers.
내가 그 말을 하자 그는 나를 흘겨보았다.

④ **se regarder en chiens de faience** 서로 노려보다

A travers la barrière les deux voisins se regardaient en chiens de faience.
울타리를 사이에 두고 두 이웃은 서로 노려 보았다.

⑤ **y regarder à deux fois (de près)** 두 번 생각하다

Il vaut mieux y regarder à deux fois avant d'acheter cette auto.
이 차를 사기 전에 두 번 생각하는 것이 나을 것이다.

règle n.f. 규칙, 자

① **de règle** ~이 관례인

Il est de règle d'inviter le président à cette réunion.
이 모임에 사장을 초대하는 것이 관례다.

② **en règle** 규정대로 인

Tous vos papiers sont en règle, monsieur.
선생님의 모든 서류는 규정대로 되어 있습니다.

règlement n.m. 규정, 결제

un règlement de comptes 복수

Il a été tué dans un règlement de comptes.
그는 복수를 당하며 살해되었다.

régler 해결하다

① **réglé comme du papier à musique** 매우 규칙적인

Il est comme un robot, sa vie est réglée comme du papier à musique.
그는 로보트 같아서 그의 삶은 오선지를 그린 것처럼 규칙적이다.

② **régler son compte à quelqu'un** ~을 혼내주다

S'il continue à m'embêter, je vais lui régler son compte.
그가 계속 나를 괴롭히면 혼내주겠다.

프랑스어 관용어 ··· 327

■ **regret** n.m. 유감, 후회

① **à regret** 마지못해

Elle nous a quittés à regret.
그녀는 마지못해 우리를 떠났다.

② **être au regret de** ~을 섭섭하게 여기다

La directrice est au regret de ne pas pouvoir vous recevoir.
그 여사장은 당신을 맞이하지 못하는 것을 섭섭해 한다.

■ **rein** n.m. 신장, 콩팥

avoir les reins solides 돈과 권력이 있다.
Cette entreprise résistera à la crise; elle a les reins solides.
이 기업은 돈과 권력이 있으니 위기를 넘길 수 있을 것이다.

■ **relever** 다시 일으키다

① **relever de** ~에서 회복하다, ~의 소관이다.

Elle relève d'une grippe.
그녀는 유행성 감기에서 나았다.
Ce cas relève du psychiatre. 이건은 정신과 소관이다.

② **se relever de** ~에서 재건하다

Le pays mettra longtemps à se relever de la guerre.
그 나라는 전쟁으로부터 재건하는데 오래 걸릴 것이다.

■ **remarquer** 지적하다

se faire remarquer 관심을 끌다
Il se fait remarquer partout où il va.
그는 가는 곳마다 관심을 끌다.

■ **remede** n.m. 약

① **un remède de bonne femme** 민간요법

Jamais vous ne guérirez avec ce remède de bonne femme.
당신은 만간 요법으로는 절대로 나을 수 없을 것이다.

② **un remède de cheval** 강력한 치료법, 극약

Le chômage est un remède de cheval pour combattre l'inflation!

실업은 인플레에 대항해 싸우기 위한 극약처방이다.

▌▌ remercier ~에게 감사하다

remercier un employé 해고하다
Après de longues années de service, plusieurs employés ont été remerciés par la compagnie.
몇몇 회사원들은 오랜 기간 근무한 회사에서 해고 당했다.

▌▌ remettre 다시 놓다

① **en remettre 과장하다**
   Quand il raconte une histoire, il en remet toujours.
   그는 이야기 할 때 늘 과장한다.

② **Ne remettez plus les pieds ici!**
   다시는 여기 나타나지 마시오.

③ **remettre à sa place 자신의 분수를 깨닫게 하다**
   Il se vante mais nous allons le remettre à sa place.
   그는 떠벌리지만 우리가 그의 분수를 깨닫게 할 것이다.

④ **remettre quelqu'un ~를 알아보다**
   Dites-moi encore votre nom, je ne vous remets pas.
   이름을 다시 한번 말씀해 주세요. 알아보지 못하겠습니다.

⑤ **s'en remettre à ~에게 맡기다. 의지하다**
   Je m'en remets à votre générosité.
   당신의 관대함을 믿습니다.

⑥ **se remettre à 다시 시작하다**
   Il s'est remis à pleuvoir..
   비가 다시 오기 시작했다.

⑦ **se remettre de ~에서 회복되다**
   Je ne peux pas me remettre de mon étonnement de les voir ici.
   나는 그들을 여기서 본 놀라움에서 깨어날 수가 없다.

▌▌ remonter 다시 올라가다

remonter à ~로 거슬러 올라가다
Cette mode remonte au début du siècle.

이 패션은 세기초로 거슬러 올라간다.

▌▌ remorque n.f. 트레일러

être à la remorque ~에 끌려가다
Ce petit parti politique est à la remorque des socialistes.
이 작은 정당은 사회당에 끌려가고 있다.

▌▌ remuer 휘젓다

Remuez-vous un peu! 서두르시오.

▌▌ rencontre n.f. 만남

aller à la rencontre de ~를 마중하러 가다
J'irai à sa rencontre s'il pleut.
비가 오면 그를 마중하러 가겠다.

▌▌ rendre 돌려주다

① **On vous le rend bien. 사랑의 느낌은 서로에 대한 것이다.**
② **rendre + 형용사 ~하게 만들다**
   Cette bonne nouvelle nous a rendus tous heureux.
   이 희소식은 우리 모두를 기쁘게 만들었다.
③ **rendre compte de 보고하다**
   Le journal n'a pas encore rendu compte de leur congrès.
   그 신문은 대회 소식을 전하지 않았다.
④ **rendre gorge 부당하게 얻은 돈을 토해내다**
   L'inspecteur des contributions directes lui a fait rendre gorge.
   소득세 감찰관은 그의 부당수입을 토해내게 했다.
⑤ **rendre l'âme 죽다**
   Après une longue maladie, il a rendu l'âme.
   그는 오랜 투병 끝에 사망했다.
⑥ **rendre la monnaie de sa pièce (la pareille) à quelqu'un 보복하다, 복수하다**
   Il m'a trompé mais je lui ai rendu la monnaie de sa pièce.
   그는 나를 속였지만 나도 복수했다.
⑦ **rendre service 도와주다, 사용되다**

Elle leur a rendu un grand service en gardant les enfants pendant leur absence.
그녀는 그들이 없을 때 아이들을 보아주는 큰 도움을 주었다.
Cet appareil peut encore rendre service: ne le jetez pas.
이 기계는 아직 쓸 수 있으니 버리지 마시오.

⑧ **se rendre 항복하다**

La ville s'est rendue sans combat.
그 도시는 전투 없이 항복했다.

⑨ **se rendre compte de 깨닫다**

Je ne me rendais pas compte de la gravité de la situation.
나는 상황의 중대함을 깨닫지 못했다.

⑩ **se rendre (quelque part) ~에 가다**

Il s'est rendu à l'hôpital en hâte. 그는 아주 서둘러 병원에 갔다.

▌▌ renfort n.m. 보강, 증원

à grand renfort de ~을 사용하여
Il a rassemblé son courage à grand renfort de cognac.
그는 많은 양의 코냑을 마시고 용기를 냈다.

▌▌ rentrer 돌아가다

① **faire rentrer les paroles dans la gorge à quelqu'un ~말을 취소시키다**

Il m'a traité de menteur mais je lui ferai rentrer les paroles dans la gorge.
그는 나를 거짓말쟁이라고 했지만 나는 그 말을 취소시킬 것이다.

② **rentrer dans 들이받다**

Son camion est rentré dans la voiture de son copain.
그의 트럭이 친구의 차를 들이받았다.

③ **rentrer dans son argent (ses frais) 비용을 되찾다**

Il n'a pas fait de bénéfices mais il est rentré ses frais.
그는 이익은 못 보았지만 원금은 회수했다.

④ **rentrer dedans (dans le chou) à ~에게 덤벼들다.**

S'il continue à m'insulter, je vais rentrer dedans.
그가 나를 계속 모욕하면 그를 공격할 것이다.
are Le camion m'est rentré dedans.
트럭이 나를 들이받았다.

renverser 거꾸로 놓다

se renverser 몸을 뒤로 젖히다.
Il se renversa dans son fauteuil et écouta la musique.
그는 의자 뒤로 몸을 젖히고 음악을 들었다.

renvoyer 돌려보내다. 해고하다

① **renvoyer aux calendes grecques** ~을 무기연기하다

Etant trop pris, il renvoyait notre rendez-vous aux calendes grecques.
그는 너무 바빠서 우리 약속을 무기 연기했다.

② **renvoyer de Caïphe à Pilate** 이리저리 방황하게 하다

Les fonctionnaires renvoyaient le pauvre homme de Caïphe à Pilate.
공무원들은 그 불쌍한 사람을 여기저기 돌아다니게 한다.mbnsngan

③ **renvoyer la balle** 받아 되던지다. 책임을 전가하다.

A quoi bon discuter? Il va me renvoyer la balle.
토론해서 뭐하지? 그가 내게 그 일을 다시 넘기려고 한다.

répandre 쏟다. 뿌리다

se répandre en ~를 아주 많이 하다
Il se répandit en compliments exagérés.
그는 과장된 찬사를 퍼부었다.

répondre 대답하다

① **répondre de** 입증하다 보증하다

Ne vous inquiétez pas, je réponds de son intégrité.
그의 청렴결백함은 내가 보장할 수 있다.

② **répondre en Normand** 회피하는 답을 하다

A toutes nos questions il répondait en Normand, peut-être bien que oui.
우리들의 모든 질문에 그는 "아마 그럴겁니다" 라고 말하며
바로 답하기를 회피했다.

③ **répondre (insolemment)** 말대꾸하다

Elle a défendu à ses enfants de répondre.
그녀는 자기 아이들이 말대꾸를 못하게 했다.

repos n.m. 휴식

de tout repos 안전한, 힘들지 않은
C'est un placement de tout repos.
그것은 안전한 투자이다.

reposer 쉬게하다, 눕다

se reposer sur ~에 의지하다. 믿다
Vous pouvez vous reposer sur moi pour ce service.
당신은 이 일을 위해 나를 믿을 수 있습니다.

reprendre 다시 잡다. 꾸짖다

① **On ne m'y reprendra plus!**
다시는 그런 실수를 하지 않겠다.

② **reprendre du poil de la béte 기력을 회복하다**
Il faut que tu reprennes du poil de la bête avant de pouvoir aller travailler.
너는 일하러 가기 전에 기운을 되찾아야 한다.

③ **reprendre haleine 호흡이 순조로와지다**
Il s'est remis à courir après avoir repris haleine.
그는 호흡이 순조로와지고 나서 다시 뛰기 시작했다.

④ **reprendre le collier 하기 싫은 일을 다시 하다**
Malgré son âge, il a fallu qu'il reprenne le collier pour gagner sa vie.
그는 나이에도 불구하고 생계를 위해 하기 싫은 일을 다시 해야했다.

⑤ **s'y reprendre à plusieurs fois 몇 번이고 되풀이해서 해보다.**
Nous nous y sommes repris à quatre fois sans réussir à attraper la balle.
우리는 공을 잡기 위해 네 번이나 되풀이해 보았지만 성공은 못했다.

représenter 나타내다, 표시하다

représenter une pièce 연극을 공연하다
La troupe a représenté L'Avare de Molière.
그 극단은 몰리에르의 "수전노"를 공연했다.

■ **reprise** n.m. **다시 잡기**

à deux (à plusieurs, etc.)reprises 두 번(여러번)
Je lui ai dit cela à plusieurs reprises.
나는 그에게 그것을 여러 번 말했다.

■ **reserve** n.f. **저장, 예비**

① **faire des réserves sur** ~에 관해 전적으로 동의하지는 않다.
　　Je fais toujours des réserves sur la valeur de son projet.
　　나는 항상 그의 계획에 대해 전적으로 찬성하지는 않는다.

② **sous réserve de** ~을 조건으로
　　Votre demande sera acceptée, sous réserve de l'approbation du directeur.
　　당신의 요구는 사장이 승인해야 수락된다.

③ **sous toutes réserves** 앞일은 보장을 하지 않고
　　Je vous donne le renseignement sous toutes réserves.
　　나는 당신에게 앞일에 대한 보장은 없이 정보를 드리는 겁니다.

■ **respect** n.m. **존경, 존중**

sauf votre respect 실례가 될지 모릅니다만
Sauf votre respect, monsieur, votre associé est un fainéant.
실례가 될 말인지는 모르겠지만 당신 파트너는 나태한 인물입니다.

■ **ressembler** **~와 비슷하다**

Ils se ressemblent comme deux gouttes d'eau.
그들은 똑같이 닮았다.

■ **ressort** n.m. **탄력, 스프링, 권한**

du ressort de ~의 책임인
Ne me demandez pas de le faire, ce n'est pas de mon ressort.
나의 소관이 아니니 내게 그 일을 요청하지 마시오.

■ **reste** n.m. **나머지, 여분**

① **au (du) reste** 게다가, 그런데
　　Il ne vient pas; au reste, je ne l'ai pas invité.

그는 오지 않습니다. 그리고 저는 그를 초대하지도 않았습니다.

② **de reste** 넉넉히, 여분으로

J'ai de l'argent de reste que je vais placer.
나는 여분으로 투자할 돈이 있다.

③ **en reste** 빚으로 남은

Je ne voulais pas être en reste envers eux.
나는 그들에게 빚을 남기고 싶지 않다.

④ **sans attendre (demander) son reste** 아무 말 없이 총총히 사라지다

A notre grande surprise, il est parti sans attendre son reste.
그는 아무 말 없이 사라져서 우리는 크게 놀랐다.

rester 남아있다

① **en être resté à** ~상태에 머물러 있다.

Ils en sont restés à la lampe à pétrole.
그들은 아직 오일램프 시대에 머물러 있다.

② **en rester là** ~에서 손을 떼다'

Si vous n'acceptez pas mon offre, restons-en là.
나의 제안을 받아들이시지 않는다면 그 일에서는 손을 뗍시다.

③ **il reste...à** ~이 남아있다.

Il me reste cent euros pour finir le mois.
내게 한달을 지낼 백 유로가 남아있다.

④ **ne pas rester sur un refus** 질문에 대해 부정하지는 않다

Il faut venir parce que nous ne resterons pas sur un refus.
우리는 부정하는 입장은 아니니 오셔야합니다.

⑤ **reste à savoir si...** ~인지 아직 모른다

Reste à savoir si elles viendront chez nous.
그 여자들이 우리집에 올지는 아직 모른다

⑥ **rester le bec dans l'eau** 오도가도 못하게 되다

Ses camarades ont abandonné et lui est resté le bec dans l'eau.
그의 동료들이 그를 포기해 그는 진퇴양난에 빠졌다.

⑦ **rester les bras croisés** 수수방관하다

Ils sont restés les bras croisés pendant que l'enneminder envahissait leur pays.
적이 그들의 나라를 침공했을 때 그들은 수수방관했다.

⑧ **rester sur le carreau** 그 자리에 쓰러지다

　　Quand le gros type l'a frappé, il est resté le carreau.
　　커다란 사람에게 맞고, 그는 쓰러졌다.
　　Il pensait être admis, mais il est resté sur le carreau.
　　그는 통과되었다고 생각했지만 낙제하고 말았다.

⑨ **rester sur sa faim** 먹고 배가 차지 않다

　　Comme le musée avait fermé les salles des impressionnistes, il a dû rester sur sa faim.
　　박물관의 인상파 전시실이 닫혀 있어서 그는 불만인 채로 떠나야했다.

▌ retard n.m. 지연, 연착

① **en retard** 늦은

　　Vous êtes en retard de dix minutes pour la réunion.
　　당신은 모임에 10분 늦었습니다.

② **en retard sur** 연착한

　　A cause de la grève, le train est en retard sur l'horaire.
　　파업으로 인해 열차는 연착했다.

▌ retomber 다시 떨어지다

retomber sur ses pattes (pieds) 난관을 벗어나다
C'est un débrouillard qui réussit toujours à retomber sur ses pattes.
그는 늘 어려움을 벗어날 줄 아는 능란한 사람이다.

▌ retour n.m. 귀환, 복귀

① **de retour** 돌아온

　　Je ne savais pas que vous étiez déjà de retour de votre voyage.
　　나는 당신이 여행에서 돌아오신 것을 모르고 있었습니다.

② **faire un retour sur soi-même** 반성하다

　　Avant d'accuser les autres, faites un retour sur vous-même.
　　남들을 비난하기 전에 스스로를 돌아보시오.

③ **sans retour** 영구히

　　Votre argent est perdu sans retour.
　　당신 돈은 영원히 잃게 된 것이다.

④ **sur le retour** 늙어가는, 절정이 지난

C'était un grand acteur, mais il est sur le retour maintenant.
그는 대배우였지만 지금은 절정이 지났다.

▌retourner 돌아가다

① **de quoi il retourne** 일이 어떻게 돌아가는지

Je n'arrive pas à comprendre de quoi il retourne.
나는 일이 어떻게 돌아가는지 이해를 못했다.

② **retourner le couteau (le fer) dans la plaie** 고통을 더하게 하다

J'ai compris mon erreur, ne retournez pas le couteau dans la plaie.
나는 내 실수를 깨달았으니 더 이상 괴롭게 하지 마세요.

③ **retourner quelqu'un comme une crêpe (un gant)** ~의 의견을 쉽게 바꾸어 놓다

Elle sait retourner cette grosse brute come une crêpe.
그녀는 이 악한의 생각을 쉽게 바꾸어 놓을 수 있다.

④ **retourner sa veste** 변절하다

Ce libéral a retourné sa veste et a voté avec les conservateurs.
이 자유주의자는 변절해서 보수당과 같이 투표했다.

⑤ **se retourner** 몸의 방향을 바꾸다

Les hommes se retournent sur son passage pour la regarder.
남자들은 그녀가 지나가는 것을 보려고 몸을 돌렸다.

▌retrouver 다시찾다

s'y retrouver 갈피를 잡다, 손해를 보지 않다, 만회하다
Lui seul sait s'y retrouver dans ce désordre.
그 사람만이 이 혼란 속에서 갈피를 잡고 있다.
Le boucher ne gagne pas grand chose sur le veau, mais il s'y retrouve sur le bœuf.
정육점 주인은 송아지 고기에서 큰돈은 못 벌지만 쇠고기에서 만회한다.

▌réussir 성공하다

réussir à ~에게 좋은 결과를 가져다주다
Tout ce qu'il entreprend lui réussit.
그가 하는 모든 일은 성공을 거둔다.

▌ revanche n.f. 보복, 설욕

en revanche 그 대신에

Il n'est pas brillant, mais en revanche il est travailleur.
그는 총명하지는 않은 대신 근면하다.

▌ revenir 다시 오다

① **Cela revient à dire que...** 요컨대 ~라고 할 수 있다.

② **en être revenu** 제 정신을 차리다

Il croyait au socialisme, mais il en est revenu maintenant.
그는 사회주의를 신봉하다가 지금은 제정신을 차렸다.

③ **en revenir à** ~으로 되돌아오다, ~에 다시 언급하다

J'en reviens toujours à ce que je disais avant.
나는 늘 전에 하던 말을 다시 하게 된다.

④ **faire revenir** 버터나 기름으로 볶다

Faites revenir l'oignon dans du beurre.
양파를 버터로 볶으세요.

⑤ **revenir à** 비용이 들다, 마음에 들다, ~에 귀착되다, ~소관이다

La réparation reviendra à trois cents dollars.
수리비는 300달러가 됩니다.

Elle est peut-être gentille, mais sa tête ne me revient pas.
그녀는 친절하지만 그의 머리는 마음에 들지 않는다.

Dans le partage, la maison revient à Paul.
재산분배에서 집은 폴의 몫이 되었다.

Le dernier essai revient à Camille.
마지막 시도는 카미유에게 달려있다.

⑥ **revenir à la charge** 교섭, 주장, 공격, 등을 되풀이하다

Nous voulions éviter cette question, mais il revenait toujours à la charge.
우리는 이 문제를 회피하려고 했지만 늘 되풀이되어 거론되고 있다.

⑦ **revenir de** 회복하다

Il est revenu de son engouement.
그는 열정으로부터 정신을 차리게 되었다.

Je n'en reviens pas. 나는 그것을 잊을 수 없다.

⑧ **revenir de loin** 위태로운 지경을 벗어나다

Nous revenons de loin; le fusil était chargé.
우리는 위태로운 지경은 벗어났다. 소총은 장전이 되어 있었다.

⑨ **revenir sur 재검토하다, 취소하다**

Il est revenu sur sa promesse.
그는 자신의 약속을 취소했다.

Ne revenons pas sur cette question éternellement.
이 문제는 영구히 재론하지 맙시다.

⑩ **revenir sur le tapis 다시 화제가 되다**

La question des impôts est revenue de nouveau sur le tapis.
세금 문제가 또 다시 화제가 되었다.

▌rien n.m. 아무것도 아닌 것

① **Cela ne fait rien. 괜찮습니다.**
② **Comme si rien n'était. 아무일도 없었던 듯.**
③ **De rien. 천만에 말씀입니다.**
④ **en un rien de temps 순식간에**

Nous avons fini le travail en un rien de temps. 우리는 순식간에 일을 끝냈다.

⑤ **Je n'en ai rien à cirer. 나와 상관없는 일이다.**
⑥ **n'avoir rien à voir avec ~와 관계없는**

Ce film n'a rien à voir avec le roman du même titre.
그 영화는 같은 제목의 소설과 아무런 상관이 없다.

⑦ **pour rien au monde 무슨 일이 있어도, 세상의 무엇과 바꾸어도**

Je ne ferais cela pour rien au monde.
나는 무슨 일이 있어도 그 일을 하지 않을 것이다

⑧ **rien moins que 조금도 ~않다, 참으로**

La maison n'est rien moins que confortable. 그 집은 전혀 쾌적하지 않다.
Ce ne serait rien moins que malhonnête. 정직하지 않은 일일 뿐이다.

⑨ **rien ne sert de 쓸데없는**

Rien ne sert d'essayer d'éviter cette responsabilité.
책임을 피하려는 것은 쓸데없는 일이다.

⑩ **un rien de ~의 힌트를**

J'ai senti un rien de regret dans sa lettre.
나는 그의 편지에서 무언가 유감이라는 것을 느꼈다.

■ rigueur n.f. 엄정, 정확

① **à la rigueur** 부득이한 경우

Vous pouvez à la rigueur arriver plus tard.
부득이한 경우 늦게 오셔도 됩니다.

② **de rigueur** 꼭 필요한

La tenue de soirée est de rigueur pour cette réception.
리셉션에는 정장착용이 요구된다.

■ rimer 시를 짓다, 일치하다

Cela ne rime à rien. 그것은 아무 의미도 없다.

■ rincer 헹구어내다

① **se rincer la dalle** 술을 마시다

Je suis allé au bar pour me rincer la dalle avant d'aller au travail.
나는 일하러 가기 전에 바에 한잔하러 갔다.

② **se rincer l'œil** 눈요기를 하다

Maintenant que tu t'es rincé l'œil à la regarder, viens m'aider un peu.
너는 눈요기를 했으니 와서 나를 좀 도와다오.

■ rire 웃다

① **pour rire** 농담으로

Ne t'en fais pas; j'ai dit cela pour rire.
걱정 마라. 농담으로 한 말이다.

② **rire à gorge déployée (aux éclats, aux larmes, comme un bossu)** 박장대소하다

Ce film comique m'a fait rire aux éclats. 나는 이 코믹한 영화를 보고 크게 웃었다.

③ **rire à la barbe (au nez) de quelqu'un** ~를 맞대놓고 비웃다

Je suis impatient de le voir, pour lui rire à la barbe.
나는 빨리 그의 면전에서 웃어주고 싶다.

④ **rire dans sa barbe (sous cape)** 내심으로 웃다

Il riait dans sa barbe en voyant les ennuis que nous nous étions attirés.
그는 우리들이 빚어내는 문제들을 보며 속으로 웃었다.

⑤ **rire jaune** 쓴웃음을 짓다.

Mon rival a ri jaune en apprenant mon succès.

나의 라이벌은 나의 성공 소식에 쓴웃음을 지었다.

⑥ **se rire de** ~을 무시하다. 아랑곳하지 않다

Elle se rit des difficultés que nous prévoyons.
그녀는 우리들이 예견한 어려움들을 무시했다.

⑦ **Vous voulez rire!** 농담이시겠지요.

risque n.m. 위험

aux risques et périls de 모든 위험을 무릅쓰고
Vous empruntez cette route en construction à vos risques et périls.
당신은 모든 위험을 무릅쓰고 공사중인 이 길을 택하는군요.

risquer 위험을 무릅쓰다

① **risquer le coup** 한번 해보다

N'ayez pas peur; allez-y, risquez le coup.
겁내지 마세요. 자, 한번 해 보세요.

② **risquer le paquet** 모든 것을 걸다

C'est ma dernière chance; je vais risquer le paquet sur ce cheval.
나의 마지막 기회다. 나는 내 모든 것을 걸겠다.

river 리베트로 박다, 고정시키다

river son clou à quelqu'un ~을 찍소리 못하게 하다
S'il continue à parler comme cela, je vais lui river son clou.
그가 계속 그렇게 말하면 내가 그의 입을 틀어막겠다.

roi n.m. 왕

de roi 최고의
Le tournedos est un morceau de roi. 얇게 저민 쇠고기 요리는 최고급이다.
Le roi n'est pas son cousin. 그는 매우 거만하다, 그는 스스로에 크게 만족하고 있다.

rompre 끊다, 부러뜨리다

① **rompre des lances (en visière) avec** ~을 정면 공격하다

Le ministre a rompu des lances avec ses anciens collègues.
장관은 그의 옛 동료들을 정면으로 공격했다.

② **rompu à** 익숙한, 능숙한
Ce n'est pas un débutant; il est rompu à la politique.
그는 신인이 아니다. 그는 정치분야에 경력이 있다.

rond 둥근
① **faire des ronds de jambe** 부자연스럽게 아첨하는 태도를 취하다
Tous ses associés faisaient des ronds de jambe devant lui.
그의 모든 동업자들이 그 사람 앞에서 부자연스럽게 꾸민 태도를 취했다.
② **rond en affaires** 공정하게 거래하다
J'aime bien traiter avec lui car il est rond en affaires.
나는 그가 공정하게 거래해서 같이 비즈니스 하는 것을 좋아한다. (tejue nu)

ronde n.f. 순회, 순찰
à la ronde 주위로, 사방으로
Il n'y a pas un motel à dix kilomètres à la ronde.
이곳에서 10킬로미터 이내에 모텔은 없습니다.

ronger 깨물다, 갉아먹다
① **ronger son frein** 불만을 참다
Le nouveau directeur rongeait son frein en attendant le début de la saison.
새 사장은 시즌의 시작을 기다리며 불만을 참았다
② **se ronger les foies (les sangs)** 괴로워하다. 번민하다
Ils se rongeaient les foies d'inquiétude. 그들은 근심 걱정으로 괴로워했다.

roue n.f. 바퀴
faire la roue 점잔빼며 우쭐거리다
L'acteur faisait la roue devant les dames.
그 배우는 부인들 앞에서 점잔을 빼며 우쭐거렸다.

rouler 굴리다. 운전하다
① **rouler carosse** 자가용 마차가 있다. 호화롭게 살다
"Si je roulais carosse comme vous, je ne casserais pas ides cailloux."
내가 당신처럼 호화롭게 산다면 나는 힘들게 일하지는 않을 것이다.

② **rouler quelqu'un** 속이다

J'ai cru à votre promesse et vous m'avez roulé.
나는 당신의 약속을 믿었는데, 당신은 나를 속였다.

③ **rouler sa bosse** 이리저리 떠돌다

Il a roulé sa bosse à travers le monde.
그는 전세계를 이리저리 떠돌아 다녔다.

④ **rouler sur (un sujet)** ~을 화제로 삼다

La conversation roulait sur les scandales politiques récents.
대화는 최근 정치 스캔들을 주제로 삼았다.

⑤ **rouler sur l'or** 매우 돈이 많다

Sa fiancée est belle, intelligente, et elle roule sur l'or.
그의 약혼녀는 예쁘고, 지적이며 돈도 많다.

⑥ **se rouler les pouces (se les rouler)** 할 일없이 빈둥거리다

Pourquoi est-ce que tu te roules les pouces?
너는 왜 하는 일없이 빈둥거리고 있니?

▌▎ **roulette** n.f. 작은 바퀴

comme sur des roulettes 순조로이 진행되다
L'opération a marché comme sur des roulettes.
수술은 순조롭게 진행되었다.

▌▎ **route** n.f. 도로

① **En route!** 출발!

② **en route pour** ~로 가는 중인

Nous étions déjà en route pour Paris quand il nous a rattrapés.
그가 우리를 잡았을 때 우리는 이미 파리로 가는 중이었다.

▌▎ **ruer** 발로 차다

ruer dans les brancards 항의하다, 반항하다
Après des années de besogne, il rue dans les brancards.
몇 년 동안 힘든 일을 하고 그는 항의했다.

프랑스어
관용어

프랑스어 관용어

▍sage 현명한

sage comme une image 아주 얌전한
Son bébé est toujours sage comme une image.
그의 아기는 늘 아주 얌전하다.

▍saigner 피를 흘리다

① **saigné à blanc** 모든 기력을 빼앗긴

Le dictateur laisse le pays saigné à blanc.
독재자는 나라가 완전히 황폐하도록 놓아둔다.

② **se saigner aux quatre veines** 온갖 희생을 다하다

Il se sont saignés aux quatre veines pour envoyer leurs enfants en pensionnat.
그들은 자식들을 기숙학교에 보내려고 온갖 고생을 다했다.

▍sain 건강한, 건전한

sain et sauf 무사히
Malgré la tempête, ils sont arrivés sain et sauf.
폭풍우가 있었지만 그들은 무사히 도착했다.

▍saint 성스러운, 성인(聖人)

à la saint-glinglin 영원히
Il continue à remettre ce projet à la saint-glinglin.
그는 앞으로 계속해서 이 계획을 제출할 것이다.

saisir 움켜쥐다.

saisir la balle au bond 기회를 포착하다
Voyant le moment venu, il a saisi la balle au bond.
적절한 때가 왔다고 보고 그는 기회를 포착했다.

saison n.f. 계절, 시즌

① **de saison** 적절한

Votre optimisme ne me semble pas vraiment de saison.
당신의 낙관주의는 내게 적절해 보이지 않는다.

② **hors de saison** 알맞지 않다

Ces remarques sont absolument hors de saison.
이 지적들은 전혀 적합하지 않다.

salaire n.f. 임금, 보수

un salaire de famine (de misère) 너무나 낮은 수준의 임금
Pour un si gros travail on lui payait un salaire de famine.
그렇게 힘든 일을 하며 그는 아주 낮은 임금을 받았다.

sang n.m. 피

① **avoir du sang de navet (de poulet)** 혈기가 없다, 겁장이다.

Ne compte pas sur lui, il a du sang de navet.
그는 겁장이이니 믿지 마라.

② **Bon sang!** 빌어먹을

③ **le sang-froid** 냉혈, 냉철함

Il ne perd jamais son sang-froid, quel que soit le danger.
그는 어떤 위험이 닥치더라도 냉철함을 잃지 않는다.
Mon sang n'a fait qu'un tour.
나는 큰 충격을 받았다.

sans ~없이

① **sans aucun doute** 틀림없이

Le bateau arrivera sans aucun doute demain.
배는 틀림없이 내일 도착할 것이다.

② **sans autre forme de procès** 절차를 거치지 않고

　　Il m'a mis à la porte sans autre forme de procès.
　　그는 아무 절차도 없이 나를 쫓아냈다.

③ **sans ça (sans quoi)** 그렇지 않다면

　　Il était malade; sans ça nous l'aurions vu au match.
　　그는 아팠다. 그렇지 않았다면 우리는 경기장에서 보았을 것이다.

④ **sans doute** 아마

　　Il nous a sans doute oubliés.
　　그는 아마 우리를 잊었을 것이다.

⑤ **sans faute** 틀림없이

　　Je vous rendrai le livre demain sans faute.
　　반드시 내일 책을 돌려드리겠습니다.

⑥ **Sans rancune!** 악의 없는 것이니 언짢게 생각하지 마세요.

santé n.f. 건강

boire à la santé de (porter une santé à) ~를 위해 건배하다
A la fin du repas on a bu à la santé de l'hôte.
식사 끝 무렵에 우리는 주인을 위해 건배했다.

saut n.m. 뛰어오르기, 점프

① **au saut du lit** 잠자리에서 일어나자마자

　　Il est venu me trouver au saut du lit.
　　그는 일어나자마자 나를 보러왔다.

② **faire le saut** 되든 안되든 한번 해보다

　　Après des mois d'hésitation, il a décidé de faire le saut.
　　몇 달 동안 주저한 끝에 그는 한번 해보기로 했다.

③ **faire un saut chez** ~의 집으로 달려가다

　　En passant à Paris, ils ont fait un saut chez leur ami.
　　파리를 지나며 그들은 친구 집으로 달려갔다.

④ **il n'y a qu'un saut** 엎어지면 코 닿을 거리다

　　D'ici au centre ville il n'y a qu'un saut.
　　여기서 도심까지는 매우 가깝다.

sauter 점프하다

① **Cela saute aux yeux.** 그것은 명백하다.

② **que ça saute** 어서 빨리

Nettoyez cette chambre et que ça saute!
어서 빨리 이 방 청소를 하세요.

③ **sauter au cou à (de)** ~의 목을 얼싸안다.

En me voyant, elle m'a sauté au cou.
그녀는 나를 보며 목을 끌어안았다.

④ **sauter au plafond** 놀람, 기쁨, 분노 등으로 펄쩍 뛰다.

Son père a sauté au plafond quand elle a échoué à l'examen.
그녀가 시험에 실패하자 그녀의 아버지는 펄쩍 뛰었다.

⑤ **sauter du coq à l'âne** 주제를 이리저리 옮겨다니다

Ce conférencier minable n'a fait que sauter du coq à l'âne.
그 끔찍한 연설자는 주제만 이리저리 옮겨다녔을 뿐이다.

⑥ **sauter le pas** 위험을 무릅쓰고 결정을 내리다

Il a hésité longtemps avant de sauter le pas et d'adhérer au parti.
그는 오래 머뭇거리고 나서 입당 결정을 내리게 되었다.

⑦ **se faire sauter la cervelle** 머리를 쏘아 자살하다

En voyant le cours de la bourse si bas, il s'est fait sauter la cervelle.
그렇게 낮은 주가를 보고 그는 머리를 쏘아 자살했다.

sauver 구원하다

① **Sauve-qui-peut!** 재주껏 도망쳐라.

② **sauver les apparences** 체면을 차리다

Ils tenaient toujours leur salon du jeudi pour sauver les apparences.
그들은 체면유지를 위해 목요 살롱을 계속 운영하고 있다.

③ **sauver les meubles** 간신히 먹고 살 것을 건지다

Il nous faut au moins faire un effort pour sauver les meubles.
우리는 최소한 먹고 살 것이라도 건지기 위해 힘써야 한다.

④ **se sauver** 달아나다

Au revoir, il faut que je me sauve.
안녕, 나는 먼저 가야 한다.

L'enfant s'était sauvé mais on l'a retrouvé.

어린이는 달아났지만 발견되었다.

savoir 알다

① **à savoir 즉 ~이다**

Nous avons du bétail à vendre, à savoir des boeufs, des chevaux, et des moutons.
우리는 팔 가축들이 있는데, 말하자면 소, 말, 양, 등이다

② **en savoir long sur 자세히 알고 있다.**

L'inspecteur en sait long sur cette affaire mystérieuse.
감독관은 이 신기한 일을 자세히 알고 있다.

③ **le savoir-faire 노하우**

Il a le savoir-faire qu'il faut pour accomplir cette tâche.
그는 이 일을 해내는 노하우를 갖고 있다.

④ **le savoir-vivre 처세술**

Son expérience du monde lui avait donné un grand savoir-vivre.
그는 인생 경험을 통해 처세술을 지니게 되었다.

⑤ **ne pas savoir à quel saint se vouer 어떻게 해야 좋을지 모르다**

Elle avait tout essayé sans succès et ne savait pas à quel saint se vouer.
그는 모든 노력을 다했지만 성공하지 못하고 나서 어떻게 해야할지 모르고 있었다.

⑥ **ne pas savoir où donner de la tête (sur quel pied danser)**
그다음에는 무엇을 해야 하는지 모르다

Il était débordé et ne savait plus où donner de la tête.
그는 정신을 못 차리고 어찌할 바를 몰랐다.

⑦ **savoir à quoi s'en tenir 어떻게 해야할지 알다.**

Maintenant je sais à quoi m'en tenir dans cette affaire.
이제 나는 이 일에서 어떻게 해야할지 알게 되었다.

⑧ **savoir ce que quelqu'un a dans le ventre ~의 마음 속을 알다**

Je veux d'abord savoir ce que nos adversaires ont dans le ventre.
나는 우선 상대방의 마음을 알고 싶다.

⑨ **savoir gré à ~에 대해 감사하다**

Je lui sais gré de sa discrétion dans cette affaire.
나는 이 일에서 그의 배려에 고마워하고 있다.

⑩ **savoir s'y prendre avec ~하는 방법을 알다**

Mon frère sait s'y prendre avec les chiens.

나의 형은 개를 다룰 줄 안다
⑪ **un je ne sais quoi ~한 어떤 것**
Elle a un je ne sais quoi qui rend tous les hommes fous,
그녀는 모든 사람을 화나게 만드는 무언가가 있다.

scie n.f. 톱
Quelle scie! 정말 귀찮은 일이다.

scier 톱으로 켜다
scier (le dos à) ~를 진저리 나게 하다
Tu me scies avec tes histoires sans fin.
너의 끝없는 이야기는 나를 진저리 나게 한다.

séance n.f. 회의, 회기
séance tenante 즉석에서, 당장
Nous avons dû prendre la décision séance tenante.
우리는 그 자리에서 결정해야 했다.

sec 마른, 건조한
① **à sec 고갈된, 궁색한**
J'ai tout dépensé et maintenant je suis à sec.
나는 돈을 다 써서 지금은 몹시 궁색하다
② **aussi sec 당장에, 대뜸**
Elle m'a lâché aussi sec pour un homme qui avait plus d'argent.
그녀는 돈 많은 남자를 찾으려고 당장 나를 버리고 떠났다.
③ **sec comme un coup de trique 매우 여윈**
Il est grand et sec comme un coup de trique.
그는 크고 매우 말랐다.

sécher 건조시키다
① **sécher sur pied 맥이 빠지다.**
Son ami, en partant, l'a laissée à sécher sur pied.
그녀의 친구는 그녀를 떠나며 기운 빠지게 했다.

② **sécher un cours** 강의에 빠지다
   Il a séché son cours d'algèbre à cause du match.
   그는 경기 때문에 대수(代數) 시간에 빠졌다.

■ **secouer** 뒤흔들다
   ① **secouer les puces à** ~를 꾸짖다
   En lui parlant comme cela elle lui a secoué les puces.
   그렇게 말하며 그녀는 그를 혼냈다.
   ② **se secouer** 몸을 흔들다, 기운을 내다
   Secouez-vous un peu; ce n'est pas la fin du monde!
   그것이 세상의 끝이 아니니 기운내세요.

■ **secret** n.m. 비밀
   ① **au secret** 독방에
   On gardait le prisonnier au secret.
   죄수는 독방에 감금되었다.
   ② **C'est le secret de Polichinelle.** 그것은 공공연한 비밀이다.

■ **sein** n.m. 젖가슴
   au sein de ~의 한복판에, ~에 둘러싸여
   Il vit au sein du luxe.
   그는 호화롭게 살고 있다.
   Il n'y a pas d'unanimité au sein de la commission.
   위원회에서 만장일치는 없다.

■ **selle** n.f. 말 안장
   aller à selle 화장실에 가다
   Le malade est-il allé à la selle aujourd'hui?
   환자는 오늘 화장실에 갔었나요?

■ **sellette** n.f. 작업용 걸상
   sur la sellette 심문대에 오르다
   Le procureur a mis le témoin de la défense sur la sellette.
   검사는 변호인측 증인을 심문대에 올렸다.

프랑스어 관용어 ··· 353

■ **selon** ~에 따라
① **C'est selon.** 그건 경우에 따라 다르다.
② **selon toute apparence** 어느 모로보나
Le président démissionnera demain, selon toute apparence.
모든 정황으로 보아 의장은 내일 사임할 것이다.

■ **semaine** n.f. 주, 주간
① **de semaine** 근무하는
Je serai de semaine à la fin du mois.
월말에 나는 근무한다.
② **en semaine** 주중에
Il n'est jamais libre en semaine; il faut venir dimanche.
그는 주중에는 시간이 전혀 없으니 일요일에 와야 한다.
③ **faire la semaine anglaise** 영국식 주일 근무 (토요 반휴, 일요 전휴)를 하다.
Dans son entreprise on fait la semaine anglaise.
그의 회사에서는 영국식 주일 근무를 한다.
④ **la semaine des quatre jeudis** 결코, 절대로 ~아니다
Vous reverrez votre argent la semaine des quatre jeudis.
당신 돈은 영원히 되찾지 못한다.

■ **semblant** n.m. 외관, 겉보기
① **faire semblant (de)** ~인체하다
Il fait semblant de dormir mais il est éveillé.
그는 깨어있으면서 자는 척한다.
② **ne faire semblant de rien** 시치미 떼다
Quand la police est arrivée il n'a fait semblant de rien.
경찰이 왔을 때 그는 시치미를 뗐다.

■ **sembler** ~처럼 보이다.
① **comme bon me (te, lui, etc.) semble** ~좋을대로
Quoi que tu dise, je ferai comme bon me semble.
네가 뭐라고 하든 나는 내가 좋을대로 하겠다.

② **Que vous ensemble?** 그것을 어떻게 생각하시죠?

▌semer 씨를 뿌리다

① **semer la zizanie** 불화의 씨를 뿌리다.

Son nouvel ami essayait de semer la zizanie entre elle et ses copines.
그녀의 새 친구는 그녀와 친구들을 이간시키려고 했다.

② **semer quelqu'un** ~를 제거하다.

J'ai eu du mal à semer ce casse-pied.
나는 이 귀찮은 인간을 떼어버리기가 힘들었다.

▌sens n.m. 의미, 방향

① **dans le sens de** ~의 방향으로

Coupez les planches dans le sens de la longuer.
널빤지를 길이로 자르세요

② **sens dessus-dessous** 아래 위를 뒤집어

Tout est sens dessus-dessous dans sa chambre; quelle pagaille!
그의 방은 모든 것이 뒤집힌 엉망진창이다.

▌sentir 느끼다, 냄새맡다

① **ne pas se sentir de colère (de joie, etc.)** 분노(기쁨)로 어쩔줄 모르다

Je ne me sens pas de colère, après tous les cadeaux qu'ils ont reçus de moi!
그들에게 모든 선물을 주고 나서, 나는 분노로 어쩔 줄 몰랐다.

② **sentir le fagot** 이단의 냄새를 풍기다

Le curé lui a dit que ses idées sentaient le fagot.
사제는 그의 생각에서 이단의 냄새가 난다고 말했다.

③ **sentir le sapin** 죽음이 가깝다

les gens du village disaient que le père Michel sentait le sapin.
마을 사람들은 미셀 신부의 죽음이 가깝다고 말했다.

④ **se sentir tout chose** 어쩐지 기분이 언짢다

Après la piqûre je me sentais tout chose, lovon no?
주사를 맞고 나는 기분이 좋지 않았다.

septième 7번째의

au septième ciel 다시없는 행복

Depuis qu'il a rencontré cette fille, il est au septième ciel.
그는 이 아가씨를 만나고 다시없는 행복에 사로 잡혀있다.

serrer 꽉 쥐다. 조이다

① **serrer la main à quelqu'un** ~에게 악수하다

A la fin de la discussion, je lui ai serré la main cordialement.
토론이 끝나고 나는 진심으로 그에게 악수를 했다.

② **serrer la vis à** ~에게 압박을 가하다

Nous devrons lui serrer la vis pour qu'il termine le travail à temps.
우리는 그가 제 시간에 일을 끝내도록 압력을 가해야 할 것이다.

③ **serrer le cœur à quelqu'un** 가슴이 메게 하다

Le récit de ses malheurs m'a serré le cœur.
그의 불행에 대한 이야기는 내 가슴을 메게 했다.

④ **serrer les dents** 이를 악물다

Il faut que nous serrions les dents devant cette nouvelle difficulté.
우리는 새 어려움 앞에서 이를 악물어야한다.

⑤ **serrer les rangs (se serrer les coudes)** 열을 좁히다

En face du danger, tout le monde a serré les rangs.
위험 앞에서 모든 사람은 단결했다.

service n.m. 서비스, 봉사

① **être de service** 근무중인

Je suis de service un samedi sur deux. 나는 격주 토요 근무를 한다

② **faire le service entre A et B** A와 B 사이를 운행한다

Ilya un car qui fait le service entre la gare et l'aéroport.
역과 공항 사이에 운행하는 버스가 있다.

servir ~를 위해 일하다

① **servir à** ~하는데 쓰이다

Cette machine sert à fabriquer des boulons.
이 기계는 볼트 제작에 쓰인다.

② **servir de** ~의 구실을 하다

Cette église a servi d'entrepôt pendant la révolution.
이 교회는 혁명기에 창고로 쓰였다.

③ **se servir de** ~를 이용하다

Puis-je me servir de votre téléphone pour appeler mon frère?
형에게 전화하려는데 당신 전화를 써도 되나요?

seul 혼자인, 홀로인

① **comme un seul homme** 만장일치로

Quand elle a fini son discours, tous ont applaudi comme un seul homme.
그녀가 연설을 마치자 모든 사람이 다같이 박수갈채를 보냈다.

② **seul à seul** 1대1로

Nous en reparlerons plus tard seul à seul.
우리는 1대1로 나중에 그 이야기를 다시 합시다.

si 만약 ~이면

① **et si** ~라면

Et si tes parents rentraient tout à coup?
너의 부모님이 갑자기 돌아오시면 어떻게 할래?

② **si nous... (si l'on..., etc.)** ~하는 것은 어떨까? (권유)

Si nous faisions une promenade avant dîner?
저녁 식사 전에 산책할까?

siècle n.m. 세기

le siècle des lumières 계몽시대, 18세기
Diderot était un des grands auteurs du siècle des lumières.
디드로는 계몽시대의 큰 저자 가운데 하나였다.

sien 그의 것, 그녀의 것

les siens 집안 사람들
Je ne m'attendais pas à une telle indifférence de la part des miens.
나는 식구들이 그렇게 무관심하리라고는 예상하지 못했다.

signe n.m. 신호, 기호

① **faire signe à 신호를 보내다**
   Il m'a fait signe d'avancer lentement.
   그는 내게 천천히 앞으로 가라는 신호를 보냈다.

② **faire signe du doigt à ~을 손짓으로 부르다**
   Il m'a fait signe du doigt depuis l'autre côté de la barrière.
   그는 울타리 건너편에서 내게 손짓을 했다.

③ **faire un signe de (la) tête 머리를 끄덕이다**
   Elle n'a pas répondu un mot, mais elle a fait un signe de tête.
   그녀는 한 마디도 대답하지 않고 머리만 끄덕였다.

④ **se signer 십자가를 긋다**
   Elle s'est signée en entrant dans l'église.
   그녀는 교회에 들어서며 성호를 그었다.

simple 단순한

① **C'est simple comme bonjour. 너무도 쉬운 일이다.**

② **dans le plus simple appareil 벌거벗은**
   Entrant soudain, il la trouva dans le plus simple appareil.
   갑자기 들어오며 그는 그녀가 벌거벗고 있는 것을 보았다.

sitôt 그렇게 빨리

① **pas de sitôt 그렇게 빨리(부정문에서)**
   Vous n'aurez pas votre argent de sitôt.
   당신은 그렇게 빨리 돈을 벌지는 못한다.

② **Sitôt dit, sitôt fait. 말이 떨어지자마자 즉각 실행되었다.**

soi 자기자신

① **Cela va de soi. 말할 것도 없이 당연한 일이다.**

② **soi-disant 이른바, 소위, 자칭**
   C'est un soi-disant guérisseur. 그는 자칭 병을 고치는 사람이다.
   Il est venu ici, soi-disant pour nous aider.
   그는 자기 말로는 우리를 도우려고 여기 왔다고 한다.

somme n.f. 합계, 총액

somme toute 요컨대
Somme toute, nous n'avons pas perdu grand chose.
요컨대 우리는 큰 손실은 없었다.

sommeil n.m. 수면, 졸음

avoir sommeil 졸립다
Couchons l'enfant; il a sommeil.
어린이가 잠이오니, 재우자.

songer 꿈꾸다

sans songer à mal (à malice) 악의 없이
Elle a dit cela sans songer à mal.
그녀는 악의 없이 말한 것이다.

sonner 종이 울리다

① **avoir...ans (bien) sonnés 나이가 ~살이 넘은**
   Bien qu'il ait l'air jeune, il a cinquante ans sonnés.
   그는 젊어 보이지만 50세가 넘었다.
② **On ne t'a pas sonné! 아무도 네게 묻지 않았다.**
③ **sonner juste (faux) 사실로(거짓으로) 들리다**
   Je trouve que son explication sonne juste.
   나는 그의 설명이 사실이라고 생각한다.
④ **sonner les cloches à ~을 몹시 꾸짖다.**
   Quand il est rentré après minuit, son père lui a sonné les cloches.
   그가 자정이 지나서 귀가하자 아버지는 몹시 꾸짖었다.

sorcier n.m. 마법사, 요술쟁이

Ce n'est pas sorcier. 그 일은 그다지 어렵지 않다.

sort n.m. 운명, 운수

① **faire un sort à ~을 끝내다, 강조하다**
   Nous avons fait un sort à la dernière bouteille de vin.

우리는 마지막 포도주 병을 비웠다.
② **Le sort en est jeté. 운명은 결정되었다.**

▎sorte n.f. 종류, 품종

faire en sorte que ~하도록
Faites en sorte qu'on ne vous entende plus!
더 이상 당신 소리가 들리지 않도록 하시오.

▎sortie n.f. 외출, 출구

① **à la sortie de ~에서 나올 때**

A sa sortie de l'école, il a trouvé un bon poste.
학교를 졸업하며 그는 좋은 직장을 찾았다.

② **faire une sortie contre ~에게 호통을 치다**

Le député conservateur a fait une sortie contre les lois sur l'avortement.
보수파 의원은 낙태 관련법을 맹렬히 비난했다.

▎sortir 나가다

① **D'où sortez-vous? 무슨 소리를 하는 거요. 통 모르고 있군.**
② **ne pas être sorti de l'auberge 일이 점점 곤란해지다, 진전이 없다**

Le chirurgien dit que le malade n'est pas encore sorti de l'auberge.
외과 의사는 환자의 상태가 호전되지 않고 있다고 말한다.

③ **s'en sortir 어려움을 이겨내다**

Pourrez-vous vous en sortir avec trois mille euros?
3000유로로 난관을 헤쳐 나올 수 있습니까?

④ **sortir de l'ordinaire 보통 일이 아니다**

C'est un cas curieux et qui sort de l'ordinaire.
정말 특이한 경우로 보통 일이 아니다.

⑤ **sortir de ses gonds 화를 내다**

En entendant cette injure, il est sorti de ses gonds.
이 같은 욕설을 듣고 그는 화를 냈다.

■ sou 1수 (옛 5상팀) 한푼

① **être sans le sou (n'avoir ni sou ni maille, ne pas avoir le sou, ne pas avoir un sou vaillant)** 한푼도 없다
Il était beau et de famille noble, mais il était sans le sou.
그는 잘 생기고 집안도 좋지만 돈이 한 푼도 없다.

② **pas pour un sou (deux sous)** ~이 전혀 없다
Il n'est pas fier pour un sou, malgré sa célébrité.
그는 명성에도 불구하고 전혀 거만하지 않다.

■ souffrance n.f. 괴로움, 고통

en souffrance 미결 상태인, 중단된
Le projet est resté en souffrance faute de crédits.
그 계획은 예산 부족으로 중단된 상태이다.

■ souhait n.m. 소원, 희망

① **à souhait** 바라는 대로
A ce grand hôtel, nous avons été servis à souhait.
이 큰 호텔에서 우리는 희망하는 대로 서비스 받았다.

② **A vos souhaits!** 재채기한 사람에게 하는 말.

■ soulever 들어올리다

soulever le cœur à quelqu'un 구역질나게 하다
La vue de cette destruction m'a soulevé le cœur.
이 파괴 장면은 나를 구역질나게 한다.

■ soupe n.m. 수프

être soupe au lait (s'emporter comme une soupe au lait) 그는 성마른 사람이다
Il a un cœur d'or mais il est soupe au lait. 그는 심성은 착하지만 화를 쉽게 낸다.

■ souple 부드러운, 유연한

souple comme un gant 남의 뜻을 잘 따르는
Elle ne vous fera pas d'histoires; elle est souple comme un gant.
그녀는 남의 말을 잘 따르니 당신에게 문제를 일으키지는 않을 것입니다.

sourd 들리지 않는

① **comme un sourd** 있는 힘을 다해

Il est tombé sur le voleur, et l'a frappé comme un sourd.
그는 도둑을 덮치고 있는 힘을 다해 그를 후려쳤다.

② **faire la sourde oreille** 못들은 체 하다

Elle a fait la sourde oreille quand ses locataires se sont plaints.
그녀는 세입자들이 불만을 표하자 못들은 체 했다.

③ **sourd comme un pot** 귀가 완전히 먹은

Parlez-lui très fort: il est sourd comme un pot!
그는 귀가 잘 들리지 않으니 크게 말해야 한다.

sourire 미소짓다

ne pas sourire à ~의 마음에 들다
Cette perspective ne me sourit guère.
이 예측은 거의 내 마음에 들지 않는다.

sous ~아래에

sous le boisseau 비밀로 하는
Ils gardent les nouveaux modèles sous le boisseau avant le Salon.
그들은 새 모델을 전시회 이전까지는 비밀로 하고 있다.

style n.m. 스타일 문체

de style 독특한 스타일의
Son appartement était plein de meubles de style.
그의 아파트는 독특한 스타일의 가구로 가득 차 있었다.

sucer 빨아먹다

① **sucer avec le lait** ~을 어려서부터 익히다

Elle a sucé le jeu d'échecs avec le lait.
그녀는 어려서부터 체스게임을 익혔다.

② **sucer jusqu'à la moelle** 마지막 한푼까지 착취하다

Quand ses créanciers l'auront sucé jusqu'à la moelle, ils le lâcheront.
채권자들은 마지막 한푼까지 빼앗고 그를 놓아줄 것이다.

sucrer 달게 하다. 설탕을 넣다

① **se sucrer** 분배에서 큰 몫을 차지하다.

Le partage n'est pas juste; le patron s'est sucré.
분배는 공정하지 못하다.

② **sucrer les fraises** 떨다

Son âge se voyait seulement du fait qu'il sucrait les fraises.
그가 몸을 떠는 것에서 그의 나이를 짐작할 수 있다.

suer 땀을 흘리다

① **faire suer** ~에게 고된 일을 시키다.

Il nous fait suer avec ses histoires de pêche.
그는 자기의 낚시 이야기로 우리를 괴롭게 한다.

② **faire suer le burnous** 하층민을 착취하다

Ce colon a fait fortune en faisant suer le burnous.
이 식민지 관리는 원주민을 착취해 재산을 모았다.

③ **suer la misère (l'ennui, etc.)** 빈곤 (지루함)을 드러내다

Ce quartier de la ville sue la misère.
도시의 이 구역은 비참한 모습을 드러낸다.

④ **suer sang et equ** 피땀 흘리다

Il a sué sang et eau pour établir cette entreprise.
그는 이 기업을 세우기 위해 피땀을 흘렸다.

suite n.f. 계속 뒤에오는 영향

① **à la suite de** 계속해서

De fortes inondations sont venues à la suite de la tempête.
폭풍우에 이어 큰 홍수가 찾아왔다.

② **avoir de la suite dans les idées** 생각을 실천으로 옮기다.

Elle ne laisse pas tomber ses projets; elle a de la suite dans les idées.
그녀는 생각을 실천으로 옮기지, 계획을 그냥 놓아두는 일이 없다.

③ **dans (par) la suite** 그후에

J'ai appris dans la suite qu'elle s'était mariée.
나는 그후에 그녀가 결혼했다는 것을 알았다.

④ **de suite** 계속해서

Il a avalé trois verres de cognac de suite.
그는 잇달아 코냑 석 잔을 마셨다.

⑤ **donner suite à** 요구에 응하다

Il a promis de donner suite à ma demande.
그는 나의 요구에 응하겠다고 약속했다.

⑥ **Suite à votre lettre...** 당신의 편지에 따르면

⑦ **(tout)de suite** 즉시, 즉각

Je veux que tu fasses tes devoirs de suite! 너는 당장 숙제해라

▌suivre 뒤따르다

① **A suivre.** 다음호에 계속.

② **Au suivant!** 다음 사람!

③ **faire suivre** 바뀐 주소로 보내주다

Je vous serais reconnaissant de faire suivre cette lettre.
이 편지를 바뀐 주소로 보내주시면 고맙겠습니다.

④ **suivre un cours** 강의를 듣다

Elle a suivi un cours de phonétique à l'Institut britannique.
그녀는 영국문화원에서 음성학 강의를 들었다.

▌supplice n.m. 형벌, 심한 고통

au supplice 심한 고통을 겪는
Il était au supplice en attendant le résultat de l'examen.
그는 시험결과를 기다리며 몹시 괴로워했다.

▌sûr 확실한

① **bien sûr** 물론

Tu as oublié d'aller chez le dentiste, bien sár.
물론 너는 치과에 가는 것을 잊었겠지.

② **sois (soyez) sûr** 믿을 수 있다

Soyez sûr que je ferai tout mon possible.
내가 최선을 다 하리라는 것을 믿으세요.

surcroît n.m. 증가

de (par) surcroît 게다가

Elle était étrangère et, de surcroît, ne parlait pas leur langue.
그녀는 외국인이었고 거기다 그들의 언어도 못했다.

surplus n.m. 여분, 과잉

au surplus 게다가, 그 위에 또

Je ne vous crois pas; au surplus, cela n'a pas d'importance.
나는 당신을 못 믿는데다가 그 일은 중요하지도 않다.

suspendre 매어달다, 중단시키다

① **être suspendu aux lèvres de quelqu'un**
한마디도 빠뜨리지 않고 들으려고 하다
Le public était suspendu aux lèvres du conférencier.
청중들은 연설자의 말을 귀기울여 들었다.

② **suspendu aux jupes de sa mère 엄마 치마에 매달리다**
Leur frère était encore suspendu aux jupes de leur mère.
그들의 동생은 아직도 엄마에게 매달리고 있었다.

système n.m. 시스템

le système D 약삭빠른 방법 (=système des gens débrouillards)
Malgré les restrictions, il se tirait d'affaire grâce au système D.
통제에도 불구하고 그는 약삭빠르게 일을 처리했다.

프랑스어
관용어

프랑스어 관용어

tabac n.m. 담배

faire un tabac 성공을 거두다
Sa dernière pièce a fait un tabac. 그의 최근 연극은 큰 성공을 거두었다.

table n.f. 테이블

faire table rase de 백지화하다
Avec ses théories il voulait faire table rase du système politique.
그의 이론으로 그는 정치시스템을 백지화시키기를 원했다.

tableau n.m. 그림, 도표

(jouer, miser) sur les deux (sur tous les) tableaux 양다리를 걸치다.
Pour être sûr de gagner, il jouait sur les deux tableaux.
확실히 이기기 위해 그는 양다리를 걸쳤다.

tache n.f. 얼룩, 반점

① **faire tache** 어울리지 않다. 눈에 거슬리다
   Ses vieux vêtements faisaient tache dans cette société élégante.
   그의 낡은 옷은 이 우아한 모임에 어울리지 않았다.

② **faire tache d'huile** 점점 크게 번지다
   La démagogie fait tache d'huile dans cette ambiance politique.
   이 같은 정치환경에서 선동술은 점점 확산된다.

taille n.f. 재단, 자르기, 사이즈

① **avoir la taille bien prise** 몸매가 날씬하다

　Cette femme est grande et elle a la taille bien prise.
　이 여인은 키가 크고 날씬하다.

② **de taille** 대단한, 중대한

　Le chômage est un problème économique de taille.
　실업은 아주 중대한 경제적 문제이다.

③ **être de taille à** ~하기에도 충분하게 큰

　Son chien était de taille à tuer un homme.
　그의 개는 사람을 죽일 수도 있을 만큼 컸다.

tailler 자르다. 깎다

① **se tailler** 달아나다

　Il s'est taillé sans payer la note.
　그는 숙박비를 계산하지 않고 달아났다.

② **tailler des croupières à** ~를 괴롭히다. 바짝 뒤따르다

　Ayant perdu, il cherche à tailler des croupières à son adversaire.
　지고 나서 그는 상대방을 괴롭히려 하고 있다.

③ **tailler une bavette** 수다를 떨다, 잡담하다

　Nous avons arrêté de travailler un instant pour tailler une bavette.
　우리는 잠시 잡담을 하려고 일을 멈추었다.

tambour n.m. 북

sans tambour ni trompette 슬그머니, 은밀히

Il est parti tout d'un coup, sans tambour ni trompette.
그는 갑자기 조용히 사라졌다.

tamponner ~의 마개를 막다

s'en tamponner le coquillard 무시하다

Le parti politique de son mari? Elle s'en tamponne le coquillard.
그 여자 남편의 정당? 그녀는 그것을 무시한다.

tant 그렇게 많이, 그처럼

① **en tant que ~의 범위에서**
Il est à Rio en tant qu'ambassadeur. 그는 대사로 리오에 있다.
Il nous aide en tant que nous pouvons lui être utile.
우리가 그에게 쓰임새가 있는 한 그는 우리를 돕는다.

② **tant bien que mal 이럭저럭**
Faute de temps, le menuisier a terminé le meuble tant bien que mal.
시간이 없어서 목수는 간신히 가구를 만들 수 있었다.

③ **tant et si bien que 매우 ~이기 때문에**
Il a bavardé sans regarder l'heure, tant et si bien qu'il est arrivé en retard.
그는 시간을 보지 않고 수다를 떨어서 늦게 도착했다.

④ **Tant mieux! 그것 참 잘됐다.**

⑤ **Tant pis! 딱한 일이다**

⑥ **tant que ~하는동안**
Je resterai ici tant que vous continuerez à m'aider.
나는 당신이 계속 나를 도와주는 동안은 이곳에 머물 것이다.

⑦ **tant s'en faut que 어림없는 일이다.**
Tant s'en faut que j'en dise du mal.
내가 거기에 대해 험담을 하다니 어림없는 일이다.

⑧ **(un) tant soit peu 아주 조금**
Il est tant soit peu affecté. 그는 아주 조금 영향을 받았다

taper 때리다, 치다

① **se taper quelque chose 먹다, 마시다, 힘든 일을 해내다**
Pour célébrer, je vais me taper un verre de cognac.
축하하기 위해 나는 코냑을 한잔 마시겠다. bud
Je me suis tapé toute la vaisselle.
나는 설거지를 다 끝냈다.

② **se taper la cloche 진탕 먹고 마시다**
On s'est tapé la cloche au mariage de nos amis.
우리는 친구 결혼식에서 진탕 먹고 마셨다.

③ **taper à côté 실패하다, 헛다리짚다**
Elle essayait de deviner mais elle tapait toujours à côté.

그녀는 예측하려 했지만 늘 헛다리를 짚었다.

④ **taper dans le tas 많은 것 중에 아무 것이나 뽑다**

Nous avons des kilos de pommes; vous n'avez qu'à taper le tas.
우리는 사과가 몇 킬로 있으니 아무거나 골라보세요.
Au cours de la mêlée avec les manifestants, la police dans le tas.
시위대의 혼란 속에서 경찰은 아무나 잡아대고 있었다.

⑤ **taper dans l'oeil à quelqu'un ~의 마음에 들다**

Cette robe rouge m'a tapé dans l'œil.
이 빨간 원피스가 내 마음에 들었다.

⑥ **taper sur les nerfs à quelqu'un ~를 신경질나게 하다**

Elle a des manies qui me tapent sur les nerfs.
그녀는 나를 신경질나게 하는 집착증들이 있다.

▍ tapis n.m. 카페트

① **au tapis 쓰러 뜨리다**

Son coup a envoyé son adversaire au tapis.
그의 일격이 적을 쓰러뜨렸다.

② **sur le tapis 화제로 삼은**

La question du budget était sur le tapis.
예산 문제가 주제였다.

▍ tapisserie n.f. 타피리스, 장식용단

faire tapisserie 옆에서 구경만 하다
Elle n'est pas allée au bal de crainte de faire tapisserie.
그녀는 가서 구경만 하고 있게 될까봐 무도회에 가지 않았다.

▍ tard 늦은

① **Il se fait tard. 밤이 깊었다.**

② **pas plus tard qu'hier 바로 어제**

Elle est toujours là, je l'ai vue pas plus tard qu'hier.
그녀는 늘 있었고 나는 어제도 보았다.

③ **sur le tard 밤늦게 말년에**

Il a épousé sa seconde femme sur le tard.

그는 말년에 재혼했다.

tarder 늦어지다

① **il lui tarde de ~하는 것이 기다려지다**
Il nous tarde de revoir notre pays.
우리는 조국을 다시 보기를 고대한다.

② **tarder à 늦어지다, 좀처럼 오지 않다**
La fin de l'inflation tarde à venir.
인플레의 끝이 좀처럼 오지 않고 있다.

tarte f. 파이

Ce n'est pas de la tarte!
쉬운 일이 아니다.

tas n.m. 무더기, 더미

① **dans le tas 군중 속으로**
La police a tiré dans le tas. 경찰은 사람들을 향해 발포했다.

② **sur le tas 직업상의**
Au lieu d'aller à un lycée technique, il a appris son métier sur le tas.
기술계 고교를 가는 대신에 그는 직업으로 할 일을 배웠다.

tâter 만지다, 더듬다

tâter le terrain 정세를 살피다
Je vais leur poser quelques questions afin de tâter le terrain.
나는 정세를 살피기 위한 질문을 몇 가지 하겠다.

tel 이러한, 그러한

M. un Tel 모씨(某氏)
tel quel 그대로
Ils me l'ont vendu tel quel, à un prix réduit.
그들은 내게 그것을 할인가격 그대로 팔았다.

▋ temperament n.m. 체질, 기질, 조정, 타협

à tempérament 분납으로

Ils ont payé les meubles de leur maison à tempérament
그들은 자기 집 가구를 분납으로 구입했다.

▋ tempête n.f. 폭풍우

C'est une tempête dans un verre d'eau.
대수롭지 않은 일로 소동을 벌인 것이다.

▋ temps n.m. 시간

① **dans le temps** 예전에

　Dans le temps, elle était professeur de français.
　예전에 그녀는 프랑스어 선생님이었다.

② **de temps à autre (de temps en temps)** 이따금

　Nous nous voyons de temps à autre.
　우리는 이따금 만난다.

③ **en temps utile (voulu)** 알맞은 때에, 때가 되면, 머지않아

　Vous recevrez votre permis en temps utile.
　때가 되면 당신은 면허증을 받게 됩니다.

④ **le temps de** ~만 하면, ~하는 시간이면

　Le temps de me coiffer, je serai prêt.
　나는 머리만 손질하면 준비가 됩니다.

⑤ **n'avoir qu'un temps** 단명하다

　Son succès n'a eu qu'un temps. 그의 성공은 아주 짧았다.

⑥ **par le(s) temps qui court (courent)** 요즘에는

　Par le temps qui court, cela ne sert à rien d'économiser son argent.
　요즘은 저축하는 것이 아무 소용이 없다.

⑦ **un temps mort** 정지하다, 중단하다

　Au cours de sa conférence, il y a eu plusieurs temps morts gênants.
　강연동안 몇 차례나 중단되는 일이 있었다.

▋ tenant 지지자, 보유자

connaître les tenants (et aboutissants) 상세한 내용을 알다

Elle connaît tous les tenants de l'affaire.
그녀는 이 일의 상세한 내용을 다 알고 있다.

▌ tendre 뻗치다, 내밀다

① **tendre la main** 손을 내밀다, 구걸하다

   Il en est réduit maintenant à tendre la main.
   그는 지금 쪼들리게 되어 구걸을 한다.

② **tendre la perche** 구원의 손길을 뻗치다.

   Je leur suis reconnaissant parce qu'ils m'ont tendu la perche lorsque j'avais des ennuis.
   내가 어려울 때 도와주어서 나는 그들을 고맙게 생각한다.

③ **tendre le dos** 매맞으려고 등을 돌리다

   S'attendant à être battu, l'homme tendit le dos.
   그 남자는 매맞으려고 등을 돌렸다.

④ **tendre l'oreille** 귀를 기울이다

   Le chien tendait l'oreille au moindre bruit.
   개는 아주 작은 소리에도 귀를 기울였다.

⑤ **tendre un piège** 덫을 놓다

   Tout à coup il comprit qu'on lui avait tendu un piège.
   갑자기 그는 사람들이 그에게 덫을 놓았다는 것을 깨달았다.

⑥ **tendu de** 벽지를 바른, 휘장을 친

   L'église est tendue de blanc pour la fête.
   교회는 축제를 위해 하얗게 치장되었다.

▌ tenir 잡다, 유지하다

① **avoir de qui tenir** ~를 빼닮은

   Son fils est grand et maigre; il a de qui tenir.
   그의 아들은 키가 크고 말라서 그를 빼닮았다.

② **il ne tient qu'à** ~에 달렸다

   Il ne tient qu'à vous de réussir. 성공 여부는 당신에게 달렸다.

③ **n'y plus tenir** 더 참지 못하다

   Je pars tout de suite; je n'y tiens plus. 나는 떠나야겠다. 더 이상 참지 못한다.

④ **Qu'a celane tienne.** 그런 것은 아무래도 좋다.

⑤ **se le tenir pour dit** 명심해 두다

Tenez-vous le pour dit; c'est moi qui commande ici.
이곳은 내가 지휘한다는 것을 명심하시오.

⑥ **se tenir 행동하다, ~이 열리다**

Tenez-vous bien, les enfants. Le concert se tiendra dans l'église.
아이들아 바로 행동해라. 콘서트는 교회에서 열릴 것이다.

⑦ **se tenir à carreau 안전하게 행동하다**

Se sachant surveillé, il se tenait à carreau.
감시 받는 것을 알고 그는 안전하게 행동했다.

⑧ **se tenir à quatre 무지하게 애를 쓰다**

Je me tenais à quatre pour éviter de rire. 나는 웃지 않으려고 애를 썼다.

⑨ **se tenir coi 움직이지 않고 잠자코 있다.**

Vous feriez mieux de vous tenir coi pendant quelque temps.
당신은 이곳에서 잠시동안 가만히 있는 것이 좋을 것입니다.

⑩ **se tenir les côtes 포복절도 하다, 배꼽을 빼다**

Le public se tenait les côtes de rire. 청중들은 크게 웃었다.

⑪ **Tenez bon la rampe! 꼭 붙들어라**

⑫ **tenir à ~를 주장하다. 귀중하게 여기다. ~의 결과로 초래하다**

Malgré ce que vous dites, je tiens à aller le voir.
당신 말에도 불구하고 나는 그를 보러 간다.
Elle tient à ces vieux meubles. 그녀는 이 옛 가구들을 소중히 여긴다.
A quoi cette situation défavorable tient-elle?
이 나쁜 상황은 어떤 일을 초래하는가?

⑬ **tenir bon 꿋꿋하게 버티다**

Malgré leurs assauts répétés, il a tenu bon.
그들의 반복된 공격에도 그는 잘 버티었다.

⑭ **tenir de ~를 닮다**

L'enfant tient plus de sa mère que de son père.
어린이는 자기 아버지 보다 어머니를 더 닮았다.

⑮ **tenir debout 성립되다, 서있다**

Ce raisonnement est ridicule; il ne tient pas debout.
이 추론은 성립되지 않는 웃기는 것이다.
Je ne tiens plus debout; je suis trop fatigué.
나는 너무 피로해서 더 이상 서있지 못한다.

⑯ **tenir en haleine** 숨돌릴 겨를을 주지 않고

　　Cette histoire passionnante nous a tenus en haleine.
　　이 정열적인 이야기는 우리에게 숨돌릴 겨를도 주지 않았다.

⑰ **tenir en respect** ~을 제압하다

　　Elle a tenu le cambrioleur en respect avec un pistolet,
　　pendant que son mari appelait la police.
　　그녀는 자기 남편이 경찰을 부르는 동안 권총으로 절도 용의자를 제압했다.

⑱ **tenir la dragée haute à** 엄청난 값을 치르게 하다

　　Depuis leur mariage elle lui tient la dragée haute.
　　결혼 이후 그녀는 그에게 큰 값을 치르게 한다.

⑲ **tenir l'affiche** 계속 공연되다

　　La pièce a tenu l'affiche pendant plusieurs semaines.
　　그 연극은 몇 주 동안 공연되었다.

⑳ **tenir la jambe à** 붙들고 이야기를 늘어놓다

　　Ce casse-pieds m'a tenu la jambe pendant une bonne heure.
　　이 귀찮은 사람은 나를 한 시간 동안이나 붙들고 이야기했다.

㉑ **tenir le bon bout** 유리한 입장에 있다

　　Ce n'est pas le moment de faiblir, nous tenons le bon bout.
　　우리는 유리한 입장에 있으니 약해질 때가 아니다.

㉒ **tenir le coup** 저항을 하다, 버티다

　　Je ne sais pas si je vais pouvoir tenir le coup encore longtemps.
　　나는 내가 더 이상 오래 버틸 수 있을지 알지 못한다.

㉓ **tenir le haut du pavé** 입지가 좋아지다, 존경받는 자리에 있다.

　　Depuis son succès de librairie, ce romancier tient le haut du pavé.
　　그의 책이 성공한 이후 이 소설가는 입지가 튼튼해 졌다.

㉔ **tenir lieu de** ~를 대체하다

　　J'espère que cette petite notice tiendra lieu d'introduction.
　　나는 이 짧은 메모가 소개글을 대체하기를 바란다

㉕ **tenir quelque chose de quelqu'un** ~로부터 듣다.

　　Je tiens ce renseignement d'un journaliste.
　　나는 이 정보를 어떤 기자에게 들었다.

㉖ **tenir rigueur à quelqu'un de quelque chose** ~를 용서하지 않다

　　Il me tient rigueur de mes absences trop fréquentes.

그는 나의 잦은 결근을 용서하지 않는다.

㉗ **tenir tête à** ~에게 정면으로 대항하다

Maintenant qu'il a dix-huit ans, il commence à tenir tête à son père.
18세가 되었기 때문에 그는 아버지에게 저항하기 시작한다.

㉘ **tenir un discours (des propos)** ~에게 이야기하다

Il nous a tenu un discours désobligeant.
그는 우리에게 불쾌한 말을 했다.

▌▎ tenter 유혹하다, 시도하다

tenter le coup 시도하다
C'est difficile mais ça vaut la peine de tenter le coup.
어려운 일이지만 시도해 볼 만하다

▌▎ tenue n.f. 태도, 옷차림

avoir de la tenue (manquer de tenue) 태도가 점잖다 (점잖치 못하다)
Nos enfants ont eu de la tenue pendant la cérémonie.
우리 아이들은 행사동안 점잖게 있었다.

▌▎ terme n.m. 기한, 한계

mettre un terme à 끝내다, 중지시키다
Nous avons mis un terme à leur complot.
우리는 그들의 음모를 중단시켰다.

▌▎ terre n.f. 땅, 토지

① **à terre** 상륙한

Les marins étaient heureux d'être à terre.
선원들은 상륙해서 기뻤다.

② **à (par) terre** 땅바닥에

En entendant les balles, il s'est couché à terre.
총소리를 들으며 그는 바닥에 엎드렸다.

③ **terre-à-terre** 비속한, 속된

Ce médecin a une manière terre-à-terre qui rassure.
이 의사는 안심시키는 속된 방법을 쓴다.

tête n.f. 머리

① **à tête reposée** 침착하게
   J'examinerai cette question à tête reposée.
   나는 이 문제를 침착하게 검토하겠다.

② **avoir la tête près du bonnet** 걸핏하면 화를 내다
   Ne le taquinez pas; il a la tête près du bonnet.
   그는 화를 잘 내니 놀리지 마시오.

③ **avoir la tête qui tourne** 어지럽다
   En haut de l'échelle, j'ai eu soudain la téte qui tournait.
   사다리 꼭대기에서 나는 갑자기 어지러웠다.

④ **être tête d'affiche** 주역을 맡다
   Charles était tête d'affiche du spectacle.
   샤를르는 공연의 주역을 맡았다.

⑤ **faire la tête à** 싫은 표정을 짓다
   Elle me fait la tête depuis notre discussion hier.
   그녀는 어제 다툰 이후 내게 싫은 얼굴을 한다.

⑥ **faire une tête à queue** 빙글 돌다
   Roulant trop vite sur la glace, sa voiture a fait une tête à queue.
   얼음 위를 너무 빨리 달리다가 그의 차는 빙글 돌게 되었다.

⑦ **Il a la tête du métier.** 그 사람이 그 일에 적합해 보인다.

⑧ **par tête (de pipe)** 1인당
   Le dîner coûtera deux cent euros par tête.
   저녁식사 비용은 1인당 2백 프랑이다.

⑨ **une tête de Turc** 웃음거리가 되는 사람
   Je refuse de servir de tête de Turc à leur propagande.
   나는 그들의 선전에서 웃음거리로 쓰이기를 거절한다.

⑩ **un tête-à-tête** 개인적인 대화
   Au cours d'un tête-à-tête, je lui ai fait savoir ce que je pensais de ses activités.
   사적인 대화에서 나는 그의 활동에 대한 내 생각을 밝혔다.

ticket n.m. 티켓

avoir le (un) ticket avec ~에게 환심을 사다
Il m'a dit que j'avais le ticket avec sa sœur.

그는 내게 내가 자기 누이의 환심을 샀다고 말했다.

▌▌ tiers 제3의

① **en tiers 제3자**

J'étais en tiers à leur rendez-vous.
나는 그들 모임에 제3자였을 뿐이다.

② **Une tierce personne 제3자, 외부인**

Ne voulant pas être une tierce personne, elle est partie.
아웃사이더가 되고 싶지 않아서 그녀는 떠났다.

▌▌ tirer 잡아당기다

① **(Après ça) il n'y a plus qu'a tirer l'échelle.**

더 이상 올라갈 수 없다. 더 좋은 방법이 없다.

② **à tire d'aile 빨리**

Les oiseaux se sont envolés à tire d'aile.
새들은 재빨리 날아갔다.

③ **Cela ne tire pas à conséquence.**

중요한 일이 아니다

Cet étudiant se fait tirer l'oreille pour remettre son travail.
이 학생은 공부를 하라는 말을 좀처럼 듣지 않는다.

⑤ **s'en tirer 곤경을 벗어나다**

Le médecin croit que vous allez vous en tirer.
의사는 당신이 곧 나을 것으로 생각한다.

⑥ **se tirer 빠져 나가다**

Au revoir, il faut que je me tire!
안녕, 나는 가봐야 한다.

⑦ **se tirer d'affaire 어려움에서 벗어나다**

Ils se tirent d'affaire avec ce qu'elle gagne.
그들은 그 여자가 번 돈으로 어려움에서 벗어난다.

Il s'est tiré d'affaire en prétextant une maladie.
그는 아프다는 이유로 어려움을 모면했다.

⑧ **tiré à quatre épingles 맵시를 내다**

Elle est toujours tirée à quatre épingles.

그녀는 늘 맵시를 내고 있다.

⑨ **tiré par les cheveux 억지로 꾸며댄**

Son explication était tirée par les cheveux.
그의 설명은 억지로 갖다 붙인 것이다.

⑩ **tirer à hue et à dia 서로 반대 방향으로 끌다**

Ses soi-disant collaborateurs tiraient à hue et à día.
소위 협력자라는 사람들이 서로 반대방향으로 잡아당겼다.

⑪ **tirer à la courte paille 제비뽑다**

On a tiré à la courte paille pour voir qui irait. 누가 갈지 제비를 뽑았다.

⑫ **tirer au clair 명백하게 밝히다**

Il faut tirer au clair cette histoire mystérieuse.
이 미스테리한 이야기를 명백하게 밝혀야 한다.

⑬ **tirer au flanc 꾀병부리다. 게으름 피우다**

Arrête de tirer au flanc et viens nous aider.
꾀병부리는 것 그만두고 와서 우리를 도와라.

⑭ **tirer au sort 제비뽑다**

On a tiré au sort pour voir qui irait.
누가 갈지 제비를 뽑았다.

⑮ **tirer des plans sur la comète 터무니없는 계획을 세우다**

Compter sur la victoire de tes amis, c'est tirer des plans sur la comète.
네 친구들의 성공을 믿는 것은 허황된 계획이다.

⑯ **tireren longueur 질질 끌다. 지연시키다**

La conversation commençait à tirer en longueur,
대화는 길게 늘어지기 시작했다.

⑰ **tirer la couverture à soi 가장 좋은 몫을 차지하다.**

Je n'aime pas collaborer avec Jean parce qu'il tire toujours la couverture à lui,
장은 늘 자기가 큰 몫을 차지하려고 해서 나는 그와 같이 일하는 것을
좋아하지 않는다.

⑱ **tirer la langue 혀를 내밀어 놀리다**

En me voyant, la petite fille m'a tiré la langue.
나를 보며 꼬마 소녀는 혀를 내밀어 놀렸다.

⑲ **tirer le diable par la queue 몹시 가난하다**

Pendant la Dépression ils ont tiré le diable par la queue.

경제공황 때 그들은 몹시 가난하게 지냈다.

⑳ **tirer les cartes** 카드 점을 치다

Une gitane m'a tiré les cartes à la foire.
장터 놀이 마당에서 집시여인은 나의 카드 점을 쳤다.

㉑ **tirer les marrons du feu pour quelqu'un** 남에게 이용당하다

Qu'il se débrouille lui-même; j'en ai assez de tirer les marrons du feu pour lui.
그 사람 스스로 알아서 하라고 해라. 나는 그에게 지긋지긋하게 이용당했다.

㉒ **tirer les vers du nez à** ~을 유도 심문하다, ~로 하여금 입을 열게 하다

Tu essaies de me tirer les vers du nez, mais je ne dirai rien.
네가 내 입을 열려고 해도 나는 한 마디도 하지 않겠다.

㉓ **tirer parti de** ~을 이용하다

Ma couturière sait tirer parti du moindre chiffon.
나의 재단사는 작은 천 조각도 이용할 줄 안다.

㉔ **tirer sa révérence** 인사하고 떠나다

Poutôt que d'accepter leur proposition, j'ai tiré ma révérence.
그들의 제안을 수락하지 않고 나는 인사하고 떠났다.

㉕ **tirer son chapeau** ~에게 경의를 표하다

Ils ont du courage; je leur tire mon chapeau.
그들은 용기가 있다. 나는 그들에게 경의를 표한다.

㉖ **tirer son épingle du jeu** 궁지를 용케 벗어나다

Son associé, qui est astucieux, a tiré son épingle du jeu.
재치있는 그의 파트너는 궁지를 용케 벗어난다.

㉗ **tirer sur la corde (la ficelle)** 유리한 입장을 지나치게 이용하다

La secrétaire a tellement tiré sur la corde qu'on l'a mise à la porte.
비서는 자신의 입장을 너무도 이용해서 해고 당했다.

▌ **titre** n.m. 표제, 제목

① **à juste titre** 정당하게

On l'a accusé à juste titre d'être indécis.
그는 불명확한 입장으로 인해 정당하게 비난받았다.

② **à titre de** ~의 자격으로

Je te donne ce conseil à titre d'ami.
나는 너에게 친구로서 조언을 한다.

③ **au même titre** ~와 같은 이유로, 같은 자격으로
　　Le candidat est riche, mais au même titre il n'a besoin de rien.
　　후보자는 부유하며 역시 같은 이유로 부족한 것이 없다.
④ **au même titre que** ~와 마찬가지로
　　La radio est libre au même titre que la presse.
　　라디오도 출판물과 마찬가지로 자유롭다.

toilette n.f. 치장, 단장

faire sa toilette 치장하다
Le temps de faire ma toilette et je suis à vous.
몸단장을 하고 바로 당신에게 갑니다.

tombeau n.m. 무덤

à tombeau ouvert 전속력으로
La voiture roulait à tombeau ouvert lorsque l'accident a eu lieu.
사고가 났을 때 차는 전속력으로 달리고 있었다.

tomber 떨어지다. 넘어지다

① **Il tombe des hallebardes,** 비가 억수로 쏟아지다
② **tomber à la renverse (de surprise)** 놀라서 자빠지다
　　En le voyant, elle est tombée à la renverse.
　　그를 보자 그녀는 나자빠졌다.
③ **tomber à l'eau (dans le lac)** 수포로 돌아가다
　　Faute de crédits, tous nos projets sont tombés à eau.
　　예산부족으로 우리의 모든 계획은 수포로 돌아갔다.
④ **tomber amoureux de** 사랑에 빠지다
　　Elle a quitté son fiancé parce qu'elle était tombée amoureuse d'un marin.
　　그녀는 어떤 선원과 사랑에 빠져 자기 약혼자를 버렸다.
⑤ **tomber bien (juste)** 마침 잘 됐다
　　Ce chèque de mon père tombe bien.
　　아버지의 이 수표는 마침 잘된 것이다
⑥ **tomber dans les pommes** 기절하다
　　La vue du sang l'a fait tomber dans les pommes.

피를 보고 그는 기절했다.

⑦ **tomber dans un guépier 궁지에 빠지다**

Il ne se rendait pas compte en posant la quesion qu'il allait tomber dans un guêpier.
질문을 하며 그는 궁지에 빠지고 있다는 것을 알아차리지 못했다.

⑧ **tomber de Charybde en Scylla 더 무서운 적을 만나다.**
프라이팬에서 불로 뛰어든 꼴이 되다

Pensant trouver refuge chez ses anciens alliés, il est tombé de Charybde en Scylla.
그는 옛 동지들에게 피신하려다가 더 험한 꼴을 당했다.

⑨ **tomber de haut 크게 놀라다**

Quand ils ont échoué malgré tout, je suis tombé de haut.
모든 상황에도 불구하고 그들이 실패했을 때 나는 크게 놀랐다.

⑩ **tomber des nues 깜짝 놀라다, 어리둥절하다**

Moi, je tombais des nues; je ne m'y attendais pas du tout.
나는 전혀 예기치 못한 일이라 어리둥절하다.

⑪ **tomber du ciel 뜻하지 않은 일이다**

Cette nouvelle tombait du ciel.
이 소식은 전혀 뜻밖이다.

⑫ **tomber en enfance 노망하다**

Son grand-père est tombé en enfance; il faut s'occuper de lui tout le temps.
그의 아버지는 노망이 났으니 늘 보살펴야한다.

⑬ **tomber en panne 고장나다**

Ils auraient gagné mais leur auto est tombée en panne.
그들은 이길 수 있었으나 그들의 차가 고장이 났다.

⑭ **tomber en quenouille 여자의 손에 맡겨지다**

La médecine tombe en quenouille.
치료는 여자 손에 맡겨진다.

⑮ **tomber sous le sens 자명한 일이다**

Ce n'est pas la peine d'en discuter, cela tombe sous le sens.
자명한 일이니 토론을 벌일 필요도 없다.

⑯ **tomber sur 만나다. 기습하다**

En me promenant, je suis tombé sur mon vieil ami Paul.
산책하다가 나는 옛 친구 폴을 만났다.

Les deux soldats sont tombés sur la sentinelle.

두 병사는 보초를 기습 공격했다.
Je suis tombé sur cette référence dans le journal.
나는 이 자료를 신문에서 우연히 보았다.

⑰ **tomber sur un bec (un os)** 생각지 않던 장애에 부딪치다
Au bout de trois heures de recherches, il est tombé sur bec.
3시간의 연구 끝에 그는 뜻밖의 장애에 봉착했다.

▌ tondre 양털, 잔디 등을 깎다

Il tondrait un œuf. 그는 인색하기 짝이 없다

▌ tonnerre n.m. 천둥

① **du tonnerre** 굉장한, 기가 막힌

C'est un pilote de course du tonnerre!
그는 정말 대단한 레이스 선수이다.

② **Tonnerre de Brest!** 이런 빌어먹을!

▌ torchon n.m. 행주, 걸레

① **le coup de torchon** 시끄러운 다툼, 청소하기

Les soldats se sont donné le coup de torchon.
병사들은 시끄럽게 싸웠다.
Pour se débarrasser de ses anciens militants, le parti a donné un coup de torchon.
전날의 열성부자들을 제거하려고 그 정당은 정화(淨化)를 실시했다.

② **Le torchon brile.** 싸움을 벌이고 있다.

▌ tordre 비틀다. 쥐어짜다

se tordre (de rire) 포복절도하다
Le public se tordait de rire.
청중들은 허리가 끊어지게 웃었다.

▌ tort n.m. 잘못

① **à tort** 부당하게

Il m'accusait à tort d'avoir volé le tableau.
그는 부당하게도 내가 그림을 훔쳤다고 비난했다.

② **à tort et à travers** 함부로

Elle a parlé du livre à tort et à travers.
그녀는 그 책에 대해 함부로 말했다.

③ **avoir tort** 잘못 생각하다

J'ai eu tort de ne pas en parler plus tôt.
그것에 대해 더 일찍 말하지 않은 것은 내 잘못이다.

④ **dans son tort** 자기 잘못이다

L'autre chauffeur était dans son tort.
다른 운전자가 잘못했다.

touche n.m. 손을 대기, 접촉

sur la touche 소외된
Le système de santé a laissé sur la touche un grand nombre de malades.
보건체계는 많은 환자들을 소외시켰다.

toucher 접촉하다, 손을 대다

① **toucher de près** 밀접한 관계가 있는

Je m'occupe de cette question parce qu'elle me touche de près.
나와 밀접한 관계가 있는 문제라서 내가 맡아하겠다.

② **toucher du doigt** ~을 명확히 하다, 확실히 이해하다

L'a, vous touchez du doigt le problème essentiel.
당신은 근본적인 문제를 확실히 이해하고 있습니다.

③ **toucher un chèque** 수표를 현금으로 바꾸다

On lui a dit de ne pas toucher le chèque tout de suite.
그는 즉각 수표를 현금으로 바꾸지는 말라고 들었다.

④ **toucher un mot** ~에 대해 한마디하다

Je lui a touché un mot sur ses absences fréquentes.
나는 그의 잦은 결근에 대해 한 마디 했다.

⑤ **toucher un salaire de** ~의 월급을 받다

Cet employé touche un salaire de cinq mille france.
이 직원은 5천 프랑의 급료를 받는다.

⑥ **un air de ne pas y toucher** 시치미 떼는 태도

Son air de ne pas y toucher ne trompait personne.

그의 시치미 떼는 태도는 아무도 속이지 못했다.

▌ toujours 언제나 항상

hot noz anob

① **C'est toujours cela.** 아무튼 없는 것보다는 낫다.

② **toujours est-il que** 어쨌든 ~는 사실이다

Toujours est-il que nous n'avons pas l'argent nécessaire.
우리가 필요한 돈이 없다는 것은 사실이다.

▌ tour n.m. 한바퀴돌기, 재주, 형세

① **à tour de bras** 완력으로, 온힘을 다해

Ils l'ont frappé à tour de bras. 그들은 있는 힘을 다해 그를 때렸다.

② **à tour de rôle** 번갈아, 교대로

Pendant la longue route, nous avons conduit à tour de rôle.
먼길을 가며 우리는 교대로 운전했다.

③ **avoir...de tour** 주변 ~ 범위에

Sa propriété a trois kilomètres de tour. 그의 재산은 주변 3Km에 걸쳐있다.

④ **en un tour de main (un tournemain)** 눈 깜짝할 사이에

Ne vous impatientez pas; ce travail sera fait en un tour de main.
이 일은 눈 깜짝할 사이에 끝나니 초조해하지 마세요.

⑤ **faire le tour du cadran** 시계 바늘이 한바퀴 돌다, 12시간 동안 자다

Après sa longue veillée, il a fait le tour du cadran.
철야작업 후에 그는 12시간 동안 잤다.

⑥ **faire le tour d'une question** ~을 검토하다

Faisons d'abord le tour de cette question; puis nous examinerons les possibilités.
우선 이 문제를 검토하고 나서 가능성을 조사합시다.

⑦ **faire un tour (à bicyclette, en, auto, etc.)** 산책하다

Nous avons fait un tour avant le dîner.
우리는 저녁식사 전에 산책했다.

⑧ **le tour de main** 솜씨, 손재주

Je ne peux le faire parce que j'ai perdu le tour de main.
나는 손재주를 잃어서 그 일을 할 수 없다.

⑨ **tour à tour** 차례로, 하나 다음에 또 하나

Ils ont tous parlé tour à tour.
그들은 모두 차례로 발언했다.

Il a occupé tour à tour des postes de tout genre.
그는 하나씩 하나씩 모든 종류의 직위를 차지했다.

⑩ **un tour de force 어려운 일**

Son exécution de la sonate était un tour de force.
그의 소나타 연주는 힘이 드는 일이었다.

tourmant n.m. **모퉁이, 전환기**

① **attendre quelqu'un au tournant 반격의 전기(轉機)를 노리다**

Il m'a trompé, mais je l'attends au tournant.
그는 나를 속였지만 나는 반격의 기회를 노리고 있다.

② **prendre un tournant à la corde 안쪽으로 바짝 붙어서 커브를 돌다**

Pour essayer de semer l'autre voiture, il prenait les tournants à la corde.
또 다른 차를 추월하려고 그는 안쪽으로 바짝 붙으며 커브를 돌았다.

tourner 돌리다

① **faire tourner en bourrique ~을 들볶아 멍청하게 만들다.**

Son amie le fait tourner en bourrique avec ses caprices.
그의 여자 친구는 온갖 변덕으로 들볶아 그를 멍청하게 만든다.

② **faire tourner la téte à quelqu'un 몽롱하게 하다**

Leurs compliments lui faisaient tourner la tête.
그들의 찬사는 그를 어리둥절하게 했다.

③ **tourner rond 일이 잘 되어가다**

Si ton copain croit cela, c'est qu'il ne tourne pas rond.
네 친구가 그렇게 생각한다면 일이 제대로 되고 있지 않은 것이다.

④ **se (re)tourner 돌아보다**

Il se tournait constamment pour voir s'il était suivi.
그는 계속해서 뒤에서 쫓아오고 있는지 돌아보았다.

⑤ **se tourner les pouces 무료하게 시간을 보내다**

Viens nous aider au lieu de te tourner les pouces.
무료하게 시간만 보내지 말고 와서 우리를 도와라.

⑥ **tourner autour du pot 말을 넌지시 돌려하다**

Quand tu auras fini de tourner autour du pot, nous pourrons discuter sérieusement.
네가 말을 돌려하는 것을 멈추면 우리는 진지하게 토론할 수 있을 것이다.

⑦ **tourner bride 되돌아오다**

Les soldats, voyant l'embuscade, ont tourné bride.
병사들은 복병을 보고 되돌아 왔다.

⑧ **tourner casaque 도망치다, 변절하다**

Au moment des élections, plusieurs des députés ont tourné casaque.
선거철에 몇몇 국회의원은 변절했다.

⑨ **tourner court 갑자기 끝나다**

Leurs projets grandioses ont tourné court.
그들의 원대한 계획은 갑자기 중단되었다.

⑩ **tourner de l'œil 졸도하다**

Envoyant la souris, elle a tourné de l'œil.
쥐를 보고 그녀는 기절했다.

⑪ **tourner en eau de boudin 실패하다, 수포로 돌아가다**

Tous leurs beaux projets ont tourné en eau de boudin.
그들의 모든 멋진 계획은 수포로 돌아갔다.

⑫ **tourner en ridicule ~을 웃음거리로 만들다**

Son adversaire n'a pas eu de mal à le tourner en ridicule.
그의 상대방은 어렵지 않게 그를 조롱거리로 만들었다.

⑬ **tourner rond 원만하게 돌아가다**

Leur système est bien rôdé et il tourne rond.
그들의 시스템은 숙련되어 잘 돌아간다.

⑭ **tourner un film 영화 촬영하다**

N'y entrez pas; on est en train de tourner un film.
촬영중이니 그리 들어가지 마세요.

tout 모든

① **à tous crins 갈기와 꼬리가 온전한, 철저한**

C'est un républicain à tous crins.
그는 철저한 공화주의자다.

② **accommoder à toutes les sauces ~에 대해 지독하게 악담하다.**

Il raconte toujours la même histoire, qu'il accommode à toutes les sauces.

그는 지독하게 악담하는 같은 이야기를 늘 한다.

③ **à tous les coups 그때마다, 언제나**

Quelle chance! Il gagne à tous les coups.
웬 행운이야! 그는 늘 이긴다

④ **A tout à l'heure! 조금 있다 봐요!**

⑤ **à tout bout de champ 걸핏하면, 줄곧**

Elle cite Marx à tout bout de champ.
그녀는 걸핏하면 마르크스를 인용한다.

⑥ **à tout casser 기껏해야, 굉장한**

A tout casser ils gagnent dix mille dollars par an.
그들은 기껏해야 1년에 1만 달러를 번다.
On leur a offert un repas à tout casser.
그들은 대단한 식사를 제공받았다.

⑦ **à toute allure 전속력으로**

Le train roulait à toute allure.
열차는 전속력으로 달렸다.

⑧ **à toute épreuve 모든 시련을 견디어내는**

C'est un mécanisme à toute épreuve. 이것은 모든 시험을 견디는 메카니즘이다.

⑨ **à toutes fins utiles 만일의 경우에 대비해**

Je vous envoie ce document à toutes fins utiles.
만일의 경우에 대비해 어 서류를 보내 드립니다.

⑩ **à toutes jambes 전속력으로**

Il s'est sauvé à toutes jambes en nous voyant.
그는 우리를 보자 전속력으로 달아났다.

⑪ **à tout hasard 어쨌든, 어찌되든 간에, 만약을 생각해서**

Je lui ai posé la question à tout hasard.
나는 혹시 어떨지 몰라서 그에게 물어보았다.

⑫ **à tout prendre 모든 것을 따져보면, 결국**

A tout prendre, leur entreprise est très solide.
모든 것을 따져보아도 그들의 기업은 매우 견고하다.

⑬ **à tout propos 무슨 일에나, 툭하면**

Il vient m'interrompre à tout propos.
그는 툭하면 내 말을 끊는다.

⑭ **C'est du tout cuit.** 예상했던 쉬운 일이다.

⑮ **C'est tout un.** 모두 마찬가지다.

⑯ **comme tout un chacun** 누구나와 마찬가지로

Je veux faire ce que je veux, comme tout un chacun.
다른 모든 사람과 마찬가지로 나는 내가 원하는 것을 하고 있다.

⑰ **dans tous ses états** 어쩔 줄 모르다. 붉으락 푸르락 하다

Mon frère était dans tous ses états à cause de ses examens.
나의 형은 시험 때문에 어쩔 줄 몰라하고 있다.

⑱ **de tous bords** 모든 종류의

Le projet de loi a été attaqué par des gens de tous bords.
법률안은 모든 부류의 사람들로부터 공격을 받았다.

⑲ **de toute façon** 어쨌든

De toute façon, nous n'y pouvons rien.
어쨌든 우리는 그것에 대해 아무 것도 할 수 없다.

⑳ **de toutes pièces** 완전히, 순전히

C'est une histoire fabriquée de toutes pièces.
그것은 완전히 날조된 이야기다.

㉑ **du tout** 조금도, 전혀

Cela ne m'a pas fait mal du tout.
그것은 내게 전혀 해가 되지 않았다.

㉒ **en tout bien tout honneur** 성의 있게, 순수한 의도로

Je vous le dis en tout bien tout honneur.
순수한 의도로 말씀드리는 것입니다.

㉓ **en toutes lettres** 생략하지 않고, 숨김없이

La vérité sur ses actions y était écrite en toutes lettres.
그의 행동에 대한 진실이 숨김없이 적혀 있었다.

㉔ **le tout est de (que)** 가장 중요한 것은

Gagner est facile, le tout est de garder ce qu'on a gagné.
이기는 것은 쉬우나 가장 중요한 것은 그것을 지키는 것이다.

㉕ **le tout-(Paris, etc.)** (파리의) 모든 주요인사

Le tout-Paris est venu au vernissage du peintre.
파리의 모든 주요인사들이 화가의 개막전에 왔다.

㉖ **pour tout (+명사)** 다 합쳐서

"Le Roi de Sardaigne avait pour toute armée quatre-vingt-dix paysans."
사르디니아의 왕은 병력이라고는 90명의 농부밖에 없었다.

㉗ **pour tout potage 통틀어서, 전부 합쳐**

Ses héritiers ont reçu quelques milliers de francs, pour tout potage.
그의 상속자들은 전부 합쳐 몇천 프랑을 받았을 뿐이다.

㉘ **sur tous les tons 가능한 모든 방법으로**

J'ai essayé sur tous les tons de le lui faire comprendre.
나는 그를 이해시키려고 가능한 모든 방법을 동원했다.

㉙ **tous azimuts 전방위의, 모든 분야의**

L'agence publicitaire a entrepris une opération tous azimuts.
광고회사는 모든 방향으로 활동을 했다.

㉚ **tous les combien? 얼마만에 한번씩?**

Tu leur téléphones tous les combien?
그들에게 얼마에 한번씩 전화하니?

tout juste

㉛ **tous les deux jours 이틀에 한번**

Je le vois tous les deux jours.
나는 이틀에 한번 그를 만난다.

㉜ **tous les trente-six du mois 여간해서 못 만난다**

Nous nous parlons tous les trente-six du mois.
우리는 여간해서는 이야기를 나누기 어렵다.

㉝ **tout à coup (tout d'un coup) 갑자기**

Il a cessé de pleuvoir tout à coup.
갑자기 비가 그쳤다.

㉞ **tout + 형용사 + que 매우 ~지만**

Tout riche qu'il soit, il ne donne rien aux pauvres.
그는 매우 부자지만 가난한 사람들에게는 아무 것도 주지 않는다.

㉟ **tout à fait 완전히**

Ce qu'il a dit est tout à fait ridicule. 그의 말은 완전히 웃기는 것이다.

㊱ **tout à l'heure 방금, 잠시 후에**

Je l'ai vu passer tout à l'heure.
나는 방금 그를 보았다.

Je suis sûr que nous le reverrons tout à l'heure.

나는 우리가 곧 다시 만날 것으로 믿는다.

㊲ **tout au moins 적어도, 최소한**

Vous pourriez tout au moins leur dire bonjour.
당신은 그들에게 적어도 인사는 할 수 있을 겁니다.

㊳ **tout au plus 기껏해야**

Le programme peut accepter douze candidats tout au plus.
그 프로그램은 기껏해야 12명의 지원자를 받아들일 수 있다.

㊴ **tout de go 곧바로 즉각**

Il a accepté notre offire tout de go.
그는 우리의 제안을 즉각 수용했다.

㊵ **tout fait 만들어져 있는**

Ses opinions sur ce point sont toutes faites.
그 점에 대한 그의 의견은 이미 형성되어있다.

㊶ **tout feu tout flamme 몸과 마음을 불태워**

Au début, quand elle a pris ce travail, elle était tout feu tout flamme.
이 일을 시작한 초기에 그녀는 몸과 마음을 불살라 일했다.

㊷ **toute la sainte journée 온종일**

Je suis si fatigué que je veux dormir toute la sainte journée.
나는 너무 피곤해서 온종일 자고 싶다.

㊸ **toute proportion gardée 모든 차이를 고려할 때, 정도의 차이는 있어도**

Toute proportion gardée, son château est aussi beau que celui de Versailles.
크기는 다르지만 그의 성은 베르사이유 만큼 아름답다.

㊹ **toute une affaire 큰일**

Corriger ce texte, c'est toute une affaire. 본문을 수정하는 것은 정말 큰 일이다.

㊺ **toutes voiles dehors 돛을 전부 올리고, 황급히**

Le bateau voguait toutes voiles dehors.
그 배는 돛을 전부 올리고 항해했다.

Ils ont mis toutes voiles dehors pour terminer le travail à temps.
그들은 그 일을 일정에 맞추어 끝내려고 황급히 서둘렀다.

㊻ **tout juste 간신히**

Elle a tout juste quinze ans. 그녀는 겨우 15살이다.

㊼ **tout le bataclan (le fourbi, le saint-frusquin, le tremblement) 잡다한 모든 것**

Ils ont essayé de fourrer tout le bataclan dans leur voiture.

그들은 잡다한 모든 것을 차에 실으려고 했다.

㊽ **tout le monde** 모든 사람

Tout le monde sait que ça ne va plus entre eux.
그들 사이가 더 이상 좋지 않다는 것은 모두다 알고 있다.

▌ train n.m. 열차

① **au (du) train ou** 이런 추세로 진척되면

Au train où vont les choses, la situation ne sera jamais normale.
일이 이런 추세로 진행되면 상황은 절대로 정상이 아닐 것이다.

② **en train** 기분이 좋은 일이 진행되고 있는

Vous avez l'air en train aujourd'hui. 오늘 기분이 좋아 보이시는군요.
Lopération est déjà en train. 작업은 이미 진행되고 있다.

③ **en train de** ~하고 있는 중인

Quand tu es entré, j'étais en train de faire mes devoirs.
네가 들어왔을 때 나는 숙제를 하고 있었다.

④ **le train de vie** 생활 상태, 살림 형편

Ayant perdu leur fortune, ils ne pouvaient plus maintenir leur train de vie.
재산을 잃고 나서 그들은 더 이상 그들의 라이프 스타일을 유지할 수 없었다.

▌ traînée n.f. 지나간 흔적, 여운

comme une traînée de poudre 매우 빠르게
La nouvelle s'est répandue comme une traînée de poudre. 그 소식은 매우 빨리 퍼졌다.

▌ trainer 끌다. 데리고 가다

Ichuot el) nobotod el tuot
faire traîner en longueur 길게 늘이다
Ne faites pas traîner votre histoire en longueur; venez-en au fait.
이야기를 길게 늘이지 말고 요점만 말하세요.

▌ trait n.m. 특색, 특징

① **avoir trait à** ~에 관계에 있다

Il s'intéresse à tout ce qui a trait à l'électronique.
그는 전자공학과 관련된 모든 것에 관심이 있다.

② **d'un trait** 단숨에

Il a avalé sa bière d'un trait. 그는 맥주를 단숨에 들이켰다.

traiter 다루다, 취급하다

① **traiter de** ~라고 취급하다

Elle l'a traité d'imbécile. 그녀는 그를 바보로 여겼다.

② **traiter de haut** 깔보다

Elle prend des airs et traite tout le monde de haut.
그녀는 거만하게 굴며 모든 사람을 깔본다.

traître 배신하는

pas un traître mot 한마디도 하지 않고

Elle n'a pas dit un traître mot pendant la soirée.
그녀는 파티에서 한 마디도 하지 않았다.

tranchant 예리한, 날카로운

à double tranchant 양날의, 상반되는 효력을 가진

Le sarcasme est une arme à double tranchant.
풍자는 양날의 칼이다.

transe n.f. 최면상태

entrer en transe 실신상태에 들어가다, 매우 흥분하다

Chaque fois qu'on rentrait tard, Papa entrait en transe.
우리가 늦게 귀가할 때마다 아빠는 흥분했다.

travail n.m. 일

① **les travaux forcés** 징역, 강제노동

Il a été condamné à dix ans de travaux forcés.
그는 징역 10년을 선고 받았다.

② **le travail noir** 불법 노동

Pour payer ses dettes il s'est mis à faire du travail noir.
빚을 갚기 위해 그는 불법 노동을 시작했다.

▍ travailler 일하다

① **Il travaille du chapeau.** 그는 돌았다. 엉뚱한 생각을 한다.

② **travailler l'esprit de quelqu'un** ~의 머리를 가득 채우다

　　Ce souci m'a travaillé l'esprit toute la nuit. 나는 밤새 그 걱정을 했다.

③ **travailler pour le roi de Prusse** 무보수로 일하다

　　J'ai démissionné, ne voulant pas travailler pour le roi de Prusse.
　　나는 무보수로 일하고 싶지 않아 그만두었다.

▍ travers n.m. 폭, 너비

① **à travers** ~를 가로질러

　　Nous sommes partis à travers champs.
　　우리는 벌판을 가로질러 떠났다.

② **au travers de** ~를 가로질러, 꿰뚫어

　　Au travers des arbres, on apercevait la mer.
　　나무들을 뚫고 바다가 보인다.

③ **de travers** 잘못된 방법으로

　　J'ai avalé de travers.
　　나는 잘못된 방법으로 곧이 들었다.

④ **en travers de** ~를 가로질러

　　Il s'est mis en travers du chemin.
　　그는 길을 가로질러 갔다.

▍ tremper 물에 적시다

① **trempé jusqu'aux os (comme une soupe)** 흠뻑 젖다

　　Surpris par la pluie, ils sont rentrés trempés jusqu'aux os.
　　그들은 갑자기 내린 비에 흠뻑 젖어서 돌아왔다.

② **tremper dans une affaire** ~에 가담하다

　　On dit qu'il a trempé dans cette affaire louche.em sa
　　그는 이 수상스런 거래에 가담한 것 같다.

▍ trente 30

① **Il n'y a pas trente-six façons de le faire.**
　　그렇게 하는 것이 한가지만은 아니다.

② **sur son trente-et-un** 화려하게 차려입은
    Elle s'était mise sur son trente-et-un pour aller danser.
    그녀는 춤추러 가려고 화려하게 차려입었다.

tresser 땋다, 짜다

tresser des couronnes à quelqu'un ~을 격찬하다
Cesse de lui tresser des couronnes, et dis-lui ce que tu penses vraiment.
그에게 격찬은 그만하고 정말로 생각하는 바를 말해주어라.

trêve n.f. 휴전

① **la trêve des confiseurs** 성탄절, 정초의 정쟁(政爭) 중단
    Pendant les fêtes, les députés marquaient la trêve des confiseurs.
    축제 기간동안 국회의원들은 정쟁을 중단했다.
② **trêve de** ~는 그만두시고
    Trêve de compliments, je veux avoir votre opinion sincère.
    나는 당신의 진지한 의견을 듣고싶으니 찬사는 그만두세요.

trier 고르다. 추리다

trier sur le volet 엄선하다
Les soldats de ce régiment sont triés sur le volet.
이 연대의 병사들은 엄선되었다.

tringle n.m. 가로막대

se mettre la tringle 허리띠를 졸라매다
Nous avons tous été obligés de nous mettre la tringle pendant la récession.
우리는 불황기에 허리띠를 졸라매야 했다.

tripe n.f. 창자, 내장

tendre tripes et boyaux 몹시 토하다
Après avoir mangé des produits avariés, ils ont tous rendu tripes et boyaux.
부패한 음식을 먹고 그들은 몹시 토했다.

triste 슬픈

① **faire triste figure** 슬픈 표정을 하다

Il faisait triste figure dans cette affaire.
그는 이 일에 대해 불만스런 표정을 지었다.

② **faire triste mine à** ~을 냉대하다

Après sa longue absence, son amie lui a fait triste mine.
아주 오랜만에 나타나자 그의 여자친구는 쌀쌀하게 대했다.

③ **triste comme un bonnet de nuit** 몹시 침울함

Son mari est riche mais il est triste comme un bonnet de nuit.
그의 남편은 부유하지만 몹시 침울하다.

④ **un triste sire** 한심한 녀석

L'homme avec lequel vous parliez me paraissait un triste sire.
당신이 같이 이야기하던 사람은 한심해 보였습니다.

troisième 3번째의

le troisième âge 노년

La municipalité offre beaucoup de services au troisième âge.
시(市)에서는 노년층을 위한 많은 서비스를 제공한다.

tromper 속삭이다

① **se tromper** 실수하다, 틀리다

Si vous croyez tout ce qu'il dit, vous vous trompez.
그의 말을 다 믿는다면 당신은 실수하는 것입니다.

② **se tromper d'adresse (de numéro, etc.)** 주소(번화를 틀리다. 상대를 혼동하다

Je n'ai pas trouvé le bureau parce que je me suis trompé d'étage.
나는 층을 틀려서 사무실을 찾지 못했다.

Si vous pensez que je vais vous donner de l'argent, vous vous trompez d'adresse.
내가 당신에게 돈을 주리라고 생각했다면 상대를 잘못 고른 것입니다.

③ **tromper l'attente de** ~의 기대를 저버리다

Leur fils a trompé l'attente de la famille.
그들의 아들은 가족의 기대를 저버렸다.

▌ trop 지나치게 너무

① **de (en) trop 여분의, 필요없는**

Prêtez-moi du sucre si vous en avez de trop.
여분의 설탕 있으면 빌려주세요.

② **de trop 불필요한 방해하는**

Je sentais que j'étais de trop dans ce groupe.
나는 그 그룹에서 불필요한 존재라고 느꼈다.

③ **Je ne sais pas trop. 나는 정확히는 모른다.**

④ **par trop 지나치게**

J'ai trouvé sa réponse par trop insolente.
나는 그의 대답이 지나치게 무례하다고 생각했다.

▌ trou n. 구멍

faire son trou 출세하다

D'une façon ou d'une autre, je veux faire mon trou.
어떻게 해서라도 나는 출세하고 싶다.

▌ trousse n.f. 묶음, 다발

aux trousses de ~의 뒤를 쫓는

La police était aux trousses du cambrioleur.
경찰은 절도범의 뒤를 쫓고 있었다.

▌ trouver 발견하다

① **aller trouver ~를 만나러 가다**

Allez trouver le directeur pour cette question.
나는 이 문제로 사장을 만나러 가겠다.

② **C'est bien trouvé. 참 좋은 것이다.**

③ **il se trouve que ~가 일어나다**

Il se trouve que je n'étais pas là ce jour-là.
그날 나는 자리에 없었다.

④ **ne pas se trouver dans le pas d'un cheval.**
그리 흔하지 않다. 쉽사리 구할 수 없다.

Des hommes totalement honnêtes, ça ne se trouve pas dans le pas d'un cheval.

완전하게 솔직한 사람들은 흔하지 않다.

⑤ **ne pas trouver amateur 구매자가 나타나지 않다**
Il y a de beaux terrains à batir qui ne trouvent toujours pas amateur.
건물을 짓기에 좋은 땅이 있지만 구매자가 나타나지 않고 있다.

⑥ **se trouver ~에 있다, 스스로 ~하다고 느끼다.**
Comment vous trouvez-vous maintenant?
지금 컨디션이 어떠세요?

⑦ **se trouver bien (mal) de ~에 대해 만족스럽게 (불만으로) 여기다**
Elle se trouvait bien d'avoir rendu visite à sa tante.
그녀는 자기 아주머니를 방문한 것에 만족해했다.

⑧ **se trouver mal 기절하다**
Il se trouvait mal à cause du manque d'air. 그는 공기가 부족해 기절했다.

⑨ **trouver à qui parler 호적수를 만나다**
Après quelques victoires faciles, le champion a enfin trouvé à qui parler.
몇 차례의 쉬운 승리후에 챔피언은 호적수를 만났다.

⑩ **trouver à redire à ~의 흥을 잡다, 비난하다**
Ce client trouve à redire à tout ce qu'on lui offire.
이 고객은 제안하는 모든 것에 흠을 잡았다.angban

⑪ **trouver bon de ~이 적합하다고 생각하다**
Le professeur a trouvé bon de recommencer la leçon.
선생님은 학과를 다시 시작하는 것이 좋겠다고 생각했다.

⑫ **trouver chaussure à son pied 제 짝을 만나다**
Il ne s'est jamais marié, n'ayant pas trouvé chaussure à son pied.
그는 자기에게 맞는 짝을 못찾아 결혼하지 않았다.

⑬ **trouver la mort 사망하다**
Il a trouvé la mort dans un accident d'auto.
그는 자동차 사고로 사망했다.

⑭ **trouver la pie au nid 중대한 발견을 하다**
L'agent a trouvé la pie au nid, et il espère décrocher la prime.
관리는 중대한 발견을 했고 보상받기를 희망한다. 파이어는

⑮ **trouver le joint 해결책을 모색하다**
Je n'arrive pas à trouver le joint.
나는 해결책을 찾지 못하고 있다.

tu 너

à tu et à toi 아주 가까운 사이다
Ils se connaissent depuis peu mais ils sont déjà à tu et à toi.
그들은 최근에 서로 알게 되었지만 막역한 사이다.

tuer 죽이다

① **à tue-tête** 목이 터져라 소리지르다
　Tous les galopins criaient à tue-tête.
　개구장이들이 모두 목청껏 소리질렀다.

② **se tuer** 죽다, 자살하다
　Ils se sont tués dans une avalanche. 그들은 눈사태로 사망했다.

turc 터키의

à la turque 터키식으로, 책상다리를 하고 앉은
Tous les entants étaient assis à la turque, en lisant.
모든 아이들이 책상다리를 하고 앉아 글을 읽고 있었다.

프랑스어
관용어

프랑스어 관용어

un 하나, 일

① **à la une** 제1면의

　　Donnez cinq colonnes à la une à ce titre.
　　이 제목의 신문 5단 기사를 주세요.

② **comme pas un** 누구 못지 않게

　　Elle fait ce travail comme pas un.
　　그녀는 이 일을 누구 못지 않게 한다.

③ **Et d'un(e)!** 하나 (강조해서 셀 때)

④ **l'un dans l'autre** 따지고 보면, 결국

　　L'un dans l'autre, ils gagnent dix mille dollars par an.
　　따지고 보면 그들은 1년에 1만 달러를 버는 것이다.

urgence n.f. 긴급, 절박

d'urgence 긴급한

Etant donné la gravité de son état, il a été opéré d'urgence.
그의 상태가 위중해서 그는 수술을 받았다.

urne n.f. 단지, 투표함

aller aux urnes 투표하러 가다

Presque la totalité des Français sont allés aux urnes dimanche dernier.
거의 모든 프랑스인들이 지난 일요일 투표하러 갔다.

▌▌ usage n.m. 용법, 관행

① **avoir l'usage du monde** 처세술에 능한
Grâce à son expérience, il a l'usage du monde.
그는 경험을 통해 얻은 처세술이 있다.

② **d'usage** 관례적인
Il était d'usage de porter le deuil des membres de la famille pendant un an.
가족의 죽음은 1년간 복상(服喪)하는 것이 관례였다.

③ **faire de l'usage** 물건이 질기다, 튼튼하다
Ces vêtements nous ont fait beaucoup d'usage.
우리는 이 옷들을 오래 입었다.

▌▌ user 사용하다

en user avec ~에게 ~하게 대하다
Elle en a très mal usé avec lui.
그녀는 그에게 모질게 굴었다.

프랑스어 관용어

▌▌ vache n.f. 암소

en vache 배신하다
Elle lui donnait des coups de pied en vache, mine de rien.
그녀는 표나지 않게 그를 배신했다.

▌▌ vaisselle n.f. 식기류

faire la vaisselle 설거지하다
C'est votre tour de faire la vaisselle ce soir.
오늘 저녁에는 당신이 설거지할 차례다.

▌▌ valoir ~할 가치가 있다.

① **Cela ne vaut pas les quatre fers d'un chien (un clou).**
그것은 아무런 가치도 없다.
② **Ça vaut le coup! 해볼만한 가치가 있다.**
③ **faire valoir 돋보이게 하다, 강조하다**
Cette photo ne fait pas valoir sa beauté réelle.
이 사진은 그녀의 실제 미모를 돋보이게 하지 않는다.
Il tenait à faire valoir ses droits au tribunal.
그는 법정에서 자신의 권리를 이용했다.
④ **ne pas valoir cher 가치가 없다, 하찮다**
Il ne vaut pas cher comme cuisinier.
그는 요리사로서의 가치가 별로 없다.
⑤ **ne valoir rien à 아무런 가치도 없다. ~에게 잘 맞지 않다**

Les concombres ne me valent rien, alors j'évite de les manger.
오이는 내게 맞지 않아서 나는 오이 먹기를 피한다.

⑥ **se faire valoir** 자화자찬하다

Quand le patron est là, Jean essaie toujours de se faire valoir.
사장이 있을 때면 늘 장은 자화자찬한다.

⑦ **vaille que vaille** 그럭저럭, 어쨌든 간에

Je vais tenter le coup vaille que vaille. 어쨌든 간에 나는 시도하겠다.

⑧ **valoir la peine** ~할 가치가 있다

Cela vaut la peine de lui demander. 그에게 물어볼 필요가 있다.

⑨ **valoir mieux** ~하는 편이 더 낫다

Il vaut mieux que vous essayiez de la calmer.
당신은 그녀를 진정시키는 것이 더 나을 것 같습니다.

▌▌valser 왈츠를 추다

① **envoyer valser** ~을 아내다. 던지다

D'un geste violent, il a envoyé valser tous les papiers.
격한 태도로 그는 모든 서류들을 날렸다.

② **faire valser l'argent** 돈을 물쓰듯 쓰다

Ils prétendaient essayer de faire des économies, mais en réalité ils faisaient valser l'argent.
그들은 저축을 하려고 애쓴다고 주장하지만 사실은 돈을 물쓰듯했다.

▌▌vase n.m. 단지, 항아리

en vase clos 외부와 연락을 끊고
Les étudiants se plaignent de vivre en vase clos.
학생들은 들어박혀서 지내는 것을 불평한다.

▌▌veau n.m. 송아지

faire le veau 늘어지게 드러눕다
Cesse de faire le veau et mets-toi au travail.
그만 누워있고 일을 해라.

■ **vedette** n.f. 스타

en vedette 각광을 받는, 화제의
Avec la crise, les économistes sont en vedette actuellement.
경제위기와 함께 지금은 경제학자들이 각광을 받고 있다.

■ **veiller** 밤샘하다. 주의하다

① **veiller à ce que** ~에 신경을 쓰다
Veillez à ce que tout reste tranquille pendant mon absence.
내가 없는 동안 모든 일이 순조롭도록 신경 쓰세요.

② **veiller au grain** 신중하게 대처하다
Notre situation est précaire; il faut veiller au grain.
우리의 상황이 불안정하니, 신중해야 한다.

■ **veine** n.f. 정맥, 행운, 재능

en veine de ~할 마음이 있다. ~기질이 있다.
Je ne me sens pas en veine d'écrire.
나는 글을 쓸 기분이 아니다.

■ **vendre** 팔다

① **vendre aux enchères** ~을 경매에 부치다
Après leur faillite, tous leurs biens ont été vendus aux enchères.
그들은 파산하고 나서 모든 재산을 경매에서 팔았다.

② **vendre la peau de l'ours** 떡 줄 사람은 생각도 않는데 김치국부터 마신다.
En fêtant si tôt son élection, il vendait la peau de l'ours.
그는 미리부터 자신의 당선을 축하하며, 떡 줄 사람은 생각도 않는데 김치국부터 마셨다.

■ **venir** 오다

① **en venir à** ~하기에 이르다
Finalement, j'en viens à votre quesion principale.
마침내 나는 당신의 주된 질문에 이르게 되었다.

② **en venir aux mains** 완력에 호소하다. 주먹을 휘두르다
Après s'être injuriés, ils en sont venus aux mains.

그들은 서로 욕하고 나서 주먹을 휘두르며 싸우게 되었다.

③ **faire venir 부르다, 주문하다**

Nous avons fait venir le médecin. 우리는 의사를 불렀다

④ **faire venir l'eau à la bouche à quelqu'un ~의 입에 침이 돌게 하다**

Ce bon ragoût me fait venir l'eau à la bouche.
스튜요리는 내 입에 침이 돌게 한다.

⑤ **Venez(-en) au fait! 본론을 이야기 하시오.**

⑥ **venir à ~ 일이 일어나다**

S'il venait à pleuvoir, nous pourrions aller au cinéma.
만일 비가 오면 우리는 영화 보러 갈 수도 있다.

⑦ **venir à bout de 해내다, 극복하다, 이기다**

Je ne pourrai jamais venir à bout de ce travail tout seul.
나는 이 일을 절대로 혼자서는 못 할 것이다.
Son obstination est venue à bout de notre résistance.
그녀의 고집은 우리의 저항도 꺾었다.

⑧ **venir chercher 데리러 가다**

Attendez-moi; je viendrai vous chercher à huit heures ce soir.
오늘 저녁 8시에 데리러 갈테니 나를 기다리세요.

⑨ **venir de 방금 ~ 하다**

Ils venaient de rentrer quand je les ai vus.
내가 그들을 보았을 때 그들은 막 돌아오는 길이었다.

▌vent n.m. 바람

① **avoir le vent en poupe 일이 순조롭게 되어가다**

Après le grand succès du cet acteur à Broadway, il a le vent en poupe.
이 배우는 브로드웨이에서 큰 성공을 거둔 후 순조롭게 나가고 있다.

② **avoir vent de 냄새맡다. 소문을 탐지하다**

J'ai eu vent de cette transaction avant les autres.
나는 남들보다 먼저 이 거래의 소문을 들었다.

③ **contre vents et marées 모든 어려움을 무릅쓰고 atomy as zuca**

Elle m'a soutenu contre vents et marées.
그녀는 모든 어려움을 무릅쓰고 나를 지지했다.

④ **dans le vent 유행하는**

Malgré son âge, il reste toujours dans le vent.
그는 나이에도 불구하고 시류에 뒤쳐지지 않고 있다. ion zal) all
⑤ **Il fait vent à écorner des boeufs.** 쇠뿔을 뽑을 만한 강풍이 분다.
⑥ **Il y a du vent dans les voiles.** 술에 취해 비틀거린다
⑦ **Quel bon vent vous amène?** 무슨 바람이 불어서 이렇게 오셨나요?

ventre n.m. 배, 복부

ventre à terre 매우 빨리, 전속력으로
Le cavalier est parti ventre à terre.
기사는 전속력으로 말을 달려나갔다.

verbe n.m. 동사

avoir le verbe haut 고압적으로 말을 하다
Même après sa défaite, il avait toujours le verbe haut.
그는 패배 이후에도 계속 고자세로 말했다.

verre n.m. 유리

① **avoir un verre dans le nez 약간 취해 있다.**
Il avait un verre dans le nez et titubait en marchant..
그는 술에 취해서 비틀거리며 걸었다.
② **boire (prendre) un verre 술을 한잔하자**
Allons boire un verre ensemble au café.
카페에 가서 술을 한잔하자.

verrou n.m. 빗장

sous les verrous 구속된, 감금된
Je ne me sentirai pas tranquille tant que ce malfaiteur ne sera pas sous les verrous.
나는 이 범죄자가 구속되지 않는 한 편할 수가 없을 것이다.

vert 초록색의

① **Ils (les raisins) sont trop verts.** 포도는 아직 설익었다.
(손에 넣을 수 없는 것에 대한 오기의 말, 라퐁텐의 신포도 우화에서 유래)
② **de(s) vertes et de(s) pas mûres** 충격적인 사실

Elle nous en a dit de vertes et de pas mûres.
그녀는 우리에게 쇼킹한 일을 이야기했다.

▌ vertu n.m. 미덕, 덕성

en vertu de ~에 의하여, ~에 근거하여
Je l'ai fait en vertu de votre autorisaion,
나는 당신의 허가에 따라 그 일을 했다.

▌ veste n.f. 저고리, 자켓

prendre (ramasser, remporter) une veste 실패하다.
Le candidat républicain a pris une veste aux élections. 공화당 후보는 선거에서 패했다.

▌ vestiaire n.m. 휴대품 보관소

Au vestiaire! (서툰 배우, 선수에게) 꺼져라!

▌ vidange n.f. 비우기

faire la vidange 오일을 바꾸다
N'oubliez pas de faire la vidange de votre voiture.
당신 차의 오일 교체를 잊지 마세요.

▌ vide 텅빈

sous vide 진공포장
Ce café est emballé sous vide.
이 커피는 진공포장 되었다.

▌ vider 비우다

① **vider les lieux** 철수시키다

La police lui a intimé l'ordre de vider les lieux immédiatement.
경찰은 빨리 철수하라고 그에게 명령했다.

② **vider son sac** 가슴속의 생각을 털어놓다

Ne pouvant plus garder le silence sur cette affaire, il a décidé de vider son sac.
이 일에 대해 더 이상 침묵을 지킬 수 없어서 그는 다 털어놓기로 했다.

③ **vider un différend (une querelle, etc.)** 분쟁을 해결하다

Nous avons fait appel à un médiateur indépendant pour vider notre différend.
우리는 독립적인 조정자에게 분쟁해결을 요청했다.

▍vie n.f. 삶, 생애

① **avoir la vie dure 좀처럼 사라지지 않는다**
Cette vieille superstition a la vie dure. 이 오래된 미신은 좀처럼 사라지지 않는다

② **faire la vie 방종한 생활을 하다. 한바탕 소란을 피우다**
Depuis la mort de sa femme, il fait la vie.
아내가 죽은 후, 그는 방탕한 생활을 한다.
Quand elle rentre trop tard, son mari lui fait la vie.
그녀가 너무 늦게 돌아왔을 때 남편은 한바탕 소란을 피웠다.

③ **mener (rendre) la vie dure à ~을 괴롭히다**
Le directeur menait la vie dure à ses employés.
그 사장은 직원들을 못살게 군다.

▍vieux 늙은, 낡은

① **un vieux de la vieille 나폴레옹 근위대의 노병, 고참**
Son grand-père, qui avait fait la première guerre mondiale, était un vieux de la vieille.
1차 세계대전에 참전했던 그의 할아버지는 고참이셨다.

② **vieux comme Hérode (les chemins, le monde, les rues) 매우 오래된**
Cette idée n'est pas originale; elle est vieille comme Hérode.
이 생각은 독창적인 것이 아니고 아주 오래된 것이다.

③ **vieux jeu 구식의, 진부한**
Votre notion de la politesse est vieux jex. 당신의 예절개념은 진부한 것이다.

▍vif 살아있는 생생한

① **au vif 아픈데를 건드리다**
Votre observation m'a blessé au vif. 당신의 지적은 나의 아픈 곳을 건드린 것이다.

② **à vif 생살의, 노출된**
Elle avait toujours une plaie à vif. 그녀는 늘 드러난 상처가 있었다.

③ **avoir les nerfs à vif 신경이 날카롭다**
Il avait les nerfs à vif, et pernait toute observation comme une injure.

그는 신경이 날카로왔고 늘 상처를 주는 지적을 했다.
④ **couper (tailler, trancher) dans le vif** 환부를 도려내다, 단호한 조치를 취하다

Etant donné le mauvais état de l'économie, le gouvernement se sentait obligé de couper dans le vif.
경제상황이 나빠서 정부는 단조한 조치 실시의 필요성을 절감했다.

⑤ **le vif du sujet** 주제의 핵심

Le conférencier est entré tout de suite dans le vif du sujet.
연설자는 곧 바로 주제의 핵심으로 들어갔다.

⑥ **sur le vif** 현장에서

On voit bien que ce tableau a été peint sur vif.
그림을 대상을 바로 보면서 그렸다는 것을 쉽게 알 수 있다.

▎vigne n.f. 포도나무

dans les vignes du Seigneur 취하다
A la fin de la fête, les hommes du village étaient tous dans les vignes du Seigneur.
•축제의 끝에 마을 사람들은 모두 취해 있었다.

▎vigueur n.f. 원기, 기운

en vigueur 유효한, 시행중인
Ce vieux règlement est toujours en vigueur.
이 낡은 규칙은 계속 시행중이다.

▎vilain 비열한, 야비한

① **un vilain moineau (oiseau)** 야비한 인간

Evitez de le déranger; c'est un vilain moineau.
그는 야비한 인간이니 건드리지 마라.

② **Il y a eu du vilain.** 한바탕 소동이 있었다.

▎vin n.m. 포도주

avoir le vin gai (mauvais, triste) 취하면 기분이 좋아지다 (나빠지다, 슬퍼지다)
Ne lui donnez plus à boire; il a le vin mauvais.
그는 취하면 기분이 나빠지니 더 이상 술 마시게 하지 마세요.

▍violent 폭력적인

C'est un peu violent! 그건 좀 심하다

▍violon n.m. 바이올린

un violon d'Ingres 여가, 취미
La peinture était le violon d'Ingres de Winston Churchill.
그림 그리기는 윈스턴 처칠의 취미였다.

▍visage n.m. 얼굴

① **à visage découvert** 공개적으로
　Je vais lui en parler à visage découvert.
　나는 공개적으로 그에게 그것에 대해 말할 것이다.
② **faire bon visage à** 만족스런 얼굴을 하다
　Il voyait qu'elle lui faisait bon visage, mais il savait ce qu'elle pensait vraiment.
　그는 그녀가 그에게 만족스런 표정을 짓기는 했지만 진정으로 생각하는 바가 무엇인지 알고 있었다.

▍vite 빨리

aller plus vite que les violons 일을 너무 서두르다
Doucement; nous ne voulons pas aller plus vite que les violons.
천천히 해. 우리는 너무 서두르는 것을 원치 않는다.

▍vitesse n.f. 빠름

① **à toute vitesse (en quatrième vitesse, en vitesse)** 전속력으로
　Quand on les a appelés, ils sont venus à toute vitesse.
　우리가 그들을 불렀을 때 그들은 전속력으로 왔다.
② **gagner (prendre) de vitesse** ~을 앞지르다
　Son cheval a gagné le favori de vitesse. 그의 말이 인기 있는 말을 이겼다.
　Sa compagnie a gagné ses concurrents de vitesse avec ce brevet.
　그의 회사는 이 특허권으로 경쟁사들을 이겼다.

▍vivre 살다

① **du vivant de** ~가 살아있는 동안

Du vivant de mon père, ce n'était pas ainsi.
우리 아버지가 살아계실 때 그렇지는 않았다.

② **Vive...!** ~ 만세!

③ **vivre qu jour le jour** 그날 벌어 그날 살다
Au lieu de penser à l'avenir, il préfère vivre au jour le jour.
미래를 생각하는 대신 그는 그날 벌어 그날 먹고 사는 것을 더 좋아한다.

④ **vivre d'amour et d'eau fraîche** 연애에만 몰두하며 살다
Il vous faut de l'argent; vous ne pouvez pas vivre d'amour et d'eau fraîche.
당신은 돈이 필요하다. 사랑과 물만으로는 살 수 없다.

⑤ **vivre en bonne intelligence** 같이 잘 지내다
Malgré leurs différences, ils ont réussi à vivre en bonne intelligence.
그들간의 차이에도 불구하고 그들은 같이 잘 지내게 되었다.

voguer 항해하다

Vogue la galère! 어찌됐든 내버려두자.

voie n.f. 길

① **en voie de** ~하는 중이다
Les baleines semblent être en voie de disparition.
고래는 사라지고 있는 것 같다.

② **les voies de fait** 난폭행위
Désespérant de la justice, il en est venu aux voies de fait.
정의에 절망한 그는 폭력에 의지했다.

voilà 자 ~이 있다

Voilà le hic. 그게 어려운 점이다.

voir 보다

① **Allez voir ailleurs si j'y suis!** 귀찮으니 다른데로 가보세요.
② **au vu et qu su de tous** 모든 사람들이 아는 것처럼
Ils vivent ensemble au vu et au su de tous.
그들은 모든 사람들이 아는 것처럼 같이 산다.
③ **en faire voir (de belles, de toutes les couleurs) à** ~에게 고통을 주다

Elle en fait voir à son mari. 그녀는 자기 남편에게 고통을 주었다.

④ **faire voir** 보여주다

Fais voir tes mains avant d'aller à table.
식탁에 가기 전에 너의 손을 보여다오.

⑤ **faire voir du pays à** ~를 괴롭히다

Les anciens du bureau faisaient voir du pays au nouveau venu.
사무실 고참들은 신입사원을 괴롭혔다.

⑥ **laisser voir** 감정을 나타내다

Son expression laissait voir sa crainte.
그의 표현에서는 우려가 묻어 나왔다.

⑦ **ne pas voir les choses du méme ceil** 같은 의견이 아니다.

Les deux associés ne voient pas toujours les choses du même œil.
두 파트너는 항상 의견이 같은 것은 아니다.

⑧ **Ni vu ni connu!** 아무에게도 알려지지 않은

⑨ **n'y voir que du bleu (feu)** 알아차리지 못하다

On avait falsifié les chiffres et les actionnaires n'y voyaient que du bleu.
수치가 변조되었지만 주주들은 알아차리지 못했다.

⑩ **se faire bien voir de** ~에게 잘 보이다

Il s'est fait mal voir du proviseur en séchant ses cours.
그는 수업을 빠지다가 교장선생님께 잘못 보였다.

⑪ **se voir (+ infinitif)** ~를 당하다

Elle s'est vu refuser l'entrée du restaurant. 그녀는 레스토랑 입장을 거부당했다.

⑫ **voir du pays** 여기저기 여행을 하다

Je vois que vous avez vu du pays pendant vos vacances.
휴가동안 많은 여행을 하셨지요.

⑬ **voir la vie en rose** 장미빛 인생을 보다, 낙관하다

Elle est optimiste; elle voit toujours la vie en rose.
그녀는 늘 장미빛 인생을 보는 낙관주의자이다.

⑭ **voir trente-six chandelles** 맞아서 눈에서 불이 나다

Le coup lui a fait voir trente-six chandelles. 그는 맞아서 눈에서 불이 났다.

⑮ **voir trouble** 흐릿하게 보이다

Depuis son accident d'auto il voit trouble.
자동차 사고 이후 그는 뚜렷하게 보지 못한다.

⑯ **voir venir quelqu'un (avec ses gros sabots)** ~의 의도를 알아채다

N'essayez pas de me tromper; je vous vois venir.
나를 속이려하지 마시오. 나는 당신의 의도를 알고 있습니다.

⑰ **Vous voyez le tableau?** 이제 그 장면이 눈에 선하지요?

⑱ **voir** 눈에 보이다

Je n'y vois goutte parce qu'il fait trop noir.
너무 깜깜해서 아무 것도 안 보인다.

⑲ **y voir clair** 이해하다, 파악하다

Je n'avais pas compris leurs mobiles mais je commence à y voir clair.
나는 그들의 동기는 이해를 못했지만 그것을 파악하기 시작한다.

▍voix n.f. 목소리

① **avoir voix au chapitre** 발언권이 있다.

C'est seulement grâce à son argent qu'il a voix au chapitre.
그는 자신의 돈 때문에 발언권을 갖고 있다.

② **de vive voix** 말로, 구두로

Il a donné sa démission de vive voix, non par écrit.
그는 서면이 아니라 구두로 사임을 밝혔다.

▍vol n.m. ①날기, 비행 ②절도

① **attraper (saisir) au vol** 물건을 공중에서 잡다, 이야기 도중에 재빨리 파악하다

Elle a attrapé au vol ce que nous voulions dire.
그녀는 우리가 말하고자 하는 바를 재빨리 파악했다.

Il a attrapé la balle au vol.
그는 나는 공을 잡았다.

② **à vol d'oiseau** 일직선으로, 공중에서 내려보아

Le lac est à trois kilomètres d'ici à vol d'oiseau.
호수는 이곳에서 최단거리로 3km이다

▍volée n.f. 날기, 나는 거리

à la volée 공중에서, 재빨리, 힘껏
Elle m'a giflé à la volée. 그녀는 나의 따귀를 세게 때렸다.

▌voler 날다, 훔치다

① **On entendrait voler une mouche.** 쥐 죽은 듯 조용하다.
② **Tu ne l'as pas volé!** 당연한 댓가이다. 그래서 싸다.
③ **voler de ses propres ailes** 자립하다
　　Tu es grand maintenant; tu peux voler de tes propres ailes.
　　이제 너는 컸으니 자립할 수 있다.
④ **voler en éclats** 산산조각이 나다
　　Pendant la tempête, la vitrine a volé en éclats.
　　폭풍우로 진열대가 산산조각이 났다.

▌voleur n.m. 도둑

Au voleur! 도둑이야!

▌volume n.m. 용적, 용량

faire du volume 부피가 크다, 허세부리다
Il fait du volume pour masquer son insignifiance.
그는 자신의 별 볼일 없음을 감추려고 허세를 부렸다.

▌vouloir 원하다

① **En veux-tu, en voilà.** 얼마든지, 잔뜩
② **en vouloir à** ①~을 원망하다 ②~를 노리다
　　Je sais qu'il m'en veut toujours de mon refus.
　　그가 나의 거절을 계속 원망하는 것을 알고 있다.
　　Je voudrais bien savoir à quoi il en veut.
　　나는 그가 무엇을 노리는지 알고 싶다.
③ **ne rien vouloir savoir** 듣고 싶어하지 않다
　　Il n'a rien voulu savoir quand on lui a demandé d'y participer.
　　그는 거기에 참여하라는 말을 듣고 싶어하지 않았다.
④ **Que voulez-vous?** 할 수 없지 않은가요?
⑤ **s'en vouloir de** 후회하다
　　Je m'en veux d'avoir négligé cet aspect de la question.
　　나는 이 문제의 그런 면을 무시한 것을 후회한다

▍vouloir 원하는

Elle nous a dit qu'elle voulait bien venir avec nous.
그녀는 우리와 같이 가고 싶다고 우리에게 말했다.

① **vouloir dire 의미하다**

　　Savez-vous ce que veut dire son silence? 그의 침묵이 무엇을 뜻하는지 아세요?

② **Vous l'avez voulu! 자업자득이다**

▍vrai 참된, 진짜의

① **à vrai dire (à dire vrai) 사실을 말하자면**

　　A vrai dire, la musique populaire m'ennuie.
　　사실 대중음악은 나를 지루하게 한다.supidilog an

② **dans le vrai 적절하다**

　　Vous êtes dans le vrai en le traitant de vaurien.
　　당신이 그 건달을 그렇게 대한 것은 적절한 일이다.

③ **Pas vrai? 그렇지요?**

④ **pour de vrai 정말로**

　　Un jour il va le faire pour de vrai.
　　언젠가는 그가 정말로 그 일을 할 것이다.

▍vue n.f. 시각, 전망

① **avoir des vues sur ~을 점찍어 두다, ~에게 희망을 걸다**

　　Il est évident que cet homme a des vues sur votre terrain.
　　이 사람이 당신 땅을 점찍어 둔 것은 분명하다.

② **à vue de nez 첫눈에, 직감으로**

　　A vue de nez, vous devez avoir dix mètres de tissu ici.
　　눈대중으로 보면 당신은 10미터의 천이 필요합니다.

③ **à vue d'oeil 눈에 띄게**

　　Cet homme vieillit à vue d'oeil.
　　이 사람은 눈에 띄게 늙었다.

④ **en vue 주목받는**

　　Cette actrice est très en vue en ce moment.
　　이 여배우는 지금 매우 주목받고 있다.

⑤ **en vue de ~을 목적으로, ~을 위하여**

Faisons-le maintenant, en vue d'une future amélioration.
장래의 개선을 위해 지금 그것을 합시다.

⑥ **une vue de l'esprit 이론적인 견해**

Leurs notions politiques ne sont qu'une vue de l'esprit.
그들의 정치적 개념은 이론적인 것일 뿐이다.

프랑스어
관용어

프랑스어 관용어

zéro n.m. 제로, 영(0)

① **avoir le moral à zéro** 기운이 없다. 의기소침하다

Après le départ de son amie, il avait le moral à zéro.
여자친구가 떠난 이후, 그는 기운이 없었다.brd

② **C'est zéro!** 그는 쓸데없는 사람이다.

프랑스어 관용어

Locution française

참고문헌

Bernet, Ch. et al. (2015), Dictionnaire du français parlé, Edition du Seuil
Bechel, G. et al. (1999), Dictionnaire des révélations historiques et contemporaines, Plon
Berthier, P.V. et al. (2000), Le français écorché, Librairie Belin
Burke, D. (2015), Street French 1 2, New York John Wiley & Sons Inc.
Cassagne, J.-M (2016), 101 French Idioms, NTC publishing
Chiflet, J. et al. (1992), Le dictionnaire des mots qui n'existent pas, Presses de la Cité
Coli, J. (1986), Trésors des mots exotiques, Librairie Belin
Delrieu, A. (1981), Trésors des racines grecques, Librairie Belin
_____ (1981), Trésors des racines latines, Librairie Belin
Depecker, L. (1999), Guide des mots francophones, Editions du Seuil
Elgozy, G. (1981), L'esprit des mots ou l'antidictionnaire, Editions Denoël
Fournier, J. (1986), Le mot et l'idée, Ophrys
Guillemard, C. (1998), Le Dico des mots de la couleur, Editions du Seuil
Guiraud, P. (1961, 1997), Les locutions françaises, Que sais-je? 903, PUF
Hamon, A. (1992), Les Mots du français, Hachette
Levieux, E. et al. (1999), Insiders' French, The University of Chicago Press
Lupson, P. (1987), Guide des locutions françaises, NTC Publishing Group
Merle, G. et al. (1989), Les mots nouveaux apparus depuis 1985, Belfond
Merle, P. (2015), Dictionnaire du français branché, Edition du Seuil
Mitterand, H. (1981), Les mots français, Que sais-je? 270, PUF

Olivier, D et al. (1997), 1001 Pitfalls in French, Barron's educational Series
Rat, M. (2015), Dictionnaire des locutions françaises, Larousse
Rouayrenc, C. (1996), Les gros mots, Que sais-je? 1597, PUF
Roubaix, P. (1999), Dictionnaire des idées suggérées par les mots, Armand Colin
Roussy, R. (1996), Easy French Grammar, NTC
Seguin, B. et al. (1996), Les Céfrans parlent aux Français, Calmann-Levy
Strutz, H. (2015), Dictionary of French Slang, Barron's
Taylor, M. N. (1992), Easy French Word Games & Puzzles, NTC
Weil, S. et al. (2016), Trésors des expressions françaises, Librairie Belin
Winokur, J. (1995), Je ne sais What?, A Plume Book
Zamir, J. R. (1992), 750 French Verb and their uses, New York, John Wiley & Sons Inc.
Ziegelmeyer, P. et al. (1982), Le A nouveau est arrivé, Edition du Seuil

프랑스어 관용어

저 자 김 진 수

발행일 2023년 11월 30일
발행처 도서출판 한불포럼
발행자 김 진 수
　　　　　대표전화 010-8650-7208
　　　　　주소 서울 성북구 보국문로 30길 15, 104-1511
　　　　　(02701)
　　　　　e 메일 jsk8203@korea.com

등록번호 2022-000075
ISBN　　979-11-981128-3-5 03760

가격 22,000원